“十三五”职业教育国家规划教材

（第三版）

# 建筑工程经济

主　编　康　峰
副主编　于　珊　于　莉　刘新林
参　编　张雪玉　姚小璐　吴晨欣　王晓敏
主　审　杨淑芝

中国电力出版社
CHINA ELECTRIC POWER PRESS

## 内 容 提 要

本书是“十三五”职业教育国家规划教材。全书共分十一章，主要内容为建筑工程经济的评价要素、资金的时间价值、经济效果评价、不确定性分析和风险分析评价、价值工程、设备更新、国民经济评价、社会评价、环境影响评价、项目后评价以及复利系数表。本书全面系统地阐述了建筑工程经济中常用的分析方法和技术，具有实用性和专业性，每章后均配有相应的思考及练习题。本书更多拓展知识，可通过扫描书中二维码阅读。

本书可作为高职高专院校建筑工程技术、建筑工程管理、工程造价等相关专业的教材，也可作为建筑工程管理人员的参考用书，还可作为注册造价工程师、注册建造师、注册监理工程师、注册咨询工程师等相关考试的参考用书。

**图书在版编目（CIP）数据**

建筑工程经济/康峰主编. —3版. —北京：中国电力出版社，2019.10（2022.8重印）
“十三五”职业教育规划教材
ISBN 978-7-5198-3911-6

Ⅰ.①建… Ⅱ.①康… Ⅲ.①建筑经济学—工程经济学—高等职业教育—教材 Ⅳ.①F407.9

中国版本图书馆CIP数据核字（2019）第250910号

出版发行：中国电力出版社
地　　址：北京市东城区北京站西街19号（邮政编码100005）
网　　址：http://www.cepp.sgcc.com.cn
责任编辑：霍文婵（010-63412545）
责任校对：朱丽芳
装帧设计：赵姗姗
责任印制：吴　迪

印　　刷：三河市百盛印装有限公司
版　　次：2009年2月第一版　2014年1月第二版　2019年10月第三版
印　　次：2022年8月北京第十三次印刷
开　　本：787毫米×1092毫米　16开本
印　　张：13.5
字　　数：328千字
定　　价：38.00元

# 前　言

扫一扫

拓展资源汇总

本书第一版自 2009 年 2 月问世以来，根据行业发展规范的更新，先后进行修订再版，受到读者一致好评。

本书第三版仍延续前两版的编写特色，既理论联系实践，又注重实用性、前瞻性、科学性、时代性；突破了已有相关教材的框架，注重理论与实践结合，内容丰富、案例翔实。本次修订增加了可行性研究的内容，将建筑工程经济的理论内容应用于实践之中。此外，还整理了相关案例、模拟试题、习题、PPT 等，作为本书的教学资源，可通过扫描二维码选用，方便教学与自学。

本书由康峰主编，于珊、于莉和刘新林副主编，具体编写分工如下：内蒙古建筑职业技术学院康峰编写第一、二章；内蒙古建筑职业技术学院于珊编写第三章第一～四节、第四章；内蒙古迪克工程项目管理有限公司刘新林编写第三章第五、六节；内蒙古建筑职业技术学院张雪玉编写第五章、第六章第一～四节；内蒙古自治区人民医院王晓敏编写第六章第五～七节；内蒙古建筑职业技术学院吴晨欣编写第七章；内蒙古建筑职业技术学院于莉编写第八、九章；内蒙古建筑职业技术学院姚小璐编写第十、十一章和附录。内蒙古建筑职业技术学院杨淑芝审阅全书，并提出宝贵意见。

限于编者水平，书中不足之处难免，请读者批评指正。

编　者

2019 年 8 月

# 第一版前言

建筑工程经济是技术科学与经济科学相结合的一门学科，是建筑工程管理、工程造价管理、项目管理、建筑经济投资、监理等专业的一门主要专业课，是市场经济条件下提高决策水平、提高经济效益强有力的工具。

本书全面系统地阐述了建筑工程经济中常用的分析方法和技术，具有实用性和专业性。为使学生在学习过程中能真正掌握工程经济的分析方法，培养独立分析问题和解决问题的能力，每章后均配有相应的思考及练习题。

本书由康峰主编，于珊副主编。具体编写分工如下：内蒙古建筑职业技术学院康峰编写第一、二章；内蒙古建筑职业技术学院于珊编写第三、四章；内蒙古建筑职业技术学院张雪玉编写第五、六章；内蒙古建筑职业技术学院吴晨欣编写第七章；内蒙古建筑职业技术学院于莉编写第八、九章；内蒙古诚信咨询有限责任公司的姚小璐编写第十、十一章。内蒙古建筑职业技术学院杨淑芝审阅了全书，并提出宝贵意见。

本书在编写过程中得到有关单位和个人的大力支持，在此表示衷心的感谢。

编　者

2008 年 11 月

# 第二版前言

建筑工程经济是技术科学与经济科学相结合的一门学科，是建筑工程管理、工程造价管理、项目管理、建筑经济投资、监理等专业的一门主要专业课，是市场经济条件下提高决策水平、提高经济效益强有力的工具。

本书遵循高等职业院校学生的认知规律，以专业知识和职业技能、自主学习能力及综合素质培养为课程目标，紧密结合职业资格证书相关考核要求，确定本书的内容。本书全面系统地阐述了建筑工程经济中常用的分析方法和技术，具有实用性和专业性。为使学生在学习过程中能真正掌握工程经济的分析方法，培养独立分析问题和解决问题的能力，每章后均配有相应的思考及练习题。

本书由康峰主编。具体修订分工如下：内蒙古建筑职业技术学院康峰修订第一、二章；内蒙古建筑职业技术学院于珊修订第三、四章；内蒙古建筑职业技术学院张雪玉修订第五、六章；内蒙古建筑职业技术学院吴晨欣修订第七章；内蒙古建筑职业技术学院于莉修订第八、九章；内蒙古诚信咨询有限责任公司的姚小璐修订第十、十一章。内蒙古建筑职业技术学院杨淑芝审阅了全书，并提出宝贵意见。

本书在编写过程中得到有关单位和个人的大力支持，在此表示衷心的感谢！

编　者

2013 年 11 月

# 目录

扫一扫

拓展资源

# 第一章 概 述

本章概括介绍了工程、经济、工程经济的基础知识。通过学习，初步掌握工程经济的基本概念、研究对象和分析的基本原则，为以后各章学习奠定基础。

## 第一节 工程与经济的基本概念

现代科学技术的发展有两个特点，一是向纵深发展，形成许多分支科学；二是向广度进军，形成许多边缘科学。建筑工程经济就是介于自然科学和社会科学之间的边缘科学，它是根据现代科学技术和社会经济发展的需要，在自然科学和社会科学的发展过程中，互相渗透，互相促进，逐渐形成和发展起来的，是技术学和建筑经济学的交叉学科。在这门学科中，经济处于支配地位，因此，它的性质属于应用经济学的一个分支。

### 一、工程

工程是指土木建筑或其他生产、制造部门用比较大而复杂的设备来进行的工作，如土木工程、机械工程、交通工程、化学工程、采矿工程、水利工程等。

一项工程能被人们所接受必须做到有效，即必须具备两个条件：一是技术上的可行性；二是经济上的合理性。在技术上无法实现的项目是不可能存在的，因为人们还没有掌握它的客观规律。而一项工程如果只讲技术可行，忽略经济合理性也同样是不能被接受的。人们发展技术、应用技术的根本目的，正是提高经济活动的合理性，这就是经济效益。因此，为了保证工程经济更好地服务于经济，最大限度地满足社会需要，就必须研究、寻找技术与经济的最佳结合点，在具体目标和条件下，获得投入产出的最大效益。

### 二、经济

“经济”是一个多义词，工程经济所讲的“经济”，应当属于经济学的范畴，可以理解为是社会生产与再生产过程以及与之相关的政策、制度等方面的总和。通常有四方面的含义：

（1）经济是指生产关系。经济是人类社会发展到一定阶段的社会制度，是生产关系的总和，是政治和思想意识等上层建筑赖以生存和建立起来的基础。

（2）经济是指一国国民经济的总和，或指国民经济的各部门，如工业经济、农业经济、运输经济等。

（3）经济是指社会生产和再生产，即指物质资料的生产、交换、分配、消费的现象和过程。

（4）经济是指节约和节省。

### 三、工程与经济的关系

从推动人类社会进步与发展的意义上说，工程是实现人们理想的手段，经济是人们所追求所期待的目标。它们是手段和目的关系。工程建设是实现人们美好理想的手段。人们发挥自身的聪明才智，把科学技术积极应用到建设实践中来，使这个“手段”优化。仅仅使手段先进了，还远远不够。还要看它是否有利于社会再生产，是否能带来经济发展，这才是目的。两者结合起来，就是工程的有效性，即技术的先进性和经济的合理性。技术是工程的前提，经济是工程的目的。从事或准备从事工程实践的人，必须要有这样的认识，防止过分追求技术的完美领先，本末倒置。

人们不断追求着“物质极大丰富，生活富裕幸福”的美好理想。这个理想的实现依赖于工程技术的支持。没有工程基础，就失去了经济建设的舞台。没有工程活动，没有科学技术的实践活动，何谈社会再生产？又如何有“物质极大丰富，生活富裕幸福”的经济效果呢？归根到底，科学技术及作为其表现形式的工程是支撑经济发展的永恒动力，以其先进的生产力推动着经济的发展。

反过来，经济状况又制约和刺激着工程建设、技术进步。一方面，工程活动需要物质资料的投入保障。所以一个时期的经济状况影响着工程建设的范围、规模和强度，经济成为制约工程建设和技术进步的因素。另一方面，人们对于经济现状的永不满足，又成为刺激和拉动工程建设和技术进步的因素。

**四、工程经济**

工程经济是工程与经济的交叉学科，是研究如何有效利用稀缺资源，提高经济效益的学科。

有关工程经济的定义有很多种，归纳起来主要有以下几种观点：

（1）工程经济是研究技术方案、技术政策、技术规划、技术措施等经济效果的学科，通过经济效益的计算以求找到最佳的技术方案。

（2）工程经济是研究技术与经济的关系，以达到技术与经济最佳结合的学科。

（3）工程经济是研究生产、建设中各种工程经济问题的学科。

（4）工程经济是研究技术因素与经济因素最佳结合的学科。

工程经济是利用经济学的理论和分析方法，研究经济规律在工程问题中的应用，是分析工程项目方案、技术方案和技术政策等经济效果的一类应用经济学的分支。

## 第二节　建筑工程经济的研究对象与分析方法

### 一、建筑工程经济的研究对象和内容

1. 建筑工程经济的研究对象

建筑工程经济的研究对象可以概括为：根据技术与经济对立统一的关系，从理论和方法上研究如何将技术与经济最佳地结合起来，从而达到技术先进、经济合理的目的。具体来说，工程经济学的具体对象可以认为是经济方案、技术规划和技术政策等技术实践活动中的经济效果问题。

人们在社会生产活动中可利用的资源相对于人们的需要而言，总是有限的，因此，如何最有效地利用各种资源，满足人类社会不断增长的物质文化生活的需要是经济学研究的一个基本问题，也是经济实践活动的基本目标。

经济效果是人们在使用技术的社会实践中所得与支出的比较。人们的社会实践是多方面的，它可以是技术政策的制定，也可以是技术规划的制定；可以是生产实践活动，还可以是

非生产实践活动。人们从事各种活动都有一定的目的，都会产生一定的效果。由于各种技术实践活动的性质和物质环境不同，因而会取得不同性质的技术效果，如生产效果、军事效果、环境效果、艺术效果、政治效果、社会效果等，但无论从事哪种技术实践活动，都要通过经济环境取得投入物和销售产出物，在特定环境下以货币计量的一定资源消耗和社会有用成果的对比分析，就是经济效果评价。

经济效果可用效率型指标表示，计算公式为

$$经济效果=\frac{收益}{费用} \tag{1-1}$$

或用价值型指标表示，计算公式为

$$经济效果=收益-费用 \tag{1-2}$$

经济效果和技术效果是密不可分的，经济效果包括技术效果。当经济利润为正时，生产效率越高，经济效果就越好；在技术效果一定的情况下，产品或服务带给人们的边际效用越大，经济效果就越好。

对技术实践的经济效果进行研究，在我国建设项目的前期决策中已得到广泛的应用，特别是引进了西方的投资项目可行性研究后，更加丰富了经济效果的理论。所谓可行性研究，就是在市场调查的基础上，准确地估计项目的所得与支出，科学地计算项目的效益和费用，通过财务分析和国民经济分析，对各种建设项目的经济可行性和经济合理性进行综合评价。可行性研究的引入，使技术实践的经济效果提高到了一个新的水平。

建筑工程经济还要研究如何用最低的寿命周期成本实现产品、作业或服务的必要功能，通过对物质环境的功能分析、功能评价和功能创新，寻求提高经济效果的途径与方法。

世界上第一辆汽车是19世纪80年代由戴姆勒（Dimler）和本茨（Benz）制造的，由于生产成本太高，在相当长一段时间内汽车仅是贵族的一种玩物。后来，经过亨利·福特（Henry Ford）的努力，使每辆车的售价降到1 000～1 500美元，进而又降至850美元，到1916年甚至降到360美元。这为汽车的广泛使用创造了条件，最终使汽车工业成为美国经济的一大支柱。汽车工业的发展又推动了钢铁、石油、橡胶等一系列工业部门的发展，同时极大地改变了人们的生活方式。这一事例说明，在保证实现产品（作业、服务）必要功能的前提下，不断追求更低的寿命周期成本，是提高经济效果的重要渠道，对于社会经济的发展具有重要意义。

2. 建筑工程经济研究的主要内容

建筑工程经济的研究内容相当广泛，概括起来可以包括如下四个部分：

（1）研究技术创新的规律以及经济发展的关系，探求如何建立和健全技术创新的机制，为制定有关的经济政策和技术政策提供理论依据。

（2）宏观、中观工程经济规划的论证。例如，全国的或某一地区的科技发展、经济发展规划的合理性和可行性论证，国家或某一地区某一种资源开采、合理利用的工程经济论证，以及行业发展规划的工程经济论证等。

（3）各级各类建设项目论证。例如，新建项目、技术改造项目、技术引进项目等的工程经济论证。

（4）各种技术开发、产品开发与设计、工艺选择、设备更新等技术方案、技术措施的工程经济论证等。

## 二、建筑工程经济分析的方法

1. 费用效益分析法

费用效益分析法是工程经济分析的基本方法。通过项目的投入（即费用）和产出（即效益）的对比分析，定量考察工程项目的费用、效益以及经济效益状况，研究建设项目的经济性。具体包括静态分析、动态分析和确定性分析、不确定性分析等。

2. 方案比较法

建筑工程经济分析的一个突出特征是进行方案优选，优选的前提就是方案比较。通过对众多备选方案的费用、效益以及经济效益水平的比较，确定相对较优方案作为建议实施方案。

3. 预测法

建筑工程经济分析主要是针对拟建项目进行的，要科学地把握未来项目的运行情况，准确地对方案做出评价，以科学的预测为基础。用科学预测来揭示事物的发展规律、发展水平，为其他具体评价方法的使用提供未来项目信息支持。

4. 价值工程方法

价值工程是工程经济分析的专门方法，通过对价值工程对象的功能定义、功能分析、功能评价，全面系统地认识研究对象的功能结构及内在关系，是完善工程设计、降低费用和提高研究对象价值的途径。

5. 系统分析法

项目的规划、设计、建设和运行是一项复杂的系统工程，其外在表现状况也反映在多个方面，既有技术的、经济的，也有环境的、社会的等，因此对建设项目的考察不能局限在一个方面或几个方面，要作全面综合评价，进行系统分析。

# 第三节　建筑工程经济分析的原则

## 一、经济效益原则

1. 经济效益的概念

经济效益是全部经济活动的中心，是工程经济分析的核心和基本依据。所谓经济效益是指有用的产出与投入的对比关系。经济效益的概念首先强调产出的有用性，即项目实施所带来的产品、服务及其他产出（广义的产品），是有利于市场、有利于经济、有利于社会的，是对繁荣市场、发展经济和推进社会文明进步有贡献的，这是经济效益质的规定性。其次强调产出与投入的对比关系，即以较少的社会资源投入，获取较多的社会产品的回报。这是经济效益量的规定性。最后，经济效益概念中的投入，不仅包括消耗的社会资源，还包括项目实施所占用的社会资源，是一个全面的概念。在经济学的意义上，由于资源的稀缺性，所以必须格外关注每一次、每一份资源的配置，应力求使稀缺的资源能发挥最大的效用。因而全面投入的概念更能准确地反映项目的经济性。

2. 经济效益的表达形式

经济效益主要有以下三种表达形式：

（1）净效益，其表达式为

$$经济效益 = 产出(效益) - 投入(耗费) \tag{1-3}$$

(2) 效益耗费比，其表达式为

$$经济效益 = 产出(效益)/投入(耗费) \tag{1-4}$$

(3) 净效益耗费比，其表达式为

$$经济效益 = 净效益/投入(耗费) \tag{1-5}$$

3. 经济效益的分类

(1) 有形效益与无形效益。有形效益指可以货币量化的效益，即能实物度量、有价格标准的效益，比如销售收入、利润等；无形效益指不能货币量化的效益，比如环保、就业、技术扩散等。

(2) 直接效益与相关效益。直接效益是指项目所有人由于实施项目而直接得到效益；相关效益是指项目所有人之外的其他方面的项目实施中得到的，并且没有体现在项目所有人受益中的效益。比如，汽车制造公司实施节能汽车项目，由于汽车的节能性而增加的产销量、增加的销售收入即为直接效益。直接效益表现在项目（或企业）的财务边界之内；其他方面，比如汽车用户和社会之间，由于节能汽车的使用而减少的营运开支，减少了社会资源消耗等即为相关效益。相关效益表现在项目（或企业）的财务边界之外，因而又称之为建设项目的外部效益。

(3) 宏观效益与微观效益。宏观效益是站在国民经济立场上，以社会资源的合理配置和社会财富的增加为标准计算的效益。显然，有形效益、无形效益，直接效益、相关效益均属于宏观效益；微观效益是站在项目所有人立场上，以项目为边界，以所有人权益市场价值最大化为标准计算的效益。

(4) 短期效益与长期效益。短期内可以实现的效益即短期效益；在未来较长时期可以实现的效益是长期效益。

**二、可持续发展原则**

进行建筑工程经济分析必须立足于可持续发展，这是实践证明必须要坚持的一条原则。首先要注意资源的可持续利用。任何项目的实施都依赖社会经济资源的投入，离开了资源的可持续利用就不可能有可持续发展。所以，在项目分析评价中，应关注资源的合理配置，关注资源的节约、节省，关注资源的循环利用，关注紧缺资源的可替代使用等问题。其次，应注意项目和生态—社会系统的协调和优化。必须把项目置于生态—社会大系统中来考虑项目的“有效性”。全面分析论证项目的投入、产出对生态、环境和社会系统的影响，致力于项目和其赖以存在的生态—社会系统的协调。再次，要从长远和全局的角度来分析问题、研究问题，不仅关注眼前的、局部的利益，更要关注未来的和全局的利益。

**三、资源合理配置和有效使用原则**

资源合理配置和有效使用是效益原则和可持续发展原则的必然要求。基于“资源稀缺性”的基本经济学命题和可持续发展的要求，务必要通过工程经济分析，科学地、合理地解决工程项目的“资源稀缺性”与人们日益增长的需要之间的矛盾，恰当遴选方案，慎重投资决策，努力实现资源的合理配置和有效使用，使资源的边际收益最大化和优化系统整体。

**四、可比性原则**

建筑工程经济分析是一个优选过程，在多方案的评价中必须建立共同的比较基础，保证计算口径的一致。

1. 满足需求可比

各备选方案应满足同样的需求，实现同一经济目标。这样方案之间才有相互替代性，才存在选择问题。例如房地产项目与厂房建设项目同是建设项目，但它们之间不具有可比性，因为前者是满足居住需要，后者是满足生产需要。需求的满足是以产品为特征的，需求可比就是要求各方案的产品在产量、品种、质量、性能等方面的差异因素进行修正和调整。例如在一个方案内可以主导产品为主，对各相关产品按照某个技术参数进行折算，然后在各个方案之间以主导产品为主进行比较。

2. 价格可比

价格是工程经济分析中十分重要的一个参数，它可以综合反映产品的各种信息，如供求、质量、价值等。在市场经济条件下，以市场价格作为计价基础可以满足价格可比原则的要求。但由于目前我国市场经济还不成熟或不完善，有些领域的价格体系还没有理顺，价格作为资源配置的指导信号还有一定的问题。这时，如果按照现行价格进行方案的经济评价，可能会虚增或虚减项目运行效益，误导决策。因此有必要时，应以计算价格或理论价格作为市场价格的补充和替代，以避免因价格“失真”对计算结果的影响。

3. 时间上可比

时间上可比包括两个方面，一方面应采用相同的计算期作为比较的基础，如果互相比较的方案寿命期不相同，两方案是不能直接进行比较的，可以通过一定的处理，使方案之间的寿命期变为相等，然后再进行比较。

另一方面是要考虑资金的时间价值问题，方案在不同时间点发生的费用和收益不能直接进行代数运算，必须进行时间价值换算后进行比较，才会得出正确结论。

**五、“有无对比”原则**

准确识别和估算项目的效益和费用是正确评价项目的前提。在识别和估算项目的效益和费用时，应遵循“有无对比”的原则。分别对“有项目”和“无项目”两种状态下项目的未来运行情况进行预测分析，而后通过对比分析确定项目的效益和费用，保证估算的准确性和可靠度。避免因为忽略“无项目”时状态自身的优化作用，而导致对项目效益估算的“虚增”或费用估算的“虚减”，夸大项目自身的经济效益水平；也要克服因为忽略“无项目”时状态自身的优化作用，而导致对项目效益估算的“虚减”或费用估算的“虚增”，缩减项目自身的经济效益水平。

**六、定量分析和定性分析相结合，定量为主原则**

建筑工程经济分析以定量分析为重点，力求把效益因素货币量化，以增强评价结论的科学性和说服力。但并不排斥、忽略定性分析，在进行量化计算之前，首先要对问题进行定性的描述，以把握问题的全貌，使工程经济分析更全面。同时，对难以量化的因素，也有必要定性分析。

**七、静态评价与动态评价相结合，动态评价为主原则**

静态评价就是在不考虑时间因素的前提下，用一定的指标考察工程项目的经济性的方法。由于其忽略了资金的时间价值，因而评价结论是粗略的，通常适用于项目初评。动态评价方法是指在考虑资金的时间因素前提下，定量计算工程项目经济效益，并对方案实施情况作出评价的方法。它反映了资金的运行规律，所以全面地评价了项目的经济效益状况，真实地反映了项目经济效益水平，因而是常用的评价方法。

**八、统计预测和不确定分析相结合**

建筑工程经济分析主要是针对拟建项目，即未来项目进行的。因此，评价必须建立在科学统计预测的基础上，恰当地选择预测方法，以提高评价信息的质量。尽管在预测和统计方法的选择上，力求完善和科学，但由于事物发展不确定性的存在，使得评价本身就潜伏着风险，影响决策的有效性。所以在进行建筑工程经济分析时，不仅通过确定性评价揭示项目收益，关注项目收益，还要通过不确定性分析和风险分析，揭示风险，关注风险。使得投资人在权衡了项目收益和风险后再行决策。

## 思考及练习题

1-1 怎样理解工程与经济的关系？

1-2 建筑工程经济分析的方法有哪些？

1-3 评价方案经济效果的原则有哪些？

扫一扫

拓展资源

# 第二章　建筑工程经济的评价要素

## 第一节　投　资

### 一、投资的概念

投资，一般是指经济主体为获得预期的经济效益而垫付一定数量的货币或其他经济资源与某些事业的经济活动。

投资的构成主要包括投资主体、投资目的、投资方式和投资行为，它们相互联系，形成了投资资金不断循环周转的运动过程。投资主体，也称投资者或投资方，它是具有投资决策权和资金来源的法人或自然人，如各级政府、企业、事业单位、社会团体、个人或其他经济实体；投资主体的投资目的是为了获得预期的经济效益、取得最大经济效益是投资活动的出发点和归宿。不同的投资主体的投资目的也不完全相同，如政府投资除了追求经济效益外，还要兼顾社会效益和生态效益。投资可以运用多种方式。直接投资用于构建固定资产和流动资产，形成实物资产；间接投资用于购买股票、债券，形成金融资产。投资行为不是单一的一次性投入，而是一种连续进行的活动，表现为从资金筹集、分配、使用到回收和增值的全过程的不断循环和周转的过程。

投资是一项复杂的经济活动，具有诸多特点，其中收益性和风险性是其两个基本特征。任何投资项目的组织实施都是以一定的资金投入取得预期收益即尽可能大的增值（利润）为目的，特别是生产经营性投资更是如此。投资常伴随着收益不确定性的投资风险，投资实施的结果并不一定会有较高的收益和保值、增值，也会出现亏本而无法回收。投资的收益性和风险性，是进行投资项目技术经济分析评价，从而优选方案决策的前提条件。

投资的类型，从形成资产的形态划分，可分为直接投资和间接投资；从投资的用途划分，有生产性投资和非生产性投资；从投资的性质划分，可分为固定资产投资和流动资金投资；从工程内容划分，包括主体工程投资和附属工程投资，以及相关工程投资、配套工程投资等。

### 二、固定资产投资

固定资产是指企业为生产商品、提供劳务或经营管理而持有的，且使用寿命超过一个会计年度的有形资产。固定资产在使用期内长期反复地参加生产过程，在生产过程中始终保持其原有的物资形态不变，而将其价值通过折旧等方式逐渐转移到利用它所生产的新产品中。固定资产应同时具备两个条件：固定资产用于生产商品、提供劳务、出租或经营管理的，而不是直接用于出售；企业使用固定资产的期限超过一个会计年度。

用于建筑、安装和购置固定资产以及与之相联系的其他工作的投资，称为固定资产投资。固定资产投资可以通过扩大生产能力或增加工程效益的新建、扩建、迁建、恢复固定资产的基本建设实现，也可以通过对现有企业原有设备和设施进行更新和技术改造实现，还可以通过零星购置和建造等其他形式来实现。一般固定资产投资由以下几部分构成。

1. 建筑工程投资

建筑工程投资是指建筑和购置建筑物、构筑物的建设费用，包括厂房、住宅、办公楼、仓库、实验室等建筑物、房屋建筑和包括在房屋预算内的各种管道、照明、通信、电气线路的铺设工程，以及设备基础、支柱、窑炉砌筑、金属结构工程，油田、矿井、道路、水利、防空等特殊工程投资。

2. 设备、工具、器具购置投资

设备、工具、器具购置投资包括购置的达到固定资产标准的生产工艺设备，运输、生产维修等设备、实验和化验用仪器、模具、工具台等，以及为新建、扩建单位的新建车间设计购置的全部设备、工具和器具。

3. 安装工程投资

安装工程投资是指用于设备安装工程所追加的设备本身购置价值以外的费用，包括工艺、计量、仪表、电力、通信、化验、医疗、维修等设备的安装、绝缘、防腐、保温、油漆，设备内部填充，附属设备及附件管线的装配和装设，设备单机试运转，系统联动无负荷试运转等费用。

4. 其他投资

其他投资是指不属于以上三种投资的其他费用。如土地征用费、迁移补偿费、勘察设计费、建设单位管理费、生产人员培训费、办公及生活家具购置费、科学研究实验费、建设期内贷款利息费、国外引进项目的其他费用等。

5. 预备费

预备费是指在初步设计概算中难以预料的工程费用。预备费用于在设计、施工中增加的工程费用、由于一般自然灾害所造成的损失和预防自然灾害所采取措施的费用，验收委员会或验收小组鉴定工程质量所必需开挖和修复隐蔽工程而支付的费用，以及因物价上涨所需增加的费用。

需要说明的是，这里所说的固定资产投资与企业财务会计核算中的固定资金有所不同。如土地征用费、建设单位管理费，在财务会计核算中作为无形资产和递延资产而不作固定资金核算。

**三、流动资金投资**

流动资金是指供生产和经营过程中周转使用的资金。流动资金投资形成流动资产。

流动资产投入生产和经营后，作为实物形态的材料、构件、燃料、动力等，随着生产和经营活动的深入，不断改变其原有物质形态，或在一个生产周期全部被消耗掉，与此同时其价值也随着实物消耗一次全部地转移到新产品中，并在新产品中的实现价值（即销售收入）中得到补偿。流动资金是流动资产的价值形态，在项目筹建阶段，最初表现为货币资金，项目建设过程中，大部分以原材料、燃料等生产储备资金被占用，投产后这些储备资金在生产过程中分别表现为在产品、半成品和产成品资金，通过销售产成品或半成品，收回其价值，还原其货币资金形态。如此循环反复，周转使用，直到项目使用寿命期终结时一次性收回。流动资金的构成如图 2-1 所示。

由于建筑企业的生产对象具有单件性、非定型性且体积大、生产周期长，使建筑产品生产企业所需要的流动资金不同于一般的工业产品生产企业，具有需求量不定、波动性大的特点。主要表现在建筑产品生产企业承建规模不同、结构相异、用途有别的工程项目时，所需要的流动资金数额是不同的，甚至相差悬殊。即使在同一项目的施工期内，由于所处的施工阶段不同，有时需要施工企业垫付流动资金，有时由建设单位供应建筑材料，特别是施工企业在原有工程施工已接近收尾，新的施工任务尚未落实的时期，企业留存大量的流动资产必将闲置浪费遭受损失。因此，从建筑产品生产企业的生产特点出发，必然要求对流动资金需求数量有较大的灵活性，能随着生产的要求不断调整流动资金投入量。

- 流动资金
  - 生产领域中流动资金
    - 储备资金
      - 材料
      - 周转材料
      - 燃料、动力
      - 库存产成品
      - 修理备品、配件
      - 包装物
      - 低值易耗品
    - 生产资金
      - 在建工程
      - 临时设施
      - 待摊费用
  - 流通领域中流动资产
    - 成品资金
      - 待售产成品
      - 外购商品
    - 结算资金
      - 应收票据
      - 应收账款
      - 预付账款
    - 货币资金
      - 备用金
      - 库存现金
      - 银行存款

图 2-1　流动资金构成图

固定资产投资和流动资金投资的总和构成了建设项目的总投资。

## 四、项目投资资金的筹措渠道

我国目前的投资主体，有中央政府投资主体、地方政府投资主体、企业投资主体、个人投资主体和外国投资主体等。各投资主体既可以独立投资，也可以通过股份合资、合作等方式进行联合投资，构成了多元化、多层次的投资主体结构。各投资主体的投资资金筹措渠道不完全相同。

### （一）中央政府投资主体的资金筹措渠道

中央政府主要是通过财政税收、财政信用和举借外债等渠道筹措资金。

1. 财政税收

财政税收是指国家通过税收和其他非税收入所取得的财政收入中由中央政府留用和支配的部分。这部分财政收入除了用于中央政府经常性开支外，剩余部分方可用于投资。

2. 财政信用

财政信用是指以国家财政为主体的投资信用。它的具体融资工具是各类政府债券，如国库券、国家重点建设债券等。

3. 举借外债

举借外债是指由财政部门出面，代表国家从国外借入款项，用于国内的投资建设。

（二）地方政府投资主体的资金筹措渠道

1. 财政税收

财政税收是指通过税收和其他非税收入所得的财政收入中由地方政府留用和支配的部分。这部分财政收入除了用于地方政府经常性开支外，剩余部分可用于投资。

2. 财政信用

财政信用是指以地方财政为主体的投资信用，它是在中央财政信用完满实施的前提下展开的。其筹资工具是各类地方政府债券，如省电力债券、省化工债券等。

3. 其他自筹资金

如由地方行政与事业单位的收入结余筹集的地方财政资金、中央财政划拨资金等用于地方建设的投资资金。

（三）企业投资主体的资金筹措渠道

1. 自有资金

自有资金是指生产经营性企业从其税后净利中的企业发展基金中筹措的用于生产与非生产项目的投资。

2. 银行信用

银行信用是指以企业为主体向商业银行申请贷款用于投资。银行信用实行有借有还，有偿使用的原则，借款企业必须依合同在规定的期限内还本付息。

3. 发行股票和债券

股票是股份公司或股份企业为筹集资金发给认购者（投资者）的一种所有权凭证。股票的持有人即股份公司的股东。债券也是一种所有权证书。由企业发行的债券称为（公司）企业债券，债券持有人与发行公司（企业）的关系是债权债务关系，债券本息按规定的偿还年限和债息一经还清，双方关系即告结束。

4. 民间集资

民间集资指由企业组织职工、居民和其他组织等本着自愿的原则筹集的用于投资的资金。

5. 其他资金筹措渠道

企业与外国资本合资、合作经营，或通过国际金融机构、外国商业银行贷款、发行国际股票、债券等形式筹集的投资资金。

（四）个人投资主体的资金筹措渠道

个人投资主体的资金筹资渠道主要有个人自由资金、民间集资和金融机构信用等。

## 五、资金成本

（一）资金成本的概念

项目投资所需要的资金，从数额上是比较大的，完全由投资主体通过自筹解决往往难以实现，需要采用不同的投资方式多渠道筹集资金。筹集和使用资金需要考虑资金成本。

所谓资金成本，是指投资主体为筹集资金和使用资金而付出的代价。资金成本由资金筹集费和资金占用费两部分组成。资金筹集费是在筹集资金过程中支付的各项费用，包括银行手续费、发行股票及债券支付的印刷费、发行手续费、律师费、资信评估费、公证费、担保费、广告费等。资金占用费是占用或使用资金所支付的费用，包括银行借款、发行股票的利息、股票的股息等。资金占用费是投资主体在生产经营过程中经常发生的费用，而资金筹集费通常是在筹集资金时一次性发生，在计算资金成本时一般作为筹资额的扣除项。投资方案只有在投资收益率大于资金成本时才有利可图，这样的方案才是投资人可以接受的方案。否则，这样的方案将被拒绝。

资金成本的大小，通常用资金成本率表示。资金成本率是项目资金占用费与扣除筹集费用的实际筹集资金额的比率，用公式表示为

$$K=\frac{D}{P-F} \tag{2-1}$$

或

$$K=\frac{D}{P(1-f)} \tag{2-2}$$

式中　$K$——资金成本；

$D$——资金占用费；

$P$——筹资金额；

$F$——资金筹集费；

$f$——资金筹集费占筹资金额的比率即筹资费率。

（二）资金成本的计算方法

不同来源和筹措渠道的资金成本是不同的。非股份公司的自筹资金往往被看成是自由支配且免费使用的，财政税收资金则具有强制性和无偿性的特点，一般可以不考虑这两种资金的成本。本节将主要研究债务资金和权益资金成本计算方法。

1. 债务资金成本

债务资金包括长期借款资金和债券资金。

（1）长期借款资金成本。长期借款资金成本由借款利息和筹资费用所组成。长期借款资金成本的计算公式为

$$K_{\mathrm{L}}=\frac{I_{\mathrm{L}}(1-T)}{L(1-f_{\mathrm{L}})} \tag{2-3}$$

或

$$K_{\mathrm{L}}=\frac{R_{\mathrm{L}}(1-T)}{1-f_{\mathrm{L}}} \tag{2-4}$$

式中　$K_{\mathrm{L}}$——长期借款资金成本；

$I_{\mathrm{L}}$——长期借款年利息；

$T$——所得税率；

$L$——长期借款筹资额；

$f_{\mathrm{L}}$——长期借款筹资费率；

$R_{\mathrm{L}}$——长期借款利息率。

公式中应考虑所得税是因为借款利息在财务上允许计入税前成本费用，使企业税前利润减少，从而起到了抵税的作用。

长期借款的筹资费，主要是借款手续费。当这部分费用很少时，也可以忽略不计。

**【例 2-1】** 某房地产开发公司取得长期借款 100 万元，年利率 8%，每年付息一次，到期一次还本付息，筹资费用率 1%，公司所得税 25%。计算该项长期借款的资金成本。

**解**　该项长期借款的资金成本为

$$K_L = \frac{R_L(1-T)}{1-f_L} = \frac{8\% \times (1-25\%)}{1-1\%} = 6.06\%$$

（2）债券的资金成本。发行债券的成本主要指债券筹资费用和债券利息。债券利息构成成本费用，也可起到抵税的作用。因此，债券资金成本的计算公式为

$$K_b = \frac{I_b(1-T)}{B(1-f_b)} \tag{2-5}$$

式中　$K_b$——债券资金成本；

$I_b$——债券年利息；

$T$——所得税率；

$B$——债券筹资额；

$f_b$——债券筹资费率。

债券可以采用平价发行，也可以采用溢价发行和折价发行，计算债券资金成本应以实际发行价格作为债券筹资额。如果债券是溢价发行或折价发行，则应将发行差额按年进行摊销，这时债券资金成本的计算公式为

$$K_b = \frac{\left[I_b + (B_0 - B_i) \times \frac{1}{n}\right](1-T)}{B_i - F_b} \tag{2-6}$$

式中　$K_b$——债券资金成本；

$I_b$——债券年利息；

$T$——所得税率；

$B_0$——债券的票面价值；

$B_i$——债券发行价；

$n$——债券的偿还年限；

$F_b$——债券筹资费。

**【例 2-2】** 某公司发行总面额 1 000 万元的 5 年期债券，采用折价发行，筹集资金总额 980 万元，发行费率 5%，票面利率 10%，公司所得税 25%。该债券的资金成本为

$$K_b = \frac{\left[1\,000 \times 10\% + (1\,000 - 980) \times \frac{1}{5}\right] \times (1-25\%)}{980 \times (1-5\%)} = 8.38\%$$

2. 权益资金成本

股票持有人享有发行股票的股份公司财产的所有权，因此，股票资金属于权益资金。股票分为优先股和普通股，两者的资金成本计算方法有所不同。

（1）优先股资金成本。优先股资金成本的计算公式为

$$K_p = \frac{D_p}{P_p(1-f_p)} = \frac{R_p}{1-f_p} \tag{2-7}$$

式中　$K_p$——优先股资金成本；

$D_p$——年支付优先股利；

$P_p$——优先股筹资金额；

$R_p$——优先股年股利率；

$f_p$——优先股筹资费率。

（2）普通股资金成本。普通股股本可通过两种方式获得，一是留存盈余转普通股，二是

发行新普通股。如果股份公司不是将其税后净盈利以发放股利的形式分派给股东，而是留存这部分净盈利作为资本再投资，实际上相当于股东对股份公司的追加投资。留存盈余转普通股的资金成本，是股东失去向股份公司以外投资的机会成本，它的计算公式为

$$K_s = \frac{D_1}{P_0} + g \tag{2-8}$$

式中 $K_s$——留存盈余转普通股资金成本；

$D_1$——下年度预期股利额；

$P_0$——股票现行价格；

$g$——投资者期望的股利增长率。

公司新发行普通股资金成本除了资金的使用费（即股利）外，还包括筹资费用（或发行费用）。因此，新发行普通股资金成本的计算公式为

$$K_e = \frac{D_1}{P_0(1-f_e)} + g = \frac{R_e}{1-f_e} + g \tag{2-9}$$

式中 $K_e$——新发行普通股资金成本；

$f_e$——新发行普通股筹资费率；

$R_e$——新发行普通股收益率，即 $D_1/P$。

其他符号意义同公式（2-8）。

**【例 2-3】** 某建筑公司新发行普通股本共计 2 000 万元，预计第一年股票收益率 10%，以后每年增长 1%，筹资费用率为 2%，则该公司新发行普通股的资金成本为

$$K_e = \frac{10\%}{1-2\%} + 1\% = 11.2\%$$

3. 总资金成本

投资主体通过多种渠道和方式筹集资金，不同来源资金的成本不相同。在筹资决策中，需要确定项目投资所需全部资金的总成本。全部资金的总成本一般是将每笔不同成本的资金进行加权平均计算总资金成本，也称为综合资金成本。总资金成本的计算公式为

$$\overline{K} = \frac{\sum_{i=1}^{n} M_i K_i}{\sum_{i=1}^{n} M_i} \tag{2-10}$$

或

$$\overline{K} = \sum_{i=1}^{n} W_i K_i \tag{2-11}$$

式中 $\overline{K}$——总资金成本；

$M_i$——第 $i$ 笔资金实际筹集额；

$K_i$——第 $i$ 笔资金的资金成本；

$W_i$——第 $i$ 笔资金实际筹资额在全部资金筹资额中所占比重。

## 第二节　成　　本

### 一、成本的概念

在生产性投资项目中，产品成本是生产和销售产品所消耗的活劳动和物化劳动的货币表

现。成本的实质是资源或劳动的消耗，其数量大小用货币额来反映。产品成本的大小受许多因素的影响。在同一种产品的生产中采用的生产技术、生产规模、组织管理方式、物资供应方式不同，在不同的自然和社会环境、商品销售市场、生产要素市场等条件下，形成的产品成本都可能有所差别，甚至差别很大。

项目技术经济分析中所使用的成本概念与企业财务制度中使用的成本概念有所不同。首先，二者的构成要素不同。企业财务制度中使用产品的成本，称为产品制造成本，由企业生产过程中实际消耗的直接材料、直接工资、其他直接支出和制造费用或间接费用构成；项目技术经济学中所使用的产品成本称为产品总成本费用，是一定时期内所生产和销售一定数量的产品所发生的全部费用，它除了产品制造成本外，还应包括管理费用、财务费用和销售费用。其次，企业财务会计中核算的产品成本，是实际发生的成本，是在特定条件下形成的确定的数额；项目技术经济分析是对拟建项目未来生产中产品劳动消耗总量用历史数据进行的估计和预测，它要受到项目实施中的一些不确定因素的影响，因而与实际值会有一定的偏差。另外，项目技术经济分析中除了产品成本费用概念以外，还有经济成本、边际成本、机会成本、沉没成本等概念。

**二、总成本费用的构成**

在建筑产品生产企业中，施工企业和房地产开发企业的生产具有不同的特点，因而它们所生产产品的总成本费用构成也有所不同。

（一）施工企业的产品总成本费用构成

1. 直接费用

直接费用是指施工企业为完成建筑产品建造合同所发生的、可以直接计入合同成本核算对象的各项费用支出，它包括：

（1）耗用的人工费用，主要包括从事工程建造的人员的工资、奖金、福利费、工资性质的津贴等支出。

（2）耗用的材料费用，主要包括施工过程中消耗的构成工程实体或有助于形成工程实体的原材料、辅助材料、构配件、零件、半成品的成本和周转材料的摊销及租赁费用。

（3）耗用的机械费用，主要包括施工生产过程中使用自有施工机械所发生的机械使用费、租用外单位施工机械所发生的租赁费和施工机械的安装、拆卸和进出场费。

（4）其他直接费用，包括有关的设计和技术援助费用、施工现场材料的二次搬运费、生产工具和用具使用费、检验试验费、工程定位复测费、工程点交费用、场地清理费用等。

2. 现场经费

现场经费是指企业下属施工单位或生产单位为组织和管理生产活动所发生的费用，包括临时设施摊销费用和施工、生产单位管理人员工资、奖金、职工福利费、劳动保护费、固定资产折旧费及修理费、物料消费、低值易耗费摊销、取暖费、水电费、办公费、差旅费、财产保险费、工程保修费、排污费等。

3. 管理费用

管理费用是指企业行政管理部门为组织和管理生产经营活动所发生的各项费用以及企业为制定施工合同而发生的差旅费、投标费等。

4. 财务费用

财务费用是指企业为筹集生产经营资金而发生的费用，如企业生产经营期间发生的利息净支出、汇兑净损失、金融机构手续费以及为筹资发生的其他费用。

（二）房地产开发企业的产品总成本费用构成

1. 土地征用拆迁补偿费

土地征用拆迁补偿费包括土地征用费、耕地占用税、劳动力安置费及有关地上、地下附着物拆迁补偿的净支出、安置动迁用房支出等。

2. 前期工程费

前期工程费包括规划、设计、项目可行性研究、水文、地质、测绘、“三通一平”等支出。

3. 建筑安装工程费

建筑安装工程费包括建造商品房的直接费和间接费。

4. 基础设施建设费

基础设施建设费包括建造基础设施的直接费和间接费。

5. 公共配套设施费

公共配套设施费包括建造公共配套设施的直接费和间接费。

6. 销售费用

销售费用是指企业在销售产品或提供劳务等过程中所发生的各项费用，以及专设销售机构的各项费用。

7. 管理费用

管理费用是指企业行政管理部门为管理和组织经营活动而发生的各项费用。

8. 财务费用

财务费用是指企业为筹集资金而发生的各项费用。

## 三、项目技术经济分析中的其他成本概念

（一）经营成本

经营成本是项目技术经济分析中所特有的一个概念，是在总成本费用中扣除折旧费、维修费、摊销费和利息之后的一部分费用。用下式表示

$$经营成本 = 总成本费用 - 折旧费 - 维修费 - 摊销费 - 财务费用$$

设置经营成本这一概念的目的是便于进行项目现金流量分析。在现金流量表中，各项现金流入和流出都必须与相应的流动时点相对应，也就是说收支在何时发生，就应在何时计算。由于投资已在其发生时作为一次性支出被计为现金流出，折旧作为对投资形成的资产磨损的价值补偿费用就不能计为现金流出，否则就发生了重复计算。维修费、摊销费与折旧费的性质一样，也不能重复计算。财务费用是项目实际发生的现金流出，但现金流量分析中是以全部投资作为计算基础，不分资金来源，所以也不必考虑财务费用支出问题。因此，在项目技术经济分析中，为了计算和分析方便，引入经营成本这一概念，并把它作为一个单独现金流出项目列出。

（二）机会成本

机会成本是指把一种具有多种用途的稀缺资源用于某一特定用途上时，所放弃的其他用途中的最佳用途的收益。人们在利用自己的经济资源时，往往选择实际收益大于机会成本的项目。例如，一笔资金可投资于 A、B、C、D 四个项目，它们的收益分别为 30 万元、60 万元、40 万元和 100 万元。通过比较投资者将这笔资金投入收益最佳的 D 项目，从而放弃了

A、B、C三个投资机会，其中，次佳的B项目的收益即为投资于D项目的机会成本。

机会成本是理论经济学中的一个概念，它不是实际发生的支出。在技术经济分析中，机会成本的概念十分重要。这是因为投资者能投入的资金或可利用的经济资源是有限的，具有稀缺性，当这种有限资源可同时用于两个或多个备选方案时，只有把机会成本同时考虑进去，使收益大于机会成本，才能保证选用最佳方案投资，从而实现资源的最佳配置和利用。

（三）沉没成本

沉没成本是过去的成本支出，是项目投资决策评价前已经花费的，在目前的决策中无法改变的成本。在项目评价或决策中，当前决策所考虑的是未来可能发生的费用及所能带来的收益，沉没成本与当前决策无关，因此在下一次的决策中不予考虑。

（四）边际成本

边际成本是指增加一个单位产品产量时所增加的成本，也就是增加最后一个产品生产的成本。边际成本可用成本的增量与产量的增量之比来计算，公式为

$$边际成本 = \frac{成本增量}{产量增量}$$

**【例2-4】** 某项目投资于一种产品有两个可供选择的方案，甲方案产量为10万吨，生产总成本8000万元；乙方案产量为8万吨，生产总成本7000万元，那么，选择甲方案时将产量从8万吨增加到10万吨的边际成本为

$$边际成本 = \frac{8000 - 7000}{10 - 8} = 500(元/吨)$$

边际成本的经济学意义在于，当边际收益即增加最后一个单位产品时所增加的收益大于边际成本时，增加产量扩大生产规模的决策有助于投资者增加利润总额，因而此投资方案是可取的；当边际收益小于边际成本时，增加产量扩大生产规模的决策会使投资者的利润减少，因而此投资方案是不可取的；当边际收益与边际成本相等时，当前的生产规模是投资者获利最大的生产规模，因而也是最佳的，无须改变生产规模。

## 第三节　折　　旧

### 一、折旧的概念

固定资产折旧，简称为折旧，是指固定资产在使用过程中，逐渐损耗而消失的那部分价值。固定资产在使用中损耗的这部分价值，应当在固定资产的有效使用年限内进行分摊，形成折旧费用，计入各期的产品成本中。

生产中的固定资产可以长期反复参加生产经营活动，并在这一活动中保持其原有的实物形态不变，但其价值却随着固定资产的使用损耗而逐渐转移到所生产的产品中构成了生产费用，然后通过产品的销售活动，形成销售收入，收回货款，弥补了成本费用，从而使这部分价值损耗得到了补偿。固定资产的损耗可分为两种，即有形损耗和无形损耗。有形损耗是指由于生产因素和自然因素的影响而引起的固定资产使用价值和价值的物理和化学损耗；无形损耗是指由于科学技术进步，致使同类产品生产费用降低而引起的原有固定资产贬值的损耗，也称为精神损耗。有形损耗是显而易见的，如机械磨损、自然侵蚀等，因而有形损耗也较容易测定和计量，而无形损耗的数量却较难准确地测定和计量，并且随着科学技术的日新

月异，产品更新周期不断缩短，固定资产的无形损耗有时比有形损耗更为严重，对计算折旧的影响很大。

## 二、影响折旧的因素

影响折旧额计算的因素主要有以下三个方面。

### （一）折旧基数

折旧基数，指计算固定资产折旧的基数，一般为取得固定资产的原始成本，即固定资产原值。不同类型固定资产的原值构成也有所不同。新建项目的固定资产原值包括建筑安装工程费用、设备工具、器具购置费、其他投资费用摊销等；改扩建或更新改造项目的固定资产原值，是指建设前的原值加上建设中的费用支出，再减去不需用或报废的原值；零星购置的固定资产原值，是固定资产的购置、安装、调试等费用的总和。

### （二）固定资产净残值

固定资产净残值是指预计在固定资产报废时可以收回的残余价值扣除预计清理费用后的数额。残余价值和清理费用只有在它被清理并在市场上出售后才能准确地计量，而折旧却是在使用中逐期计提的，因此折旧计算只能人为地估计，不可避免地会产生主观臆断。为了避免人为调整净残值数额从而人为地调整计提折旧额，进而影响实现利润和所得税的缴纳。我国企业会计制度规定，净残值按照固定资产原值的3%～5%，由企业自主确定。由于情况特殊，需调整残值比例的，应报主管财政机关备案。

### （三）固定资产使用年限

固定资产使用年限的长短直接影响着生产经营各期应计提的折旧额。确定固定资产使用年限时，不仅要考虑固定资产的有形损耗，还要考虑固定资产的无形损耗。由于这两种损耗难以准确估计，因此，固定资产的使用年限也只能预计，同样具有主观随意性。国家为了控制所得税税源，对各类固定资产使用年限的范围做了规定，企业应根据国家的有关规定，结合本企业的具体情况合理地确定固定资产的折旧年限。

## 三、折旧的计算方法

折旧的计算方法很多，有平均年限法、工作量法和加速折旧法等。由于固定资产折旧方法选用直接影响到产品成本费用的计算，也影响到企业实现利润和纳税，从而影响着国家财政收入以及社会产品在国家、企业与个人之间的分配关系。因此对固定资产折旧方法的选用，国家历来都有比较严格的规定。目前，我国《施工、房地产开发企业财务制度》规定，企业固定资产折旧方法一般采用平均年限法和工作量法。技术进步较快和使用寿命受工作环境影响较大的施工机械和运输设备，经财政部批准，可采用双倍余额递减法和年数总和法计提折旧。固定资产计提折旧额的基本计算公式为

$$\text{应计提折旧额} = \text{折旧基数} \times \text{折旧率}$$

### （一）平均年限法

平均年限法又称直线法，是在固定资产的使用年限内，将折旧平均分摊到各期中的一种方法。计算公式为

$$\text{年折旧率} = \frac{1 - \text{预计净残值率}}{\text{折旧年限}} \times 100\% \tag{2-12}$$

$$\text{年折旧额} = \text{年折旧率} \times \text{固定资产原值} \tag{2-13}$$

**【例2-5】** 某企业有一座仓库，原值为120万元，预计使用年限为20年，预计净残值

率 4%。试计算该仓库年折旧率和年折旧额。

该仓库年折旧率和年折旧额计算如下

$$年折旧率=\frac{1-4\%}{20}\times100\%=4.8\%$$

$$年折旧额=120\times4.8\%=5.76(万元)$$

采用平均年限法在固定资产使用年限内各年计提的折旧额相等，反映这项固定资产在各期的损耗相同，因此，它比较适合于固定资产在各个时期使用强度大体相等的情况。通常情况下，在固定资产初期使用的效率高，产出多，而在后期使用的效率低，产出也相对较少，使用平均年限法没有考虑因固定资产对生产的贡献大小所应分摊折旧额的差别。另外，一旦发生无形磨损，平均年限法下尚未分摊的折旧价值更大，对企业造成的经济损失也将更大。

### （二）工作量法

工作量法是根据固定资产实际工作量计提折旧额的一种方法，其计算公式有两种。

#### 1. 按照行驶里程计算

按照行驶里程计算其公式为

$$单位里程折旧额=\frac{固定资产原值\times(1-预计净残值率)}{总行驶里程} \tag{2-14}$$

$$某项固定资产年折旧额=固定资产当年行驶里程\times单位里程折旧额 \tag{2-15}$$

#### 2. 按照工作小时计算

按照工作小时计算其公式为

$$每工作小时折旧额=\frac{固定资产原值\times(1-预计净残值率)}{总工作小时数} \tag{2-16}$$

$$某项固定资产年折旧额=该固定资产当年工作小时数\times每工作小时折旧额 \tag{2-17}$$

**【例 2-6】** 某企业购入货运卡车一辆，原值 30 万元，预计净残值率 15%，预计总行驶里程为 60 万公里，当年行驶里程 3.6 万公里。试计算该项固定资产的年折旧额。

该项固定资产的年折旧额计算如下

$$单位里程折旧额=\frac{30\times(1-15\%)}{60}=0.425(万元/万公里)$$

$$本年折旧额=3.6\times0.425=1.53(万元)$$

工作量法实际上也是直线法，只不过是按照固定资产所完成工作量平均计算每期的折旧额。

### （三）双倍余额递减法

双倍余额递减法是在不考虑固定资产残值的情况下，根据每一期初固定资产账面余额和双倍的直线折旧率计算固定资产折旧的一种方法。双倍余额递减法的计算公式如下

$$年折旧率=\frac{2}{预计使用年限}\times100\% \tag{2-18}$$

$$年折旧额=固定资产账面净值\times年折旧率 \tag{2-19}$$

为了使计算中最后一年的固定资产账面净值不低于其预计残值，采用双倍余额递减法计提折旧额时，应当在其固定资产使用年限到期以前的两年内，将固定资产净值扣除净残值的余额平均摊销。

**【例 2-7】** 某高新技术企业进口一条生产线，固定资产原值 40 万元，预计使用 5 年，

预计净残值 1.6 万元。该生产线按双倍余额递减法计算各年折旧额。

该生产线按双倍余额递减法计算各年折旧额如下

$$年折旧率 = \frac{2}{5} \times 100\% = 40\%$$

$$第一年计提折旧额 = 40 \times 40\% = 16(万元)$$

$$第二年计提折旧额 = (40 - 16) \times 40\% = 9.6(万元)$$

$$第三年计提折旧额 = (40 - 16 - 9.6) \times 40\% = 5.76(万元)$$

$$第四年计提折旧额 = \frac{(40 - 16 - 9.6 - 5.76) - 1.6}{2} = 3.52(万元)$$

$$第五年计提折旧额 = \frac{(40 - 16 - 9.6 - 5.76) - 1.6}{2} = 3.52(万元)$$

上述计算结果见表 2-1 所列。

**表 2-1　　年折旧额计算结果**　　单位：万元

| 年份 | 年初净值 | 折旧率 | 折旧率（%） | 累计折旧 | 年末净值 |
|---|---|---|---|---|---|
| 0 | 0.00 | 0 | 0.00 | 0.00 | 40.00 |
| 1 | 40.00 | 40 | 16.00 | 16.00 | 24.00 |
| 2 | 24.00 | 40 | 9.60 | 25.60 | 14.40 |
| 3 | 14.40 | 40 | 5.76 | 31.36 | 8.64 |
| 4 | 8.64 | — | 3.52 | 34.88 | 5.12 |
| 5 | 5.12 | — | 3.52 | 38.40 | 1.60 |

（四）年数总和法

年数总和法也称为合计年限法，它是用固定资产的原值减去残值后的净额乘以一个逐年递减的折旧率计算各年的折旧额。这个折旧额的分子是固定资产尚可使用的年数，分母是使用年数的逐年数字的总和。年数总和计提折旧的计算公式如下

$$年折旧率 = \frac{尚可使用年限}{各年预计使用年限之和} \times 100\% \quad (2-20)$$

或

$$年折旧率 = \frac{预计使用年限 - 已使用年限}{预计使用年限 \times (预计使用年限 + 1) \div 2} \times 100\% \quad (2-21)$$

$$年折旧额 = (固定资产原值 - 净残值) \times 年折旧率 \quad (2-22)$$

**【例 2-8】** 仍以［例 2-7］中使用期限 5 年的固定资产为例，在采用年数总和法计提折旧时，在折旧期限内，各年的尚可使用年限分别为 5 年、4 年、3 年、2 年和 1 年，年数总和为 15。试计算年折旧。

年折旧计算如下

第一年

$$年折旧率 = \frac{5}{15}, 年折旧额 = (40 - 1.6) \times \frac{5}{15} = 12.80(万元)$$

第二年

$$年折旧率 = \frac{4}{15}, 年折旧额 = (40 - 1.6) \times \frac{4}{15} = 10.24(万元)$$

第三年

$$年折旧率=\frac{3}{15},年折旧额=(40-1.6)\times\frac{3}{15}=7.68(万元)$$

第四年

$$年折旧率=\frac{2}{15},年折旧额=(40-1.6)\times\frac{2}{15}=5.12(万元)$$

第五年

$$年折旧率=\frac{1}{15},年折旧额=(40-1.6)\times\frac{1}{15}=2.56(万元)$$

上述计算结果见表2-2所列。

**表2-2** 计算结果 单位：万元

| 年份 | 尚可使用年限 | 原值一残值 | 折旧率 | 折旧额 | 累计折旧额 | 净值 |
|---|---|---|---|---|---|---|
| 0 | — | — | — | — | — | 40 |
| 1 | 5 | 38.4 | 5/15 | 12.80 | 12.80 | 27.20 |
| 2 | 4 | 38.4 | 4/15 | 10.24 | 23.04 | 16.96 |
| 3 | 3 | 38.4 | 3/15 | 7.68 | 30.72 | 9.28 |
| 4 | 2 | 38.4 | 2/15 | 5.12 | 35.84 | 4.16 |
| 5 | 1 | 38.4 | 1/15 | 2.56 | 38.40 | 1.6 |

在上述几种固定资产折旧方法中，双倍余额递减法和年数总和法属于加速折旧法。采用加速折旧法计提固定资产的折旧额，可使在固定资产使用的早期能多提折旧，后期少提折旧，其递减速度逐年加快。这样，可以在固定资产估计的耐用期限内加快速度得到补偿，从而尽可能减少由于技术进步引起无形损耗致使固定资产提前淘汰所造成的损失。

## 第四节 收 入

营业收入是建筑产品生产企业一定时期内在生产经营活动中，通过生产、销售建筑产品和提供劳务所取得的货币收入。由于建筑产品生产企业的生产经营特点不同，营业收入的计算方法也有所不同。

1. 建筑施工企业的营业收入

建筑施工企业的营业收入的计算公式如下

$$营业收入=建筑工程施工收入+安装工程施工收入+其他业务收入$$

$$建筑工程施工收入=\sum 建筑产品总面积\times单位面积工程造价$$

$$安装工程施工收入=\sum 安装产品数量\times单位产品工程造价$$

$$其他业务收入=作业收入+产品销售收入+多种经营收入+其他收入$$

2. 房地产开发企业的营业收入

房地产开发企业的营业收入的计算公式如下

$$营业收入=商品房销售收入+配套设施销售收入+代建工程施工收入+房屋出租收入+其他收入$$

$$商品房销售收入=\sum 商品房销售面积\times单位面积销售价格$$

$$配套设施销售收入=\sum 配套设施销售量\times单位配套设施销售价格$$

$$房屋出租收入 = \sum 房屋出租数量 \times 单位房屋租金$$

代建工程施工收入与施工企业建筑工程施工收入的计算方法相同。

营业收入是一定时期内建筑产品生产企业以产品或商品出售时的市场价格（结算价或成交价）计算的劳动成果，是反映项目真实收益的经济参数，是项目现金流入的一个重要组成部分。

## 第五节 税金

税金是国家依法对有纳税义务的单位和个人征收的财政资金。对于纳税义务人，税金是其财务上的一种支出或费用。建筑企业经济评价中涉及的主要税金有如下几种。

### 一、增值税

增值税是以商品（含应税劳务）在流转过程中产生的增值额作为计税依据而征收的一种流转税。建筑企业经济评价主要涉及的税率见表 2-3。

**表 2-3 建筑企业经济评价主要涉及的税率**

| 对象 | 增值税项目 | 税率 |
|---|---|---|
| 一般纳税人 | 1. 建筑服务（工程服务、安装服务、修缮服务、装饰服务和其他建筑服务）；<br>2. 销售不动产（建筑物、构筑物等）；<br>3. 转让土地使用权；<br>4. 出租建筑施工设备并配备操作人员属于建筑服务 | 9% |
| 小规模纳税人或一般纳税人按简易征收 | 1. 以清包工方式提供的建筑服务；<br>2. 为甲供工程提供的建筑服务；<br>3. 为建筑工程老项目提供的建筑服务；<br>4. 建筑工程总承包单位为房屋建筑的地基与基础、主体结构提供工程服务，建设单位自行采购全部或部分钢材、混凝土、砌体材料、预制构件的，适用简易计税方法计税； | 3% |
| 一般纳税人/小规模纳税人 | 在提供建筑服务时涉及一些辅助的服务，如工程设计、工程勘察勘探服务、工程监理等 | 6% |
| 一般纳税人/小规模纳税人 | 出租建筑施工设备不配备操作人员，属于有形动产租赁服务 | 13% |

### 二、城市维护建设税

2021 年 9 月 1 日起施行《中华人民共和国城市维护建设税法》规定，在中华人民共和国境内缴纳增值税、消费税的单位和个人，为城市维护建设税的纳税人，应当依照规定缴纳城市维护建设税。城市维护建设税以纳税人依法实际缴纳的增值税、消费税税额为计税依据，税率见表 2-4。

**表 2-4 城市维护建设税税率**

| | | |
|---|---|---|
| 税率 | 市区 | 7% |
| | 县城、镇 | 5% |
| | 不在市区、县城或者镇 | 1% |

城市维护建设税的应纳税额计算公式为：

城市维护建设税＝（实际缴纳的增值税税额＋实际缴纳的消费税税额）×适用税率

**三、教育费附加**

教育费附加是为了加快地方教育事业发展，扩大地方经费资金来源开征的一项附加费用。

应纳教育费附加＝（实际缴纳的增值税＋消费税）×适用税率

教育费附加计算公式为

应纳教育费附加＝（实际缴纳的增值税＋消费税）×3％

地方教育附加税的计算公式为

应纳地方教育费附加＝（实际缴纳的增值税＋消费税）×2％

**四、土地增值税**

土地增值税是对纳税人转让房地产所取得的土地增值额所征收的一种工商税。

凡是转让国有土地使用权、地上建筑物及其附着物的经营活动，无论出售土地使用权或是房屋产权和土地使用权一并出售，均缴纳土地增值税。

土地增值税以纳税人转让房地产所取得的增值额，即以纳税人转让房地产所取得的收入减除允许扣除项目金额后的余额为计税依据。土地增值税允许扣除的项目有：取得土地使用权所支付的金额；开发土地的成本、费用；新建房及配套设施的成本、费用，或者旧房及建筑物的评估价格；与转让房地产有关的税金；财政部规定的其他扣除项目。

土地增值税实行四级超率累进税率，计算公式为

土地增值税应纳税额 ＝ 增值额×适用税率 － 扣除项目金额×速算扣除系数

另外，纳税人建造普通标准住宅出售，增值额未超过扣除项目金额的20％者，以及因城市实施规划，国家建设需要而被政府批准依法征用、收回的房地产免征土地增值税。

表2－5为土地增值税税率及速算扣除系数表。

**表2－5　土地增值税税率及速算扣除系数表**　单位：％

| 土地增值额占扣除项目金额的百分比 | 使用税率 | 速算扣除系数 | 土地增值额占扣除项目金额的百分比 | 使用税率 | 速算扣除系数 |
|---|---|---|---|---|---|
| 50及其以下 | 30 | 0 | 100～200 | 50 | 15 |
| 50～100 | 40 | 5 | 200以上 | 60 | 35 |

**五、企业所得税**

企业所得税是指对企业生产、经营所得和其他所得征收的一种工商税。企业的生产、经营所得和其他所得，包括来源于中国境内和境外的所得。企业所得税的纳税人包括国有企业、集体企业、私营企业、联营企业、股份制企业和有生产、经营所得和其他所得的其他实行独立经济核算的企业或组织。

在我国，一般企业所得税的税率为25％。自2019年1月1日至2021年12月31日，对小型微利企业年应纳税所得额不超过100万的部分，减按25％计入应纳税所得额，按20％的税率缴纳企业所得税；对年应纳所得额超过100万元但不超过300万元的部分，减按50％计入应纳税所得额，按20％的税率缴纳企业所得税。

企业所得税计算公式见表2－6。

表2-6 企业所得税计算公式

| | |
|---|---|
| 应纳税所得额≤100万元 | 应纳税额＝应纳税所得额×25％×20％ |
| 100万元＜应纳税所得额≤300万元 | 应纳税额＝100万元×25％×20％＋（应纳税所得额－100万元）×50％×20％ |

## 第六节 利 润

利润是企业生产经营活动的最终成果的体现，追求利润最大化是投资者的主要经济目标，评价投资项目经济效益应以利润为主要依据。技术经济分析中涉及的利润包括利润总额、营业利润和净利润，计算公式为

利润总额＝营业利润＋营业外收入－营业外支出

营业利润＝营业收入－营业成本－税金及附加－销售费用－管理费用－财务费用－资产减值损失＋公允价值变动收益（－公允价值变动损失）＋投资收益（－投资损失）＋资产处置收益（－资产处置损失）＋其他收益

净利润＝利润总额－所得税费用

## 思考及练习题

2-1 什么是投资？投资有哪些基本特点？

2-2 什么是固定资产和流动资金？固定资产投资和流动资金投资由哪些部分组成？

2-3 什么是资金成本？计算资金成本有什么意义？

2-4 什么是成本？建筑企业总成本费用由哪几部分组成？

2-5 什么是经营成本？什么是机会成本、沉没成本和边际成本？它们在项目技术经济分析中有何意义？

2-6 什么是折旧？影响折旧额计算的因素有哪些？

2-7 某企业取得5年期长期借款200万元，该项借款年利率10％，每年付息一次，到期一次还本，筹资费用率0.5％，企业所得税25％。试计算该项借款的资金成本。

2-8 某公司发行普通股共800万元，预计第一年股利率12％，以后每年增长1％，筹资费用率2％，该普通股的资金成本是多少？

2-9 某企业账面上反映的长期资金共500万元，其中应付长期借款额100万元，应付长期债券50万元，普通股250万元，保留盈余100万元，其资金成本分别为6.7％、9.17％、11.26％、11％。试计算该企业的综合资金成本率。

2-10 一台设备的原值为26 000元，折旧年限为5年，预计净残值2 000元。要求：分别用直线折旧法、双倍余额递减法和年数总和折旧法计算这台设备各年的折旧额和年末账面价值。

2-11 某大型施工机械原值为200万元，预计净残值10万元，按规定可使用2 000个台班，当年实际使用台班为300个。试计算当年应计提的折旧额。

扫一扫

拓展资源

# 第三章　资金的时间价值

## 第一节　现　金　流　量

### 一、现金流量

（一）现金流量的概念

建设项目的现金流量是根据项目在计算期内的收入与支出情况来确定的。现金流量（cash flow）是指建设项目在整个计算期内或运营中，在各个时点上实际所发生的现金流入和现金流出的总称。在经济分析中，为了计算建设项目的经济效益，常常把项目的收益和耗费等表示为货币形式的收入和支出。把项目在某个时点上带来的货币收入称为现金流入（cash inflow），用 $(CI)_t$ 表示；把项目在某个时点上产生的货币支出称为现金流出（cash outflow），用 $(CO)_t$ 表示；把现金流入和现金流出的代数和称为净现金流量（net cash flow），用 $(CI-CO)_t$ 表示，即

$$净现金流量 = 现金流入 - 现金流出$$

建设项目的现金流入包括项目在生产期内产生的销售收入、项目在寿命结束时回收的固定资产余值和流动资金；现金流出包括项目在建设期内发生的土地征用费、规划费、勘察费、设计费、三通一平费、手续费、招投标费、设备及材料购置费、土建施工费、设备安装费、其他建设费用等。一个建设项目的固定资产投资，流动资金投资，在项目生产期内发生的经营成本及税金，都是现金流出的内容。

在计算项目的现金流量时，只计算现金的收支，不考虑非现金收支。

（二）建设项目的计算期

建设项目的现金流量是以项目作为一个独立的系统，反映建设项目在整个计算期内的实际收入或实际支出的现金活动过程。

建设项目的计算期也称为项目的经济寿命期，是指对拟建项目进行现金流量分析时确定的项目的服务年限。一般建设项目的计算期分为两个阶段：拟建项目的建设期和生产运营期。

1. 建设期

建设期是指建设项目从决策、施工建设直到全部建成、竣工验收所经历的时间。建设期的长短与项目的规模大小、建设方式有关。

在建设期内，项目一般只有投入，没有或很少有产出，因此建设期过长，会增加项目的成本；另外项目只有建成才能投入运营，所以项目的建成标志着项目开始产生投资收益，建设期过长会推迟获利的到来，进而影响到项目的投资效果。因此在确保项目建设质量的前提下，应尽可能缩短建设周期。

2. 生产运营期

生产运营期是指项目从建成投产直到主要固定资产报废为止所经历的时间，又包括投产期（投产后未能达到100％设计能力的生产期）和达产期（达到设计能力的生产期）。

项目的生产期不等于项目建成后的服务期，期限长短应该根据项目的性质、生产水平、

技术进步及实际服务期的长短来确定。

对于不同的建设项目，其现金流量的分布、资金的回收时间会有差异。如果项目的计算期确定的短，就可能在决定项目取舍或比较项目投资收益、选择投资方案时，错过一些能在更长时间内获得更大收益、具有更大潜在盈利机会的项目。得如果项目的计算期过长，会更多地受到经济条件变化的影响，一方面导致计算与实际相比误差加大，另一方面造成若干年后的收益与现在比较，不会对目前的评价产生重要影响。

## 二、现金流量的表示方法

一个建设工程的实施需要持续一定的时间，在项目的寿命周期内，各种现金发生的时间不同，数额也不尽相同。现金流量一般以计息期（年、季、月等）为时间量的单位。为了能直观表示不同时间点上的现金流入和现金流出情况，便于分析计算其净现金流量，通常采用现金流量表和现金流量图的形式来表示特定项目在一定时间段内发生的现金流量情况。

1. 现金流量表

现金流量表的结构见表 3-1。

**表 3-1　现金流量表的结构**

| 序号 | 年序<br>项目 | 建设期 | | 投产期 | | 达产期 | | | | 合计 |
|---|---|---|---|---|---|---|---|---|---|---|
| | | 1 | 2 | 3 | 4 | 5 | 6 | … | $n$ | |
| | 生产负荷 | | | | | | | | | |
| 1 | 现金流入 | | | | | | | | | |
| 1.1 | 产品销售（营业）收入 | | | | | | | | | |
| 1.2 | 回收固定资产余值 | | | | | | | | | |
| 1.3 | 回收流动资金 | | | | | | | | | |
| 2 | 现金流出 | | | | | | | | | |
| 2.1 | 固定资产投资 | | | | | | | | | |
| 2.2 | 流动资金 | | | | | | | | | |
| 2.3 | 经营成本 | | | | | | | | | |
| 2.4 | 销售税金及附加 | | | | | | | | | |
| 2.5 | 所得税 | | | | | | | | | |
| 3 | 净现金流量（1−2） | | | | | | | | | |
| 4 | 累计净现金流量 | | | | | | | | | |
| 5 | 所得税前净现金流量（3+2.5） | | | | | | | | | |
| 6 | 所得税前累计净现金流量 | | | | | | | | | |

现金流量表可以直接、清楚地反映项目在整个计算期内各年的现金流量情况，利用它可以进行现金流量分析，计算各项静态和动态评价指标，是评价建设项目投资方案经济效果的主要依据。

（1）建设期内每年的净现金流量计算。其计算公式为

$$净现金流量=-(固定资产投资+流动资金投资)$$

（2）投产期内每年的净现金流量计算。其计算公式为

$$净现金流量=销售收入-经营成本-销售税金-所得税-流动资金增加额$$

(3) 达产期内每年的净现金流量计算。其计算公式为

净现金流量 = 销售收入 − 经营成本 − 销售税金 − 所得税

(4) 项目计算期最后一年的净现金流量计算。其计算公式为

净现金流量 =销售收入 + 回收固定资产余值 + 回收流动资金 − 经营成本 − 销售税金 − 所得税

2. 现金流量图

现金流量图是以数轴的图形直观表示资金在不同时间点流入和流出的情况。现金流量图包括三大要素：大小、流向、时间点。其中大小表示资金的数额，流向表示项目现金的流入或流出，时间点指现金流入或流出时所发生的时间。

现金流量示意图如图 3-1 所示。

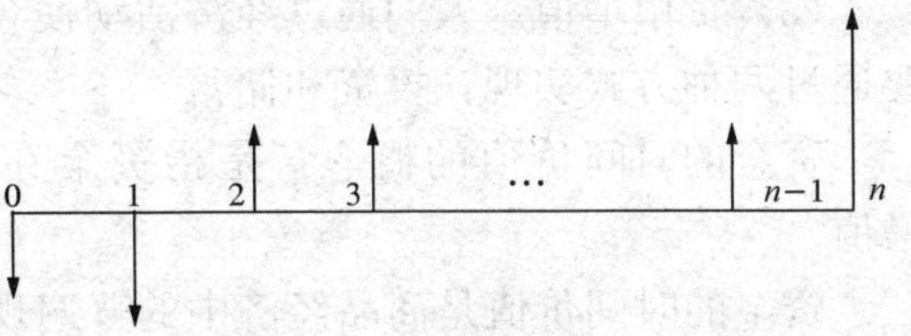


图 3-1 现金流量图的结构

现金流量图说明：

(1) 横轴为时间轴，表示一个从 0 开始到 $n$ 的序列，每一个刻度代表一个计息期，如果按年计息，时间轴上的刻度单位就表示一年。在时间轴上 0 代表起点，同时也是第一个计息期的起始点。从 1 到 $n$ 代表各个计息期的终点。除 0 和 $n$ 之外，每个数字都有两个含义：既代表第一个计息期的终点，也代表第二个计息期的始点。如数字 2，它既代表第 2 个计息期的终点，又代表第 3 个计息期的始点。

(2) 纵轴表示现金流量。箭头向上表示现金流入，此时现金流量为正值，表示效益；箭头向下表示现金流出，此进现金流量为负值，表示费用。箭头的长度与现金流量的金额成正比，金额越大，相应的箭头长度就越长。一般来说，现金流量图上要注明每一笔现金流量的金额。

**【例 3-1】** 由于建设施工的需要，某厂在 2005 年用 20 000 元买了一台新机器，在此后的 3 年内，每年机器产生的收益为 8 000 元，机器所需的维修费为 1 500 元，3 年后施工结束，又以 4 000 元将这台机器卖出。试表示出现金流量表和现金流量图。

**解** 各年的现金流动情况见表 3-2。

为了形象地表示该厂在这段时间内的现金流动情况，用现金流量图 3-2 来表示。

**表 3-2 各年的现金流动情况表** 单位：元

| 期末 | 1 | 2 | 3 | 4 |
|---|---|---|---|---|
| 现金流入 | 0 | 8 000 | 8 000 | 12 000 |
| 现金流出 | 20 000 | 1 500 | 1 500 | 1 500 |
| 净现金流量 | −20 000 | 6 500 | 6 500 | 10 500 |

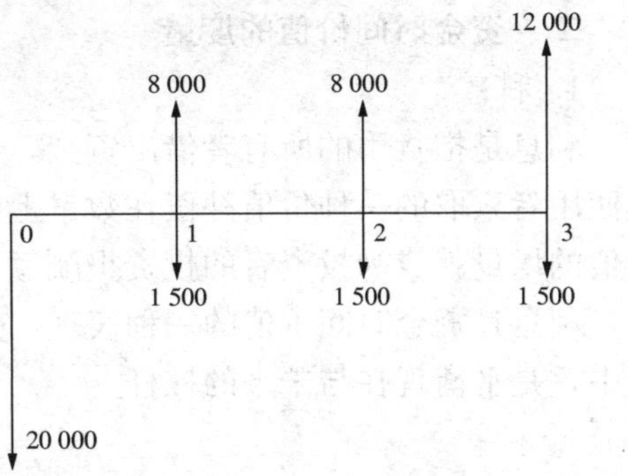


图 3-2 现金流量图

## 第二节 资金时间价值的概念

### 一、概念

在评价工程项目的投资效益时，往往要分析资金的运动过程。一个工程项目从建设到投

产，一直到工程的经济寿命结束都包含着时间的影响因素。所以，首先需要研究资金与时间的关系。

一笔资金，存入银行会获得利息，投资到工程项目中可获得利润；而向银行贷款就需要向银行支付利息。这说明资金的价值随时间的变化而变化。两笔金额相等的资金，由于发生在不同的时期，在价值上就存在着差别，发生在前的资金价值高，发生在后的资金价值低。产生这种现象的根源在于资金具有时间价值。

引起资金价值变化的原因有：

（1）通货膨胀。今年的一元钱比明年的一元钱的价值更大。

（2）风险承担。现在拿到一元钱比今后得到一元钱更稳妥可靠。

（3）货币增值。人们通过经济活动使今年的一元钱到明年多于一元钱，所以货币增值主要通过两种方式实现：投资和储蓄。

资金的时间价值的概念：是指资金在生产和流通过程中，随着时间的推移而产生的增值。

资金的时间价值是商品经济中的普遍现象，资金之所以有时间价值，概括地讲，是由于以下两个原因：

（1）当前拥有的资金投入生产，在将来就可能获取利润；如果资金不进行投资，例如锁在保险柜里，就不可能产生利润。而一笔在将来才能获得的资金也无法用于当前的生产投资，因而也就不能获得收益。即资金作为生产的基本要素，只有进入生产流通领域，产生利润，才使得资金具有时间价值。

（2）从流通的角度讲，对于消费者或出资者，他们拥有的资金一旦用于投资，就不能再用于其他消费。资金的时间价值是对牺牲消费的损失所做出的必要补偿。

资金具有时间价值表明，在项目经济活动中，要充分利用资金的时间价值并最大限度地获得其时间价值。也就是要加速资金周转，并不断地进行高利率的投资活动。而积压资金或闲置资金不用，就是在白白地损失资金的时间价值。

**二、资金时间价值的度量**

1. 利息

利息是指货币的所有者借出资金，从借款者手中获得的报酬。它代表了资金所有者向资金使用者索取的一种价值补偿在数量上的多少。当资金投资者同时也是资金使用者时，这个价值的增量就成为投资者的投资报酬额，这时资金的时间价值会用投资报酬来表示。

利息是资金时间价值的一种表现，是衡量资金时间价值的绝对尺度。在工程经济评价分析中，是平衡现在与未来的杠杆。

2. 利率

利率也称为利息率，是在一定时期内所获得的利息额与借款金额（即本金）的比值，表示单位投资所能增加的比例。它代表了资金所有者向资金使用者索取的价值补偿在比率上的大小。当资金投资者同时也是资金使用者时，这个价值的增量就成为投资者的投资报酬率。这时资金的时间价值会用投资报酬率来表示。

利率是衡量资金时间价值的相对尺度，通常用百分数表示，即

$$利率=\frac{利息}{本金}\times 100\%$$

用于表示计算期的时间单位称为计息周期或计息期，一般计息周期分为年、半年、季度或月。我国现行存款贷款的计息期一般为月，国库券为年。

**三、资金时间价值的实质**

当资金投入生产经营后，借助于生产过程中创造出的新价值，带来利润并实现了价值的增加。资金在使用过程中，占用的时间越长，所获得的利润越多，价值的增长量也就越多。

资金的时间价值的作用主要表现为：

(1) 以利息或利率的形式表示的资金的时间价值，是投资回报的基本界限。

(2) 以投资报酬或投资报酬率表示的资金的时间价值，是投资者衡量投资收益、考核建设项目成本、决定投资方向的基本依据。

(3) 资金的时间价值揭示了不同时间点上资金量的换算关系，用它可以进行建设项目的决策分析。

(4) 在建设项目的实际投资过程中，以利息或利率作为资金时间价值的体现，表现为资金借入的成本，是项目决策的基础。

资金的时间价值，其实质是资金周转使用后产生的增值额。它既是资金所有者从资金使用者手中获得的报酬或补偿，也是资金使用者支付给资金所有者的那部分成本。

## 第三节　利 率 与 利 息

**一、单利法**

单利法是只对本金计算利息，不把以前产生的利息加到本金中去。

特点：利息不再产生利息，每期的利息数是固定的。

利息计算公式为

$$I_n = P \times i \times n \tag{3-1}$$

本利和计算公式为

$$F = P + I = P(1 + i \times n) \tag{3-2}$$

式中　$P$——本金；

$i$——利率；

$F$——本利和，是第 $n$ 期末的本金与利息之和；

$I$——利息；

$n$——计息期，表示计算期内计算利息的次数。

**【例 3-2】** 借入资金 5 000 元，借期 3 年，按年利率 8%单利计算，到期本利和累计利息总额为多少？

**解**　以单利法计算，其现金流量图如图 3-3 所示。

根据公式 (3-2)，$F = P(1 + i \times n) = 5\,000 \times (1 + 8\% \times 3) = 6\,200$(元)

根据公式 (3-1)，$I_n = 5\,000 \times 3 \times 8\% = 1\,200$(元)

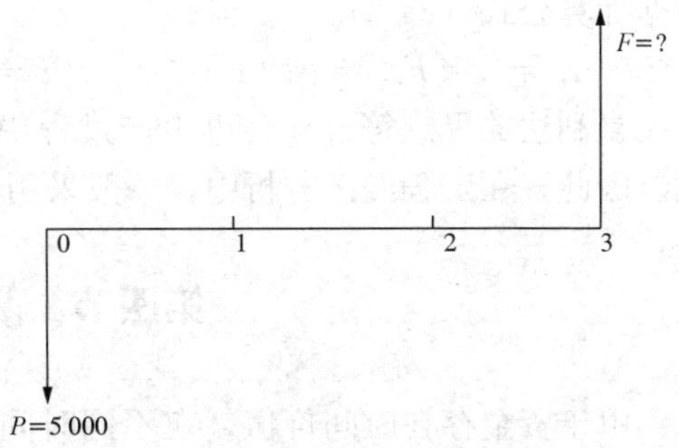


图 3-3　采用单利法计算本利和

单利法虽然考虑了资金的时间价值，但仅仅是对本金而言的，没有考虑每期所得利息再进入社会再生产过程中实现增值的可能性，这不符合资金运动的实际情况。因此单利法不能完全反映资金的时间价值，在应用上有局限性，通常仅适用于短期投资以及投资期限不超过一年的项目中。

**二、复利法**

复利法是在单利法的基础上发展起来的，它克服了单利法的缺点。

基本思想：将前一期的本金与利息之和（本利和）作为下一期的本金来计算下一期的利息，也就是利上加利的方法，俗称利滚利、驴打滚。

特点：利息再次产生利息，每期的利息是不相等的。

我国目前规定，存款、贷款分不同行业、不同款额、不同期限，实行差别利率，按复利计算。

利息计算公式

$$I_n = i \times F_{n-1} \tag{3-3}$$

本利和计算公式

$$F = P \times (1+i)^n \tag{3-4}$$

式中 $F_{n-1}$——第 $n-1$ 期末的本利和。

复利法计算本利和的推导过程见表 3-3。

**表 3-3　复利法计算本利和的推导过程**

| 计算期数（$n$） | 年初本金（$P$） | 当年利息（$I$） | 年终本利和（$F$） |
|---|---|---|---|
| 1 | $P$ | $Pi$ | $P+Pi=P(1+i)$ |
| 2 | $P(1+i)$ | $P(1+i)\ i$ | $P(1+i)\ +P(1+i)\ i=P(1+i)^2$ |
| 3 | $P(1+i)^2$ | $P(1+i)^2i$ | $P(1+i)^2+P(1+i)^2i=P(1+i)^3$ |
| ⋮ | ⋮ | ⋮ | ⋮ |
| $n-1$ | $P(1+i)^{n-2}$ | $P(1+i)^{n-2}i$ | $P(1+i)^{n-2}+P(1+i)^{n-2}i=P(1+i)^{3-1}$ |
| $n$ | $P(1+i)^{n-1}$ | $P(1+i)^{n-1}i$ | $P(1+i)^{n-1}+P(1+i)^{n-1}i=P(1+i)^3$ |

**【例 3-3】** 在［例 3-2］中，如果年利率仍为 8%，但按复利计算，则到期应归还的本利和为多少？第三年的利息为多少？

**解** 根据计算公式（3-4）

$$F = P \times (1+i)^n = 5\ 000 \times (1+8\%)^3 = 6\ 298.56(\text{元})$$

根据计算公式（3-3）

$$I_n = i \times F_{n-1} = P(1+i)^{n-1} \times i = 5\ 000 \times (1+8\%)^{3-1} \times 8\% = 466.56(\text{元})$$

复利法的思想符合社会再生产过程中资金运动的实际情况，完全体现了资金的时间价值。因此，在工程经济分析中，一般采用复利法计算。

## 第四节 基本计算公式

由于资金存在时间价值，在不同时间点上发生的现金流量，其数值不能直接相加或相减。为了能够对建设投资项目进行计算和分析，采用资金等值的方法，首先将不同时间点上发生的现金流量转换为同一时间点上等价的现金流量，然后再进行计算和分析。

这种因为考虑了时间因素对现金流量的影响而进行转换计算的过程，称为资金时间价值的计算过程。

**一、有关资金时间价值计算的几个概念**

1. 现值——$P$（present value）

既能表示资金发生在或折算为某一时间序列起点时间的价值；也能表示相对于未来值的任何较早时间的价值。

在现金流量图中，是计息期开始时的金额，表示在 0 点的投资额，或现金流量折算到 0 点时的价值。

2. 终值——$F$（future value）

既能表示资金发生在或折算为某一时间序列终点时间的价值，也能表示相对于现在值的任何以后时间的价值。

其含义是期初投入或产出的资金转换为计算期末的期终值，即计息期末的本利之和。

3. 年值——$A$（annual value）

年值又称为年金，是指各年等额收入或等额支付的金额。

其含义是在某一特定的时间序列内，每隔相同时间的收支款项是等额的，即在第 $1\sim n$ 期内，每期末都有相等的现金流入或现金流出。

$A$ 若是现金流入，可称为年金（annual worth）；若是现金流出，可称为年费用（annual cost）。

4. 利率——$i$

利率又称折现率，反映资金的机会成本或最低收益率，一般使用年利率（年折现率）表示。

5. 计息次数——$n$

计息次数指项目从开始投入资金（开始建设）到项目寿命周期结束为止的整个期限内，计算利息的次数。通常以年为单位。

6. 等值

等值是指在特定利率条件下，在不同时点的两笔绝对值不相等的资金具有相同的价值。因为资金有时间价值，所以即使金额相同，发生在不同时间，其价值就不同。反之，不同时间点绝对值不同的资金，在时间价值的作用下，却可能具有相同的价值。这些在不同时间、不同数额但具有“相等价值”的资金称为等值。

例如，现在有 10 000 元，当年利率为 10%时，在复利条件下，两年后的本利和为 12 100 元，即现在的 10 000 元在 10%的利率条件下，与两年后的 12 100 元在价值上是相等的。

**二、资金等值计算的基本公式**

将一个时间点发生的资金额转换为另一个时间点的等值的资金额，称为资金的等值计算。由于利息是资金时间价值的主要表现形式，对于资金等值计算来讲，是以复利法计算利息的方法进行的，并以年为计算周期。

根据支付的方式和等值换算点的不同，可以将资金等值计算的公式分为两大类：一次支付类型和等额支付类型。

（一）一次支付类型

一次支付又称为整付，是指现金流量，无论是流入还是流出，都只在某一个时间点上一次发生。它包括两个计算公式。

1. 一次支付终值公式

如果有一笔资金进行投资，按年利率 $i$ 计算，$n$ 年后的本利和应该为多少？解决此类问题的公式称一次支付终值公式。

即已知现值 $P$、利率为 $i$，求 $n$ 期末终值 $F$。

计算公式为

$$F = P \times (1+i)^n \tag{3-5}$$

式中 $(1+i)^n$——一次支付终值系数，用（$F/P$，$i$，$n$）表示。

所以公式还可表示为

$$F = P(F/P,i,n) \tag{3-6}$$

上述公式表示了在利率为 $i$，计息期为 $n$ 的条件下，终值 $F$ 与现值 $P$ 之间的等值关系。

终值公式的现金流量图如图 3-4 所示。

在实际应用中，（$F/P$，$i$，$n$）的值可以计算得出，也可以查终值系数表得出。

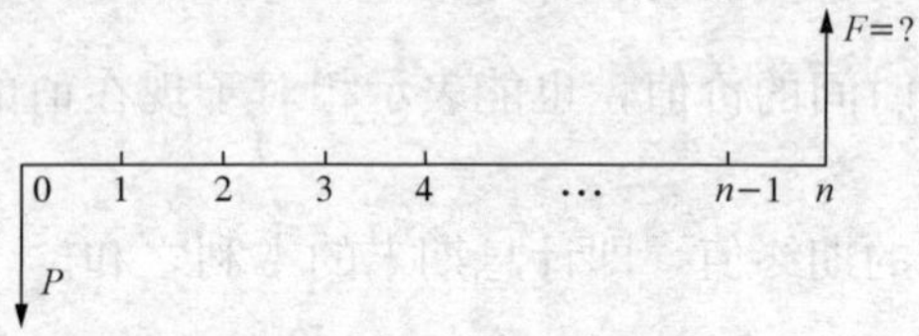

图 3-4 一次支付终值公式现金流量图

**【例 3-4】** 某人向银行借款 10 000 元，年利率为 10%，问 5 年后连本带利一次性偿还需要还多少？

**解** 这是一个已知现值求终值的问题，其现金流量图如图 3-5 所示。

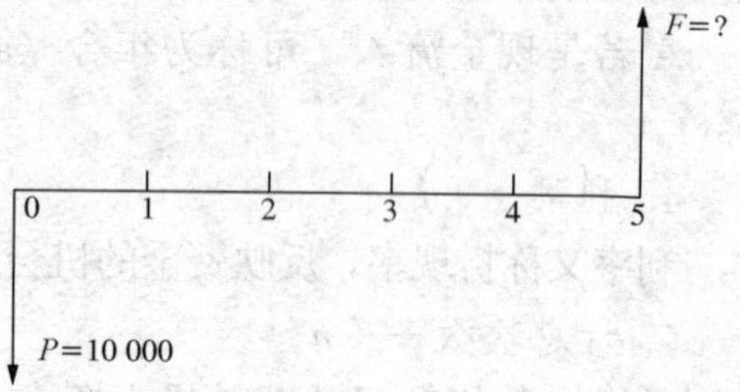

图 3-5 一次支付求终值公式现金流量图

由一次支付终值公式（3-5）计算得

$$\begin{aligned} F &= P \times (1+i)^n \\ &= 10\,000 \times (1+10\%)^5 \\ &= 10\,000 \times 1.610\,5 = 16\,105.1 \text{ 元} \end{aligned}$$

即 5 年后需要一次性偿还 16 105.1 元。

2. 一次支付现值公式

如果希望在 $n$ 年后得到一笔资金 $F$，在年利率为 $i$ 的情况下，现在应该投资多少？解决此类问题的公式称一次支付现值公式。

即已知终值 $F$、$i$、$n$，求现值 $P$。

计算公式

$$P = F \times (1+i)^{-n} \tag{3-7}$$

式中 $(1+i)^{-n}$——一次支付现值系数，用（$P/F$，$i$，$n$）表示。

所以公式还可表示为

$$P = F(P/F,i,n) \tag{3-8}$$

从上面的公式可以看出，现值与终值的计算方法正好相反，因为现值系数与终值系数互为倒数，即 $(F/P,i,n) = 1/(P/F,i,n)$。当 $P$ 一定，$n$ 相同，$i$ 越高时，$F$ 就越大；同样 $P$ 一定，$i$ 相同，$n$ 越长时，$F$ 也越大。

现值公式的现金流量图如图 3-6 所示。

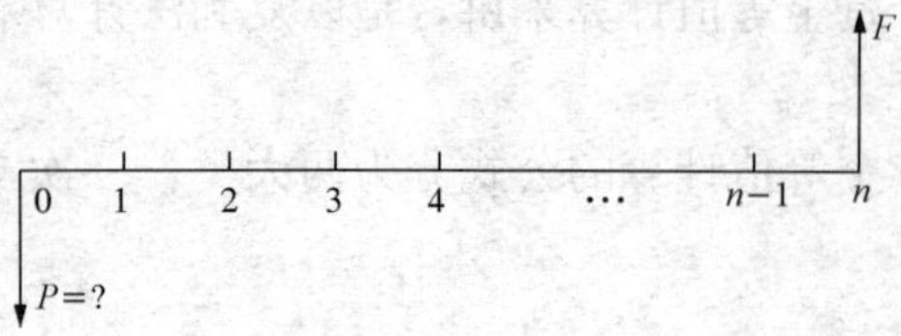

图 3-6 一次支付现值公式现金流量图

**【例 3-5】** 某企业 6 年后需要一笔 200 万元的资金，作为企业固定资产的更新款项，已经知道年利率为 8%，问企业现在应该在银行存入多少钱？

**解**　这是一个已知终值求现值的问题，其现金流量图如图 3-7 所示。

由一次支付现值公式（3-7）计算得

$$P = F \times (1+i)^{-n}$$
$$= 200 \times (1+8\%)^{-6}$$
$$= 200 \times 0.6302 = 126.04(\text{万元})$$

即现在需要一次性存入 126.04 万元。

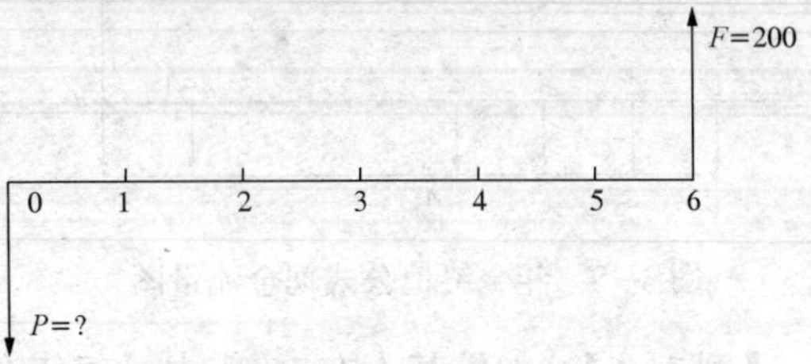

图 3-7　一次支付求现值现金流量图

3. 对现值和终值的分析

从现值和终值的关系中，可以得出一个结论：时间越长，现值与终值之间的差距就越大。如果用终值进行分析，会使项目评价的结论可信度降低，而使用现值就容易被决策者接受。因此在经济分析中，常使用现值进行分析。

在建设项目经济评价中，要注意以下两点：

（1）正确选择折现率 $i$。折现率的大小决定了项目现值的大小。

（2）注意现金流量的分布。从投资收益角度来看，项目早日投产、早日达到设计生产能力，就能越早获得收益，也才能获得更多的经济效益。从投资回收角度看，投资占用的时间越长，其现值也就越小，因此在不影响建设项目正常实施的前提下，应该尽量减少建设期初的投资额，可以适当加大建设后期的投资比重。

（二）等额支付类型

等额支付是指现金流入与现金流出是在多个时间点上发生的，而不是集中在某一个时间点。因为多次发生，所以形成了一个序列现金流量，并且这个序列现金流量的数额是大小相等的。它包括四个公式。

1. 等额支付序列年金终值公式

等额支付序列年金终值公式也称为年金终值公式，是在一个时间序列中，在利率为 $i$ 的情况下，连续在每个计息期的期末支付一笔数额相等的资金 $A$，求 $n$ 年后各年本利和累积而成的终值 $F$。这种方式相当于我们在储蓄中的零存整取。

即已知 $A$，$i$，$n$，求 $F$。

计算公式的推导过程：

从第 1 期末的 $A$ 计算到 $n$ 期末的未来值 $F_1$ 为

$$F_1 = A(1+i)^{n-1}$$

依此类推

$$F_2 = A(1+i)^{n-2}, \cdots, F_n = A(1+i)^{n-n} = A$$

到期末的复利总和为

$$F = F_1 + F_2 + \cdots + F_n = A(1+i)^{n-1} + A(1+i)^{n-2} + \cdots + A \quad ①$$

式子两边同乘以（1+$i$），则

$$F(1+i) = A(1+i)^n + A(1+i)^{n-1} + \cdots + A(1+i) \quad ②$$

式②−式①　得到

$$Fi = A(1+i)^n - A$$

$$F = A\frac{(1+i)^n-1}{i} \tag{3-9}$$

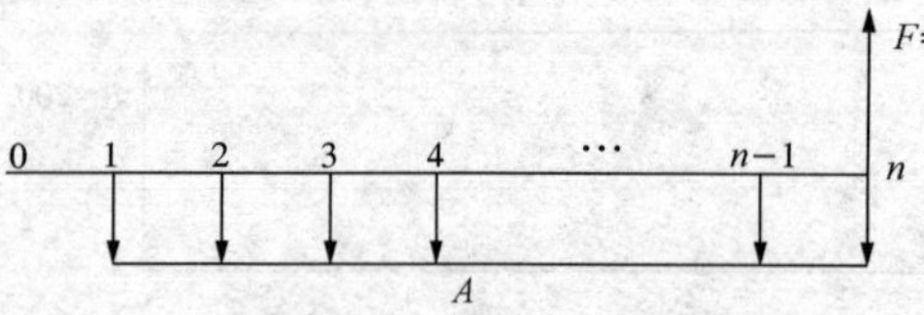


图 3-8 年金终值公式现金流量图

式中 $\frac{(1+i)^n-1}{i}$——年金终值系数，记为 $(F/A, i, n)$。

所以公式还可表示为

$$F = A(F/A,i,n) \tag{3-10}$$

年金终值公式的现金流量图如图 3-8 所示。

**【例 3-6】** 如果某人在 10 年内，每年存入银行 1 000 元，在年利率为 8%保持不变的情况下，10 年后可以一次性从银行拿到多少钱？

**解** 这是一个已知年金求终值的问题，其现金流量图如图 3-9 所示。

由年金终值公式（3-9）计算得

$$F = A\frac{(1+i)^n-1}{i}$$

$$= 1\,000 \times \frac{(1+8\%)^{10}-1}{8\%}$$

$$= 1\,000 \times 14.187 = 14\,486.6(\text{元})$$

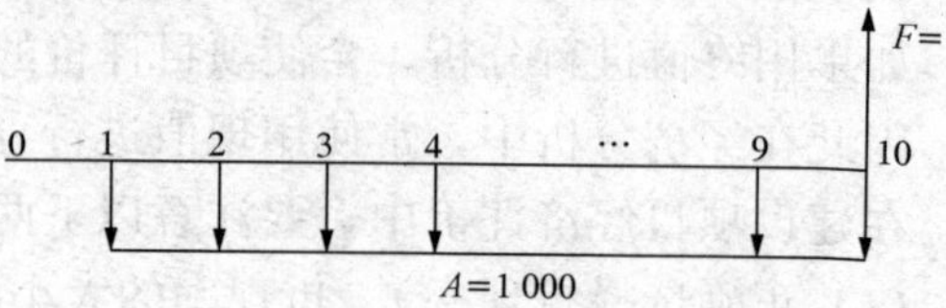


图 3-9 已知年金求终值现金流量图

即 10 年后可以从银行一次性领取 14 486.6 元。

2. 偿债基金公式

这个公式的含义是：为了在未来的 $n$ 年后使用一笔资金，在利率为 $i$ 的情况下，在每个计息期末应该等额存储的资金数量为多少？这种情况与人们生活和商业活动中的分期付款方式类似。即已知 $F$，$i$，$n$，求 $A$。

偿债基金公式与等额支付序列年金终值公式互为逆运算。

计算公式由年金终值公式变换得

$$A = F\frac{i}{(1+i)^n-1} \tag{3-11}$$

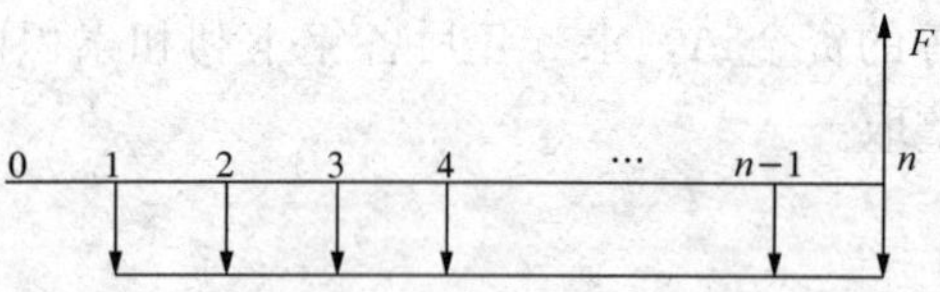


图 3-10 偿债基金公式现金流量图

式中 $\frac{i}{(1+i)^n-1}$——偿债基金系数，记为 $(A/F, i, n)$。

所以公式还可表示为

$$A = F(A/F,i,n) \tag{3-12}$$

偿债基金公式的现金流量图如图 3-10 所示。

**【例 3-7】** 某企业在 5 年后需要一笔 80 万元的资金，用于设备的更新改造。如果年利率为 8%，问从现在开始每年应存入银行多少钱？

**解** 这是一个已知终值求年金的问题，其现金流量图如图 3-11 所示。

由偿债基金公式（3-11）计算得

$$A = F\frac{i}{(1+i)^n-1} = 80 \times \frac{8\%}{(1+8\%)^5-1}$$

$$= 80 \times 0.170\,5 = 13.64(\text{万元})$$

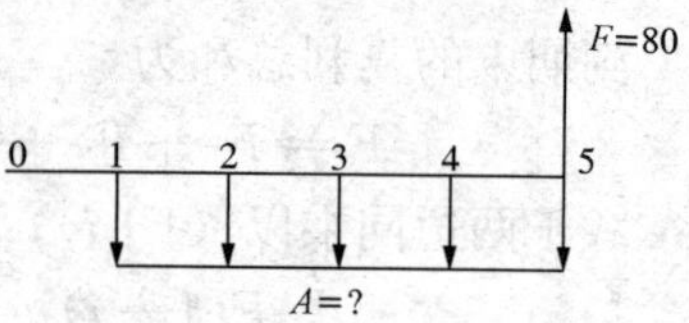


图 3-11 已知终值求年金现金流量图

即每年末应该存入银行 13.64 万元。

3. 资金回收公式

其含义是在期初一次性投资数额为 $P$，要想在 $n$ 年内全部收回，在年利率为 $i$ 的情况下，每年应该等额回收的资金数额为多少？

即已知 $P$，$i$，$n$，求 $A$。

资金回收公式可以从偿债基金公式和一次支付终值公式推导得出

$$A=F\frac{i}{(1+i)^n-1}=P\frac{i(1+i)^n}{(1+i)^n-1} \tag{3-13}$$

式中 $\frac{i(1+i)^n}{(1+i)^n-1}$——资金回收系数，记为$(A/P, i, n)$。

所以公式还可表示为

$$A=P(A/P,i,n) \tag{3-14}$$

资金回收公式的现金流量图如图 3-12 所示。

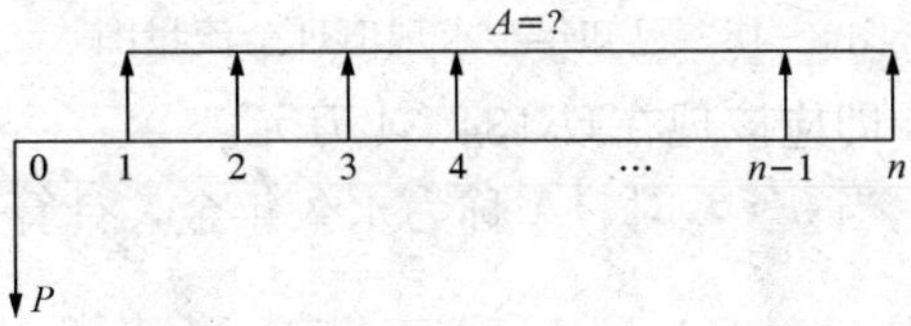


图 3-12 资金回收公式现金流量图

**【例 3-8】** 某企业投资 200 万元建设一个项目，计划在 8 年内全部收回投资。若已知年利率为 8%，则该项目每年平均净收益应该达到多少？

**解** 这是一个已知现值求年金的问题，其现金流量图如图 3-13 所示。

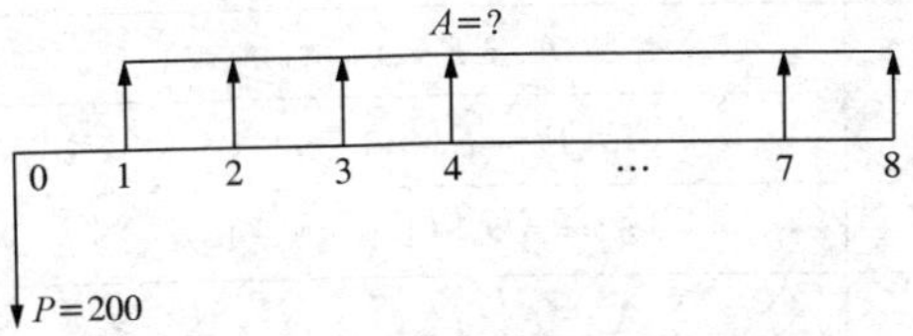


图 3-13 已知现值求年金现金流量图

根据公式（3-13），则

$$A=P\frac{i(1+i)^n}{(1+i)^n-1}$$

$$=200\times\frac{8\%(1+8\%)^8}{(1+8\%)^8-1}$$

$$=200\times0.1740=34.80(\text{万元})$$

即每年平均净收益至少应达到 34.80 万元，才能保证在 8 年内收回全部资金。

资金回收系数是一个非常重要的系数，它的含义是建设期初的初始投资，在建设项目寿命期内每年至少应该回收的资金额。如果初始投资的每年实际回收额小于相应的资金回收额，则表示在利率 $i$ 的条件下，项目在寿命期内不可能将全部投资收回。

4. 年金现值公式

年金现值公式是指 $n$ 年内每年等额收支一笔资金 $A$，在利率为 $i$ 的条件下，求这笔等额年金的现值总额。

即已知已知 $A$，$i$，$n$，求 $P$。

年金现值公式与资金回收公式互为逆运算。

计算公式，由资金回收公式变换得

$$P=A\frac{(1+i)^n-1}{i(1+i)^n} \tag{3-15}$$

式中 $\frac{(1+i)^n-1}{i(1+i)^n}$——年金现值系数，记为$(P/A, i, n)$。

所以公式还可表示为

$$P=A(P/A,i,n) \tag{3-16}$$

年金现值公式的现金流量图如图 3-14 所示。

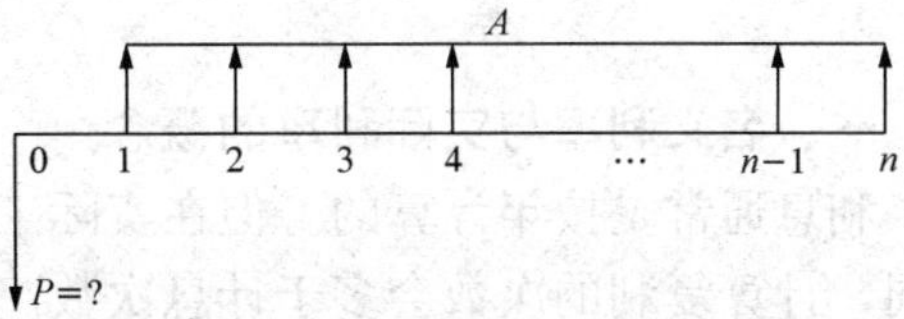


图 3-14 年金现值公式现金流量图

**【例 3-9】** 为了设立一项基金，计划从现在开始的 10 年内，每年年末从基金中提取 30 万元，在年利率为 10%的情况下，现在应该存入多少基金？

**解**　这是一个已知年金求现值的问题，其现金流量图如图 3-15 所示。

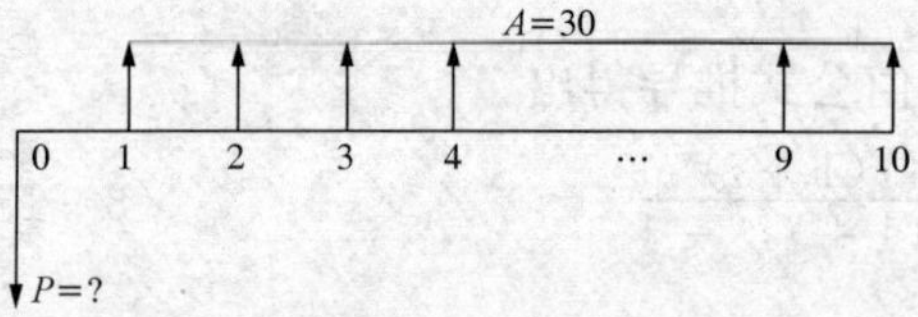


图 3-15　已知年金求现值现金流量图

根据公式（3-15），则

$$P = A\frac{(1+i)^n - 1}{i(1+i)^n}$$

$$= 30 \times \frac{(1+10\%)^{10} - 1}{10\%(1+10\%)^{10}}$$

$$= 30 \times 6.1446 = 184.34(\text{万元})$$

即应该现在政 184.34 万元。

当 $n\to\infty$时，$A$ 称为永久年金，计算公式通过求极限，得

$$P = A/i$$

（三）公式总结

1. 上述复利计算的六个公式存在的关系

六个基本资金等值计算公式见表 3-4。

**表 3-4**　　**六个基本资金等值计算公式**

| 公式名称 | 已知 | 求解 | 系数符号 | 公式 |
|---|---|---|---|---|
| 一次支付终值 | $P$ | $F$ | $(F/P,i,n)$ | $F=P\times(1+i)^n$ |
| 一次支付现值 | $F$ | $P$ | $(P/F,i,n)$ | $P=F\times(1+i)^{-n}$ |
| 等额支付序列终值 | $A$ | $F$ | $(F/A,i,n)$ | $F=A\times[(1+i)^n-1]/i$ |
| 偿债基金 | $F$ | $A$ | $(A/F,i,n)$ | $A=F\times i/[(1+i)^n-1]$ |
| 资金回收 | $P$ | $A$ | $(A/P,i,n)$ | $A=P\times i(1+i)^n/[(1+i)^n-1]$ |
| 年金现值 | $A$ | $P$ | $(P/A,i,n)$ | $P=A\times[(1+i)^n-1]/i(1+i)^n$ |

2. 六个系数之间的关系

（1）倒数关系。

$$(F/P,i,n) = 1/(P/F,i,n)$$
$$(F/A,i,n) = 1/(A/F,i,n)$$
$$(P/A,i,n) = 1/(A/P,i,n)$$

（2）乘积关系。

$$(F/P,i,n)(P/A,i,n) = (F/A,i,n)$$
$$(F/A,i,n)(A/P,i,n) = (F/P,i,n)$$

## 第五节　名义利率与有效利率

### 一、名义利率与实际利率的概念

利息通常是按年计算的。但在实际工作中，计算利息的周期与复利率周期可能会不完全相同，计算复利的次数会多于计息次数。也就是说，计算复利时，有时是一年计息一次，有时是半年计息一次，或每季度、每月计息一次。由于复利计算的次数与计息期不同，就会使

计算得出的利息数额产生差异。

1. 名义利率

名义利率 $r$ 以一年为计息基础，等于每一计息期的利率与一年的计息次数的乘积。

它是采用单利的计算方法，把各种不同计息期的利率换算为以年为计息期的利率。即

$$名义利率 = 计息期的利率 \times 年计息次数$$

**【例 3 - 10】** 每月存款的月利率为 1%，则名义利率为多少?

**解** $r = 1\% \times 12$ 个月 / 每年 $= 12\%$

2. 实际利率

实际利率 $i$ 也称为有效利率，它是采用复利的计算方法，把各种不同计息期的利率换算成以年为计息期的利率。即

$$实际利率 = 利息额 / 本金$$

其中，利息额是指年初一笔资金按计算期利率进行复利计算得到的年末总利息。

**【例 3 - 11】** 每月存款月利率为 1%，则实际利率为多少?

**解** $i = (1 + 1\%)^{12} - 1 = 12.68\%$

从例题的计算结果可以看出，实际利率 $i$ 要高于名义利率 $r$。而且它的趋势是每年计息的次数 $m$ 越大也就是计算复利的次数越多，实际利率 $i$ 就越高于名义利率 $r$。

3. 说明

(1) 在资金的等值计算公式中所使用的利率都是指“实际利率”。

(2) 当计算期为一年时，名义利率等于实际利率。

(3) 名义利率和实际利率的差异主要在于实际计息期与名义计息期的不同。

## 二、名义利率与实际利率的关系

假设：名义利率为 $r$，每年的计息次数为 $m$，则每一个计息期的利率为 $\frac{r}{m}$，一年后本利和的计算公式为

$$F = P\left(1 + \frac{r}{m}\right)^m$$

其利息 $I$ 为

$$I = F - P = P\left(1 + \frac{r}{m}\right)^m - P$$

则根据国际“借贷真实性法”的规定，实际利率是一年的利息额与本金之比，因此有效利率为

$$i = I/P = \left[P\left(1 + \frac{r}{m}\right)^m - P\right]/P$$

即

$$i = \left(1 + \frac{r}{m}\right)^m - 1 \tag{3 - 17}$$

**【例 3 - 12】** 某企业向银行借款，有两种计息方式，分别是：方式 A：年利率 8%，按月计息；方式 B：年利率 9%，按半年计息。问：企业应该选择哪一种计息方式?

**解** 企业选择的方式一定是具有较低利率的计息方式。

分别计算 A、B 两种计息方式的实际利率。

A 方式

$$i_A=\left(1+\frac{r}{m}\right)^m-1$$

$$=\left(1+\frac{8\%}{12}\right)^{12}-1$$

$$=8.3\%$$

B 方式

$$i_B=\left(1+\frac{r}{m}\right)^m-1$$

$$=\left(1+\frac{9\%}{2}\right)^{2}-1$$

$$=9.2\%$$

由于 $i_A<i_B$，所以企业应该选择的计息方式为 A 方式。

**【例 3-13】** 某厂向外商订购设备，现在有两个银行可以提供贷款，其贷款方式是甲银行的年利率为 17%，计息周期为年；乙银行年利率为 16%，计算周期为月，比较企业应该向哪家银行贷款？

**解** 甲银行的实际利率为

$$i=17\%$$

乙银行的利率为

$$i=\left(1+\frac{r}{m}\right)^m-1$$

$$=\left(1+\frac{16\%}{12}\right)^{12}-1$$

$$=17.23\%$$

经过计算，乙银行的实际利率要高于甲银行，所以应该从甲银行贷款。

**【例 3-14】** 某项目采用分期还款的方式，连续 5 年每年年末偿还银行借款 150 万元，如果银行借款的年利率为 8%，按季计息。问：截止到第 5 年末，该项目累计还款的本利和是多少？

**解** 该项目的现金流量图如图 3-16 所示。

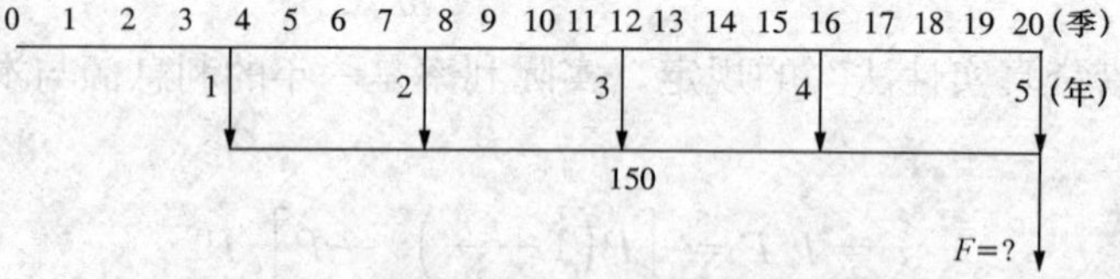


图 3-16　按季计息每年支付的现金流量图

这是一个计息期与现金流动期不同的情况，其计算方法有多种，这里采用实际利率的确方法来求解。

首先求出现金流动的等效利率，也就是实际年利率

根据公式（3-17），则

$$i=\left(1+\frac{r}{m}\right)^m-1$$

$$=\left(1+\frac{8\%}{4}\right)^4-1$$

$$=8.24\%$$

这样问题就转化为年利率 8.24%，年金为 150 万元，期限为 5 年，求终值的问题。根据等额支付年金终值公式，有

$$F=A\frac{(1+i)^n-1}{i}$$

$$=150\times\frac{(1+8.24\%)^5-1}{8.24\%}$$

$$=884.21(\text{万元})$$

即到期后项目应该还款的本利和为 884.21 万元。

在进行资金时间价值的等值计算时，有一个应该注意的问题，就是现金流量的形式是否与等值计算公式中的现金流量形式一致。如果一致，可直接利用公式进行计算；否则应先对现金流量进行调整，然后再进行计算。

**【例 3-15】** 某企业 5 年内每年初需要投入资金 100 万元用于技术改造，企业准备存入一笔钱设立一项基金，提供每年技改所需的资金。如果已知年利率为 6%，问企业应该存入基金多少钱?

**解**　这个问题的现金流量图如图 3-17 所示。

从图中可以看到，此时的等额支付年金 $A$ 发生在期初（此时的年金又称为预付年金），而在等值计算的公式中和现金流量图的标准图中，年金是发生在期末的，因此不能直接套用公式，而应该先进行现金流量的调整，调整为正常年金后再利用公式进行计算，如图 3-18 所示。

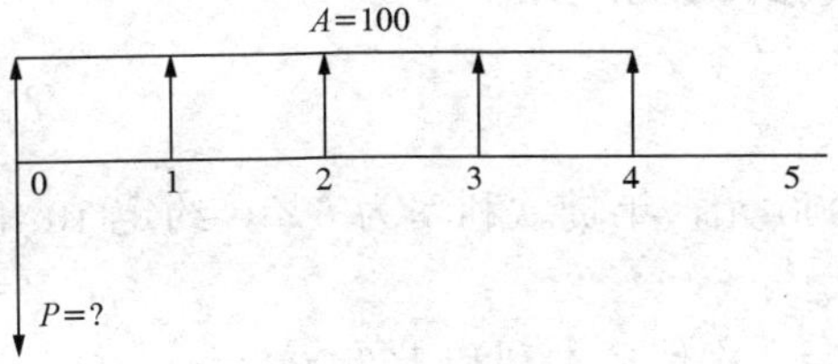

图 3-17　预付年金的现金流量图

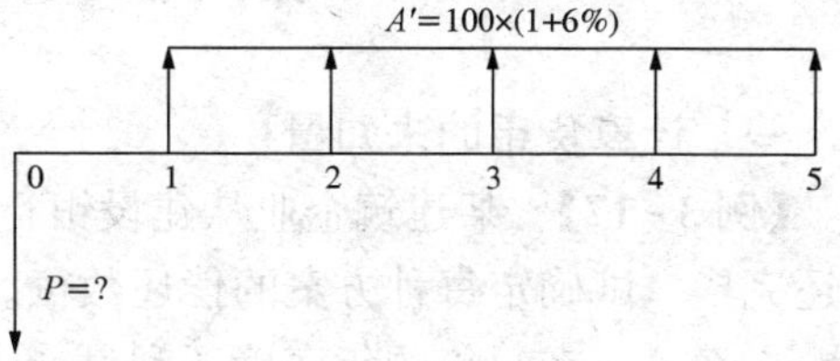

图 3-18　调整后的现金流量图

由题中可知，这是一个已知 $A$、$i$、$n$，求 $P$ 的问题。

根据年金现值公式，有

$$P=A(P/A,i,n)$$

$$=100\times(1+6\%)\times(P/A,6\%,5)$$

$$=106\times4.2124$$

$$=446.51(\text{万元})$$

即企业现在应该存入基金 446.51 万元。

**【例 3-16】** 某人在银行存款，每半年存 5 000 元，若年利率为 8%，每季计息一次，则 5 年后存款总额为多少?

**解**　首先将每半年的存款换算为每季的存款，则

$$A=5\,000(A/F,2\%,2)$$

$$=5\ 000\times 0.495\ 0$$
$$=2\ 475(\text{元})$$

则 5 年后的存款总额为

$$F=A(F/A,2\%,20)$$
$$=2\ 475\times (F/A,2\%,20)$$
$$=2\ 475\times 24.297\ 4=61\ 036(\text{元})$$

即 5 年后在银行的存款总额为 61 036 元。

**三、瞬时复利的年实际利率**

瞬时复利是指：如果把一年分为无限多个瞬时点，那么在一年内就可以计算无限多次利息，此时的年实际利率为

$$i=\lim_{m\to\infty}\left(1+\frac{r}{m}\right)^m-1=e^r-1 \tag{3-18}$$

即如果复利是连续地计算，那么年实际利率就是 $e^r-1$。

这种算法实质上是符合实际情况的，因为资金每时每刻都在不停地运动，每时每刻都在通过生产和流通增值，从理论上讲，应该采用瞬时复利计算。但是在实际情况中，不可能把时间分成无限多个小点，只能按一定的时间间隔来计算利息。

在进行等值计算时，如果现金流动期与计算期不同时，就要注意实际利率与名义利率的换算。

总结：即使各方案均采用相同的计算期和名义年利率，只要它们的计息期不同，则彼此也不可比，而应该先将名义年利率转换为有效年利率后，再进行计算和比较。

## 第六节 资金时间价值公式的应用

**一、计算货币的未知量**

**【例 3-17】** 某建筑企业从建设银行贷款 100 000 元，年贷款利率为 6%，约定 10 年内偿还完毕。试确定每种方案的偿还数额。

方案 A：在每年的年底偿还利息 6 000 元，最后一次偿还本利和 106 000 元。

方案 B：每年除偿还利息外，还归还本金 10 000 元，10 年到期后全部归还。

方案 C：将本金加上 10 年的利息，均摊在各期中。

方案 D：10 年后一次还本付息。

**解** 计算结果见表 3-5。

**表 3-5** **四种偿还方案贷款方案**

| 年数 | 贷款额 | 四种贷款偿还方案 | | | |
|---|---|---|---|---|---|
| | | A | B | C | D |
| 0 | 100 000 | | | | |
| 1 | | 6 000 | 16 000 | 13 590 | |
| 2 | | 6 000 | 15 400 | 13 590 | |
| 3 | | 6 000 | 14 800 | 13 590 | |

续表

| 年数 | 贷款额 | 四种贷款偿还方案 | | | |
|---|---|---|---|---|---|
| | | A | B | C | D |
| 4 | | 6 000 | 14 200 | 13 590 | |
| 5 | | 6 000 | 13 600 | 13 590 | |
| 6 | | 6 000 | 13 000 | 13 590 | |
| 7 | | 6 000 | 12 400 | 13 590 | |
| 8 | | 6 000 | 11 800 | 13 590 | |
| 9 | | 6 000 | 11 200 | 13 590 | |
| 10 | | 106 000 | 10 600 | 13 590 | 179 100 |
| 合计 | | 160 000 | 13 300 | 135 900 | 179 100 |

题目中已知：$P=100\ 000$，$i=6\%$，$n=10$。用四个方案中的任何一种方案偿还贷款，都可以得到 100 000 元的贷款。

验证 A 方案为

$$A=6\ 000, F=10\ 600$$
$$P=6\ 000(P/A,6\%,9)+10\ 600(P/F,6\%,10)$$
$$=6\ 000\times 6.802+10\ 600\times 0.558\ 4$$
$$=100\ 000(\text{元})$$

验证 B 方案为

$$P=16\ 000(P/F,6\%,1)+15\ 400(P/F,6\%,2)+\cdots+10\ 600(P/F,6\%,10)$$
$$=100\ 000(\text{元})$$

验证 C 方案为

$$A=1\ 359$$
$$P=13\ 590(P/A,6\%,10)$$
$$=13\ 590\times 7.360=100\ 000(\text{元})$$

验证 D 方案为

$$\text{最后一年的终值}\ F=17\ 910$$
$$P=179\ 100(P/F,6\%,10)$$
$$=179\ 100\times 0.558\ 4=100\ 000(\text{元})$$

**【例 3-18】** 某施工企业为建设一个项目向银贷款，贷款方式为每年年初贷 100 万元，连续贷款 5 年。在年利率 10%的情况下，5 年贷款总额的现值为多少？第 5 年末的终值为多少？

**解** 首先画出现金流量图如图 3-19 所示。

应该注意的是，现金流量图并不是标准格式。解题时可以有以下三种方法。

方法一：把现金流量图的起始点向前移动 1 年，形成标准图。这时可先求移动之后的现值 $P$，用 $P_{-1}$表示；再求题目中要求时点的 $P$、$F$ 值。

移动后的现金流量图如图 3-20 所示。

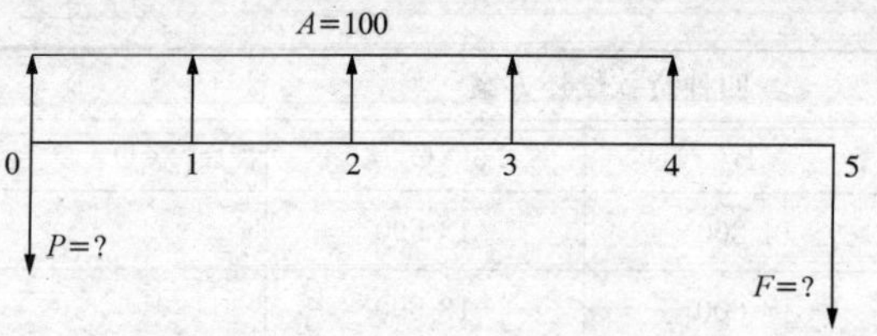


图 3-19　年初贷款的现金流量图

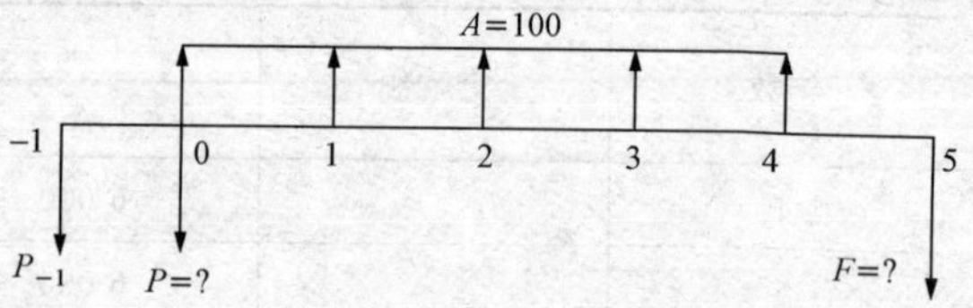


图 3-20　向前移动 1 年的现金流量图

$$
\begin{aligned}
P_{-1} &= A(P/A,10\%,5)\\
&= 100 \times 3.790\ 8\\
&= 379.08(\text{万元})\\
P &= P_{-1}(F/P,10\%,1)\\
&= 379.08 \times 1.1\\
&= 416.99(\text{万元})\\
F &= P_{-1}(F/P,10\%,6)\\
&= 379.08 \times 1.771\ 6\\
&= 671.58(\text{万元})
\end{aligned}
$$

方法二：先求出第 4 年的 $F$ 值，再求 $P$、$F$。

此时的现金流量图图 3-21 与图 3-20 的格式一致。

第 4 年的 $F$ 值为

$$
\begin{aligned}
F_4 &= A(P/F,10\%,5)\\
&= 100 \times 6.105\ 0 = 610.51(\text{万元})
\end{aligned}
$$

则

$$
\begin{aligned}
P &= F_4(P/F,10\%,4)\\
&= 610.51 \times 0.683\ 0 = 416.99(\text{万元})\\
F &= F_4(F/P,10\%,1)\\
&= 610.51 \times 1.1\\
&= 671.56(\text{万元})
\end{aligned}
$$

方法三：将 $A$ 值向后移动 1 年，即为标准图，$A$ 成为 $A'$。

$$
\begin{aligned}
A' &= A(F/P,10\%,1)\\
&= 100 \times 1.1\\
&= 110
\end{aligned}
$$

再利用公式，用 $A'$ 求 $P$、$F$。

现金流量图如图 3-22 所示。

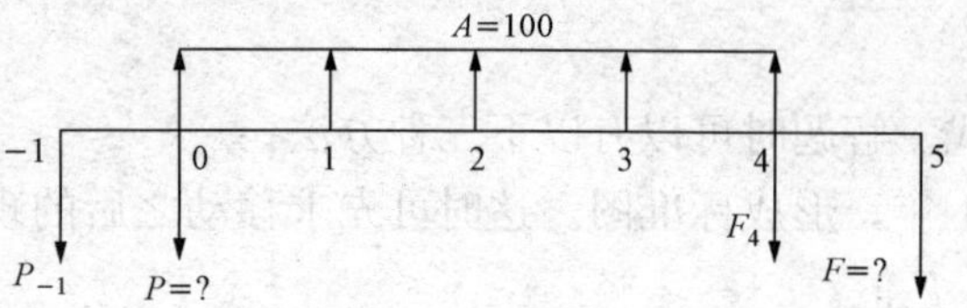


图 3-21　向前移动 1 年后的现金流量图

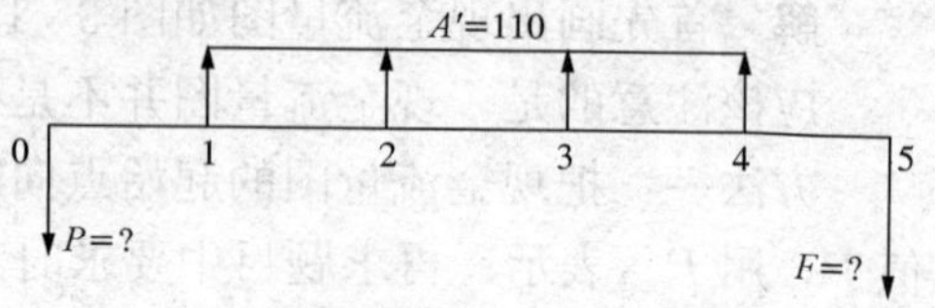


图 3-22　$A$ 向后移动 1 年后的现金流量图

$$P = A(P/A, 10\%, 5)$$
$$= 110 \times 3.790\,8 = 416.99(\text{万元})$$
$$F = A(F/A, 10\%, 5)$$
$$= 110 \times 6.105\,1$$
$$= 671.56(\text{万元})$$

## 二、计算未知利率

在现实计算中，会遇到一些已经知道现金流量 $P$、$F$，以及计算期 $n$，但是利率 $i$ 是未知量的情况。这时可以借助复利表，用线性插值法求出。

用线性插值法计算，是如果两个已知的现金流量之比（$F/P$ 或 $F/A$ 或 $P/A$）对应的系数为 $f_0$，与此最接近的两个利率为 $i_1$、$i_2$，而且 $i_1$、$i_2$ 对应的系数为 $f_1$、$f_2$，则利率 $i$ 的计算公式为

$$i = i_1 + \frac{f_0 - f_1}{f_2 - f_1}(i_2 - i_1) \qquad (3-19)$$

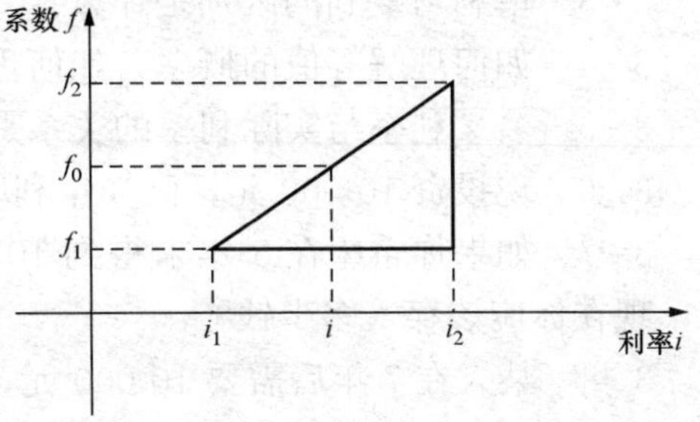

图 3-23　系数 $f$ 与利率 $i$ 的对应关系

系数 $f$ 与利率 $i$ 的对应关系见图 3-23。

**【例 3-19】** 如果有一个年龄为 25 岁的人购买人身意外保险，保险期为 50 年。在此期间内，该人需要每年向保险公司交纳保险费 1 500 元。如果投保人在保险期内死亡，或者期末死亡，都可以从保险公司获得 100 000 元。试计算这项保险的实际利率为多少？如果这个人活到 52 岁去世，问保险公司是否吃亏？

**解**　这是一个已知：$P$、$F$、$A$、$n$，求 $i$ 的计算。

画出保险的现金流量图如图 3-24 所示。

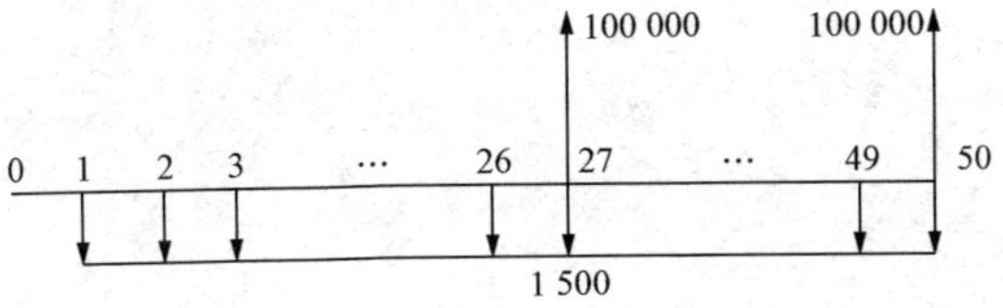

图 3-24　保险的现金流量图

根据公式 $F = A\ (F/A,\ i,\ n)$，得

$$100\,000 = 1\,500(F/A, i, n)$$

得出

$$(F/A, i, n) = 66.67$$

从复利系数表上查得，当

$$i_1 = 1\% \text{时}, (F/A, i, 50) = 64.46 \rightarrow f_1$$
$$i_2 = 2\% \text{时}, (F/A, i, 50) = 84.58 \rightarrow f_2$$

说明 $i$ 介于 $i_1$ 和 $i_2$ 之间。利用公式（3-19），得

$$\text{实际利率}\ i = i_1 + \frac{f_0 - f_1}{f_2 - f_1}(i_2 - i_1)$$
$$= 1\% + \frac{66.67 - 64.46}{84.58 - 64.46}(2\% - 1\%)$$
$$= 1.11\%$$

如果此人活到 52 岁去世，则保险公司要在保险期内的第 27 年支付 100 000 元。按照银行 6%的利率计算，则

$$F = A(F/A, i, n)$$
$$= 1\,500(F/A, 6\%, 27)$$
$$= 95\,559(\text{元})$$

保险公司亏损了

$$100\ 000-95\ 559=4\ 441(元)$$

## 思考及练习题

3-1　试论述资金时间价值的基本概念，并说明资金为什么会有时间价值。

3-2　衡量资金时间价值的尺度有哪些？它们的含义有何不同？

3-3　单利与复利的区别是什么？

3-4　如何理解等值的概念，如何理解等值的三要素。

3-5　名义利率与实际利率的关系是什么？

3-6　现投资 10 000 元，已知年利率为 8%，每季度计息一次，求 10 年末的值为多少？

3-7　如果你希望在 5 年末得到 10 000 元钱的存款本息，在银行年利率为 8%的情况下，现在你应该存入多少钱？

3-8　某人在 7 年后需要 10 000 元，在每年末存入银行一定数额的款项，若存款利率为 8%，则每年应存多少？

3-9　为了能在未来的 10 年中，每年年末从银行取回 5 万元，以年利率 5%计算，目前需要向银行存入多少？

3-10　某企业为了建设一个项目，购买了一个价格为 55 万元的设备，但由于资金不足，采用 5 年内分期付款的方式购买。合同签订时付款 10 万元，然后每半年付款一次。如果年利率为 10%，每半年复利计息一次，问每半年应付多少设备价款？

3-11　某企业于年初向银行贷款 1 500 万元，年实际利率为 10%，若按月复利计息，第三季度末借款的本利和为多少？

扫一扫

拓展资源

# 第四章 经济效果评价

## 第一节 评价内容

对建设项目进行评价，目的是考察项目的预期目标和实际拥有的资源状况，通过分析项目的现金流量情况，选择合适的生产方案，获得经济效益。因此对建设项目进行经济评价，是项目建设前期工作中一项重要内容。依照评价的角度、范围、作用不同，建设项目的评价分为财务评价和国民经济评价两大部分。本章重点介绍财务评价的内容，国民经济评价在第八章做介绍。

### 一、财务评价的内容

财务评价是根据国民经济及社会发展的需要，结合行业、地区的发展规划，在拟定工程建设方案时，采用科学的方法，对建设项目在方案评价、效益分析、费用或成本估算方面进行可行性和合理性的论证，为建设项目的决策提供科学依据。

评价一个项目是否可行或能否投资，主要分析项目的财务评价指标。对投资项目进行经济评价之前，先要建立一套评价指标，并确定一套科学的标准。

财务评价是在项目财务效益和费用估算的基础之上进行的。财务评价指标是投资项目经济效益或投资效果的定量化的、直观的表现形式，它主要通过对投资项目所涉及的费用和效益的量化来比较和确定。对于经营性项目，财务分析主要从建设项目的角度出发，按照国家的现行财、税政策和市场价格，计算项目的投资、费用、成本、销售收入、税金、外汇平衡等财务数据，通过编制财务报表，计算财务指标，分析项目的盈利能力、偿债能力和生存能力。从多方面考察建设项目在可行性和可接受性方面的价值，判断出项目对投资者和财务主体的贡献，从而得出财务评价的结论。对于非经营性项目，财务分析则主要分析其生存能力。

1. 项目的盈利能力

建设项目的盈利能力是指建设项目在计算期内的盈利能力和盈利水平。通过对建设项目的内部收益率、财务净现值、投资回收期、投资收益率、利润率等方面进行分析和测算，描述建设项目的特点和财务状况。

2. 偿债能力

偿债能力是指建设项目偿还债务的能力，评价包括利息备付率、偿债备付率、借款偿还期等指标。这些指标显示了项目的风险大小。

3. 生存能力

生存能力是根据项目的财务现金流量情况，考察项目在计算期内的投资、融资活动和经营活动中所产生的各项现金流入、现金流出情况，计算净现金流量和累计盈余资金，分析项目是否有足够的净现金流量以维持项目的正常运转，以实现财务的可持续性。

财务的可持续性首先体现在项目应该有足够多的净现金流量，而且各年的累计盈余资金额不应出现负值。如果出现负值，则考虑是否应进行短期借款。该项借款在现金流量表中，产生的利息应该计入财务费用。同时为保证项目的正常运营，还要分析短期借款的可靠性和风险性。

### 二、财务评价指标体系的构成

财务是投资项目经济效益或投资效果定量化的表现形式，它通常是通过对投资项目所涉及的费用和效益的量化和比较来确定的。

项目的财务状况是通过一系列财务评价指标反映出来的。

1. 按指标的经济性质分类

价值型指标：净现值、净年值、费用现值、费用年值。

效率型指标：投资收益率、内部收益率、净现值率。

期限型指标：投资回收期、借款偿还期。

2. 按是否考虑资金时间价值分类

动态指标：净现值、内部收益率、动态投资回收期、净现值率。

静态指标：投资收益率、资本金利润率、静态投资回收期。

3. 按建设项目所处环境是否明确分类

确定型分析：盈利能力、偿债能力。

不确定型分析：盈亏平衡分析、敏感性分析。

4. 按考察指标的角度不同分类

盈利能力指标：净现值、内部收益率、投资回收期。

偿债能力指标：利息备付率、偿债备付率、借款偿还期、资产负债率、流动比率、速动比率。

生存能力指标：累计净现金流量。

### 三、财务评价的作用

财务评价是企业产品开发的重要内容和落脚点，是决定项目实施与否的决定性因素，同时也是项目筹措外部资金的主要依据。

（1）衡量项目的财务盈利能力：是进行投资决策的依据。

（2）用于资金筹措：寻找资金的可能的筹款计划。

（3）权衡项目的财政补贴：如公益事业项目，国民经济评价可行，而财务不可行，则企业会要求国家给予补贴，通过财务评价要知道补贴多少。

（4）作为一般国民经济评价的基础。

## 第二节 评 价 方 法

### 一、财务评价方法

由于项目财务评价的目的在于确保项目决策的正确性和科学性，减少或避免建设项目的投资风险，明确项目的经济效益，最大限度地提高建设项目的综合效益，因此选择财务评价方法十分重要。

1. 财务评价的基本方法

财务评价的基本方法包括确定型财务评价方法与不确定型财务评价方法。对同一个项目必须同时进行确定型评价和不确定型评价。

2. 评价方法的种类

（1）按评价方法的性质不同，可分为定性分析和定量分析。

1）定性分析。定性分析是指对无法精确度量的重要因素进行的估量分析。

2）定量分析。定量分析是指对可度量的因素，在资产价值、资金成本、销售额、利润等方面通过货币表示的一切费用和收益。

（2）按评价的时间前后不同，可分为事前评价、事中评价、事后评价。

1）事前评价。用于投资决策前的评价，是指建设项目实施之前，在投资决策阶段进行的评价。事前评价带有一定的预测性，因此其评价的风险性和不确定性较高。

2）事中评价。事中评价也称为跟踪评价，是指发生的项目建设过程中的评价。由于项目在建设过程中环境发生变化，投资条件及市场行情不断发生改变，因此事前评价中总有一些事先无法预料或考虑不周的地方。在建设项目的进行过程中，应该根据实际情况的变化，对项目实施方案进行必要的修改和完善。

3）事后评价。事后评价也称为项目后评价，是指在项目建设结束，投入生产运营并达到正常生产能力后，对项目进行的总结。这时主要研究项目投资决策是否正确，选择的方案是否最优，以及项目实施过程中管理的有效性，并寻找项目可以进一步改进的方面。

## 二、财务评价的程序

### 1. 熟悉建设项目的基本情况

熟悉建设项目的基本情况，是一切评价的基础，包括建设的投资目的，产生的作用及意义，建设要求，建设条件，外部投资环境，自身的资源配置状况等。

### 2. 收集、整理资料，计算相关经济数据与参数

通过市场调查与研究，收集到与项目有关的技术、经济资料，计算有关的指标与参数。技术经济数据与参数是项目财务评价的基础和依据，项目所有的收益、费用都是以这些数据为基础得出的。这些资料与数据包括以下几点。

（1）建设项目的主要投入物和产出物的成本、价格、税率、费率、生产负荷、计算期、基准收益率等。

（2）建设项目的投资总额、分年度建设的投资额度、流动资金的需要量等。

（3）建设项目所需资金的来源、筹集方式、数额大小、利率、偿还时间、还款方式、利息数额。

（4）项目在生产期间的成本，包括总成本、经营成本、单位产品成本、固定成本、变动成本等。

（5）项目在生产期间的产品销售额、营业收入、营业税金及附加、利润、利润分配等。

### 3. 编制基本财务报表

根据计算和收集的数据和参数，编制基本财务报表。

### 4. 进行财务评价

运用财务报表的相关数据和参数，计算项目的各项财务评价指标，进行可行性分析。

# 第三节 单方案评价

单方案评价是指对某个初步选定的投资方案，根据项目收益与费用的情况，通过计算其经济评价指标，确定项目的可行性。单方案评价的方法比较简单，其主要步骤如下：

（1）确定项目的现金流量情况，编制项目现金流量表或绘制现金流量图。

（2）根据公式计算项目的经济评价指标。

（3）根据计算出的指标值及相对应的判别准则，来确定项目的可行性。

单方案评价指标包括：净现值、净年值、内部收益率、投资回收期等。

## 一、静态评价指标

在经济分析中，把不考虑资金时间价值的经济评价指标称为静态指标。采用静态评价指标对投资方案进行评价时，由于没有考虑资金的时间价值，因此它主要适用于对方案的粗略评价。

静态指标的特点：不考虑资金的时间价值，对方案的粗略评价，简单易算。

适用于投资方案的机会鉴别，初步可行性研究，时间较短、投资规模与收益规模比较小的投资项目的经济评价。

### （一）静态投资回收期（$P_t$）

投资回收期又称为投资偿还期，是收回项目全部投资的时间，或者说是项目开始盈利的时间。项目的投资是用项目的净收益来回收的，即用项目投产后所获得的收益，来抵偿项目期初的投资，这里的净收益主要是利润。因此投资回收期就是项目的净收益额用于抵偿全部投资所需要的时间。

投资回收期分为静态投资回收期（$P_t$）和动态投资回收期（$P_t'$）。这里介绍静态投资回收期。静态投资回收期是以项目每年的净收益，回收项目全部投资（全部投资既包括固定资产投资，也包括流动资金投资）所需要的时间。其表达式为

$$\sum_{t=0}^{P_t}(CI-CO)_t=0 \tag{4-1}$$

式中 $P_t$——静态投资回收期；

$CI$——现金流入量；

$CO$——现金流出量；

$(CI-CO)_t$——第 $t$ 年的净现金流量。

静态投资回收期一般以年为单位，从项目建设开始算起。

经济含义：累计净现金流量为零的年份。

在具体计算时，由于各年的收益不同，有两种计算方法。

1. 项目建成投产后各年的净收益相同

解题思路：由于各年的收益相同，可以直接用投资总额除以净收益。

投资回收期＝投资总额/年均盈利额。其计算公式为

$$P_t=\frac{K}{R} \tag{4-2}$$

式中 $K$——全部投资总额；

$R$——每年的净收益。

**【例 4-1】** 某建设项目投资总额为 60 万元，寿命期为 5 年。估计投入使用后每年平均实现盈利额 12 万元。试测算期投资回收期。

**解** 根据投资回收期公式（4-2），得

$$P_t=\frac{K}{R}=\frac{60}{12}=5(\text{年})$$

2. 项目建成投产后各年的净收益不相同

在实际工作中，由于受到企业产品寿命周期以及生产规模、生产阶段的影响，导致每年的盈利额（即每年的净收益）不可能完全相等。所以上述公式无法使用。

解题思路：项目建成投产后各年的净收益不同，可以根据累计净现金流量求投资回收期。其计算公式为

$$P_t = (\text{累计净现金流量开始出现正值的年份} - 1) + \frac{\text{上一年累计净现金流量绝对值}}{\text{当年净现金流量}} \tag{4-3}$$

**【例 4-2】** 某投资方案的净现金流量如图 4-1 所示，单位为万元，累计净现金流量见表 4-1。计算其静态投资回收期。

**表 4-1** 累计净现金流量表

| 年　序 | 0 | 1 | 2 | 3 | 4 | 5 | 6 |
|---|---|---|---|---|---|---|---|
| 净现金流量 | −100 | −80 | 40 | 60 | 60 | 60 | 90 |
| 累计净现金流量 | −100 | −180 | −140 | −80 | −20 | 40 | 130 |

**解** 根据公式（4-3），得

$$P_t = 5 - 1 + \frac{|-20|}{60} = 4.33(\text{年})$$

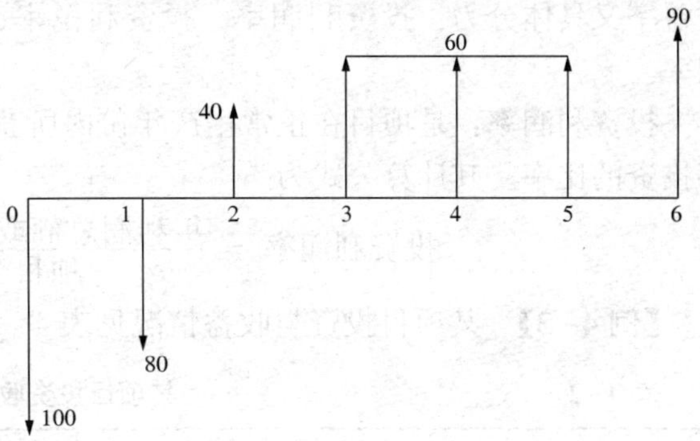

图 4-1 净现金流量图

3. 使用静态投资回收期评价方案的做法

（1）确定行业的基准投资回收期 $P_c$。

基准投资回收期是国家国民经济各部门、各地区的具体经济条件，按照行业和部门的特点，结合财务上的相关制度和规定颁布的。同时根据市场的变化，定期或不定期对基准投资回收期进行修订。它是对投资方案进行评价的重要参考标准。

（2）计算项目的静态投资回收期 $P_t$。

（3）比较 $P_c$ 与 $P_t$。

$P_t \leqslant P_c$：项目可以考虑接受。

$P_t > P_c$：项目不可行。

4. 对静态投资回收期的评价

特点：它是考虑项目财务上投资回收能力的指标。它反映了项目财务回收能力，是考察项目投资盈利能力的重要指标。它是衡量项目投入的全部资金回收情况的一个经济指标，用它可以衡量项目的抗风险能力，在一定程度上反映投资效益的优劣。

该值越小越好，当所求得的投资回收期不大于行业的基准投资回收期或设定的回收期时，即表明项目是可以考虑接受的。为了减少项目面临的风险，避免不必要的损失，希望投资回收期越短越好。

优点：（1）经济意义明确、直观，计算简便。

（2）在一定程度上反映了投资效果的优劣。

（3）能适用于各种投资规模项目的计算。

缺点：(1) 只考虑投资回收之前的效果，不能反映回收投资之后的情况，因而无法准确衡量项目投资收益的大小。

(2) 没有考虑资金的时间价值，因此无法正确辨别项目的优劣。

(3) 只反映了投资回收的速度，没有反映投资回收的经济效益。

(二) 投资收益率

1. 投资收益率的含义

投资收益率也称为投资效果系数。它是指在项目达到设计能力后，其每年的收益与项目全部投资的比率。

这个比值反映了单位投资所能带来的收益。

2. 投资收益率的计算

投资收益率的计算公式为

$$投资收益率=\frac{年净收益或年平均盈利额}{项目全部投资}\times 100\% \qquad (4-4)$$

投资收益率是一个综合性的指标，在进行项目经济评价时，根据分析的目的不同，投资收益率又具体分为：投资利润率、投资利税率、资本金利润率等。其中最常用的是投资利润率。

投资利润率：是项目在正常生产年份内所获得的年利润总额或年平均利润总额与项目全部投资的比率。其计算公式为

$$投资利润率=\frac{年利润总额或年平均利润总额}{项目全部投资}\times 100\% \qquad (4-5)$$

**【例 4-3】** 某项目投资与收益情况见表 4-2，试计算其投资利润率。

**表 4-2** 某项目投资收益情况表 单位：万元

| 年序 | 0 | 1 | 2 | 3 | 4 | 5 |
|---|---|---|---|---|---|---|
| 投资 | −200 | — | — | — | — | — |
| 利润 | — | 15 | 20 | 25 | 25 | 30 |

**解** 根据公式 (4-5) 得

$$投资利润率=\frac{(15+20+25+25+30)/5}{200}\times 100\%=11.5\%$$

即项目的投资利润率为 11.5%，它说明项目在建成投产后，每百元投资每年能产生的利润为 11.5 元。

3. 对投资收益率的评价

特点：它是考察项目单位投资的盈利能力的指标。

优点：(1) 计算简便，能够直观地衡量项目的经营成果。

(2) 可适用于各种投资的规模。

缺点：(1) 没有考虑投资收益率的时间因素，因此忽视了资金时间价值的重要性。

(2) 计算的主观随意性太强，如对于如何计算投资资金占用、如何确定利润，都带有一定的不确定性和人为因素。

(3) 不能作为主要的决策依据。

(三) 利息备付率

利息备付率是指借款偿还期内可用于支付利息的息税前利润与当期应付利息费用的比值。其计算公式为

$$ICR = \frac{EBIT}{PI} \tag{4-6}$$

式中 $ICR$——利息备付率；

$EBIT$——息税前利润；

$PI$——计入成本的应付利息。

利息备付率反映了项目偿付债务利息的保障程度。利息备付率应大于2，并结合债权人的要求确定。

(四) 偿债备付率

偿债备付率是指借款偿还期内，用于计算债务资金还本付息的资金与应还本付息额的比值。其计算公式为

$$DSCR = \frac{EBITAD - T_{AX}}{PD} \tag{4-7}$$

式中 $DSCR$——偿债备付率；

$EBITAD$——息税前利润、折旧与摊销三者之和；

$PD$——应还本付息金额。

偿债备付率表示用于还本付息的资金偿还债务资金的保障程度。偿债备付率应大于1，并结合债权人的要求确定。

**【例4-4】** 某项目建设投资总额为1 000万元，其中包含无形资产和其他资产200万元。项目的资本金700万元，向银行借款300万元，半年计息。约定从投产的第3年末开始还款，3年年末还清。还款方式为本金等额偿还，利息照付。项目的流动资金为200万元，第3年年末投入，固定资产的残值为40万元，无形资产、其他资产无残值。5年内直线折旧和摊销。项目实施情况即项目建设和运营情况见表4-3。

**表4-3** 项目建设和运营情况表 单位：万元

| 项目 | 计算期 | | | | | | |
|---|---|---|---|---|---|---|---|
| | 1 | 2 | 3 | 4 | 5 | 6 | 7 |
| 建设投资（不含建设期利息） | 800 | 200 | | | | | |
| 其中：资本金 | 500 | 200 | | | | | |
| 贷款 | 300 | | | | | | |
| 流动资金 | | | 200 | | | | |
| 营业收入（不含税） | | | 500 | 600 | 600 | 600 | 600 |
| 营业税金及附加 | | | 51 | 61 | 61 | 61 | 61 |
| 经营成本 | | | 100 | 140 | 140 | 140 | 140 |

企业所得税率为25%，设基准折现率为8%，试评价项目的盈利能力和偿债能力。

**解** (1) 项目盈利能力分析。

1) 将项目建设和运营情况表转变为项目的现金流量表，见表4-4。

表 4-4 **项目现金流量表** 单位：万元

| 序号 | 项目 | 计算期 | | | | | | |
|---|---|---|---|---|---|---|---|---|
| | | 1 | 2 | 3 | 4 | 5 | 6 | 7 |
| 1 | 现金流入 | | | 500 | 600 | 600 | 600 | 840 |
| 1.1 | 营业收入 | | | 500 | 600 | 600 | 600 | 600 |
| 1.2 | 资产回收 | | | | | | | 240 |
| 2 | 现金流出 | 800 | 200 | 351 | 201 | 201 | 201 | 201 |
| 2.1 | 投资 | 800 | 200 | 200 | | | | |
| 2.2 | 营业税金及附加 | | | 51 | 61 | 61 | 61 | 61 |
| 2.3 | 经营成本 | | | 100 | 140 | 140 | 140 | 140 |
| 3 | 净现金流量（1−2） | −800 | −200 | 149 | 399 | 399 | 399 | 639 |

2）项目的净现值为

$$NPV=-800-200\times(P/F,8\%,1)+149\times(P/F,8\%,2)+399\times(P/A,8\%,3)\times(P/F,8\%,2)+639\times(P/F,8\%,6)=426.8\text{万元}$$

分析：$NPV>0$，项目盈利能力较好。

（2）项目偿债能力分析。

1）计算应付利息。

由实际利率的换算公式

$$i=\left(1+\frac{r}{m}\right)^m-1=\left(1+\frac{8\%}{2}\right)^2-1=8.16\%$$

①第 1 年应计利息为

$$300\times\frac{1}{2}\times8.16\%=12.24\text{（万元）}$$

②第 2 年应计利息为

$$(300+12.24)\times8.16\%=25.48\text{（万元）}$$

③在本金等额偿还方式下，投产后 3 年内每年偿还的本金为

$$\frac{300+12.24+25.48}{3}=112.57\text{（万元）}$$

④第 3 年应付利息为

$$(300+12.24+25.48)\times8.16\%=27.56\text{（万元）}$$

⑤第 4 年应付利息为

$$(300+12.24+25.48-112.57)\times8.16\%=18.37\text{（万元）}$$

⑥第 5 年应付利息为

$$(300+12.24+25.48-112.57-112.57)\times8.16\%=9.19\text{（万元）}$$

2）计算折旧和推销。

直线折旧法也称为平均年限法或使用年限法，是按照固定资产预计使用年限平均分摊固定资产折旧额的方法。计算年折旧额的公式为

$$年折旧率=\frac{1-预计净残值率}{预计年限}\times 100\%$$

$$年折旧额=固定资产原值\times 年折旧率$$

①年折旧额＝（800＋12.24＋25.48－40）/5＝159.54（万元）

②年摊销额＝200/5＝40（万元）

3）计算总成本费用。

①第3年总成本为

200＋159.54＋40＋27.56＝427.10（万元）

②第4年总成本为

200＋159.54＋40＋18.37＝417.91（万元）

③第5年总成本为

200＋159.54＋40＋9.19＝408.73（万元）

4）计算利润。

①第3年利润为

500－427.10－51＝21.9（万元）

②第4年利润为

600－417.91－61＝121.09（万元）

③第5年利润为

600－408.73－61＝130.27（万元）

5）计算所得税及净利润。

①第3年所得税为

21.9×25%＝5.48（万元）

②第3年净利润为

21.9－5.48＝16.42（万元）

③第4年所得税为

121.09×25%＝30.27（万元）

④第4年净利润为

121.09－30.27＝90.82（万元）

⑤第5年所得税为

130.27×25%＝32.57（万元）

⑥第5年净利润为

130.27－32.57＝97.70（万元）

6）计算偿债备付率。

根据公式（4-7）$DSCR=\frac{EBITAD-T_{AX}}{PD}$，得

①第3年的偿债备付率为

$$\frac{16.42+27.56+159.54+40}{112.57+27.56}=1.74$$

②第4年的偿债备付率为

$$\frac{90.82+18.37+159.54+40}{112.57+18.37}=2.36$$

③第5年偿债备付率为

$$\frac{97.70+9.19+159.54+40}{112.57+9.19}=2.52$$

由于各年的 $DSCR$ 均大于1，说明项目的清偿能力较强。

（五）借款偿还期

1. 概念

借款偿还期，是指根据国家财税规定及投资项目的财务状况，用可以作为偿还贷款的项目收益来偿还项目借款的本金和利息所需要的时间。其中可以作为偿还贷款的项目收益包括项目生产运营后的利润、折旧、摊销及其他收益。

借款偿还期是反映项目偿还借款能力的重要指标。

$$I_d=\sum_{t=0}^{P_d}(B+D+R_0-B_r)_t \tag{4-8}$$

式中 $I_d$——投资借款本金和利息之和；

$P_d$——借款偿还期；

$B$——第 $t$ 年可用于还款的利润；

$D$——第 $t$ 年可用于还款的折旧和摊销；

$R_0$——第 $t$ 年可用于还款的其他收益；

$B_r$——第 $t$ 年企业的留存收益。

2. 判别标准

借款偿还期只要满足贷款机构要求的期限，就可认为项目是具有借款偿还能力的。

3. 评价

借款偿还期适用于没有预先给定借款偿还期限，而且按照最大偿还能力还本付息的项目。它不适用于那些已经预先给定或约定了借款偿还期限的项目。对于已经预先给定借款偿还期限的项目，应该采用利息备付率或偿债付率来分析项目的偿债能力。

4. 计算

在实际应用中，借款偿还期可以通过借款还本付息表推算，以年为单位。

$$P_d=(\text{借款偿还开始出现盈余的年份}-1)+\frac{\text{盈余当年应偿还借款额}}{\text{盈余当年可用于还款的收益额}} \tag{4-9}$$

**【例4-5】** 已知某项目借款还本付息相关数据见表4-5。试计算该项目的借款偿还期。

**表4-5** **某项目借款还本付息表** 单位：万元

| 序号 | 项目 | 建设期 | | 生产期 | | | |
|---|---|---|---|---|---|---|---|
| | | 1 | 2 | 3 | 4 | 5 | 6 |
| 1 | 年初借款累计 | 0 | 412 | 1 054.72 | 754.72 | 354.72 | 0 |
| 2 | 本年新增借款 | 400 | 600 | — | — | — | — |
| 3 | 本年应付利息（$i=6\%$） | 12 | 42.72 | 63.28 | 45.28 | 21.28 | — |
| 4 | 本年偿还本金 | — | — | 300 | 400 | 354.72 | — |

续表

| 序　号 | 项　　目 | 建　设　期 | | 生　产　期 | | | |
|---|---|---|---|---|---|---|---|
| | | 1 | 2 | 3 | 4 | 5 | 6 |
| 5 | 还本资金来源 | — | — | 300 | 400 | 440 | — |
| 5.1 | 利润总额 | — | — | 200 | 310 | 350 | — |
| 5.2 | 用于还款的折旧和摊销费 | — | — | 150 | 150 | 150 | — |
| 5.3 | 还款期企业留存收益 | — | — | 50 | 60 | 60 | — |
| 6 | 年末借款累计 | 412 | 1 054.72 | 754.72 | 354.72 | 0 | — |

**解**　各年的利息计算如下：

第 1 年利息为

$$I_1=\frac{1}{2}\times 400\times 6\%=12\text{（万元）}$$

第 2 年利息为

$$I_2=412\times 6\%+\frac{1}{2}\times 600\times 6\%=42.72\text{（万元）}$$

第 3 年利息为

$$I_3=1\ 054.72\times 6\%=63.28\text{（万元）}$$

第 4 年利息为

$$I_4=754.72\times 6\%=45.28\text{（万元）}$$

第 5 年利息为

$$I_5=354.72\times 6\%=21.28\text{（万元）}$$

根据公式（4-9），得

$$P_d=(5-1)+\frac{354.72}{440}=4.8\text{(年)}$$

## 二、动态评价指标

一般将考虑了资金时间价值的经济效益评价指标称为动态评价指标。与静态指标相比，动态指标更加注重考察项目在其计算期内各年现金流量的具体情况，因而能更加直观地反映项目的盈利能力，其应用比静态指标更加广泛。在进行项目经济评价时，一般以动态评价指标作为主要指标，以静态评价指标作为辅助指标。

### （一）净现值

净现值（Net Present Value），用符号 $NPV$ 表示。

1. 净现值的含义及计算

净现值是指把项目计算期内各年的净现金流量，按照一个给定的标准折现率（基准折现率），折算到建设期初的现值之和。

这里的计算期，是指项目的整个寿命期；建设期初，是指项目计算期第一年年初，也就是现金流量图中的“0 点”。

净现值是考察项目在计算期内盈利能力的主要动态指标。

$$NPV=\sum_{t=0}^{n}(CI-CO)_t(1+i_c)^{-t} \tag{4-10}$$

式中　$NPV$——净现值；

$(CI-CO)_t$——第 $t$ 年的净现金流量；

$i_c$——标准折现率；

$n$——项目的计算期。

2. 净现值的经济含义

经济含义：净现值刚好等于项目在生产经营期内所获得的净收益的现值。

假设有一个小型项目，初始投资为10 000元，项目寿命期为1年，到期可获得12 000元。如果设定基准收效率为8%，根据净现值的计算公式，可以求出该项目到期收益的净现值为11 111元$\left(\frac{12\ 000}{1+8\%}=11\ 111\right)$，此时比初始投资10 000增加了1 111元（11 111−10 000=1 111）。

这就是说，只要投资者能在资本市场或从银行以8%的利率筹措到资金，那么该项目的初始投资即使再增加1 111元，还可以做到不盈不亏，在经济上还是可行的。

换一个角度讲，如果投资者能够以8%的利率筹借到10 000元资金，那么一年后，投资者会获得1 200元（12 000−10 800=1 200）的期末净收益，也可以称为利润，这1 200元的利润的现值恰好是1 111元$\left(\frac{1\ 200}{1+8\%}=1\ 111\right)$。

3. 净现值的判别标准

根据公式计算出 $NPV$ 后，其结果不外乎有三种情况：$NPV>0$；$NPV=0$；$NPV<0$。在用于投资方案有经济评价时，其判别标准如下：

$NPV>0$：说明方案可行。

这种情况说明投资方案实施后的投资收益水平，不仅能够达到标准折现率的水平，而且还会有盈余。即项目的盈利能力超过其投资收益期望水平。

$NPV=0$：说明可以考虑接受。

因为这种情况说明投资方案实施后的投资水平恰好等于标准折现率。即其盈利能力达到所期望的最低财务盈利水平。

$NPV<0$：说明不可行。

说明投资方案实施后的投资收益水平达不到标准折现率。即盈利水平比较低，甚至有可能出现亏损。

注意：方案是否可行是与预先给定的标准折现率相比。某个方案是盈利的，但如果标准折现率定得很高，即使盈利也达不到标准折现率的水平，方案也可能被判断为不可行。标准折现率水平定的高或低，同样的方案可能会出现可行或不可行的情况。

**【例4-6】** 某项目的各年现金流量见表4-6，试用净现值指标判断项目的经济性（$i_c=15\%$）。

**表4-6**　　**某项目的现金流量表**　　单位：万元

| 年　序 | 0 | 1 | 2 | 3 | 4～19 | 20 |
|---|---|---|---|---|---|---|
| 投资支出 | 40 | 10 | — | — | — | — |
| 经营成本 | — | — | 17 | 17 | 17 | 17 |
| 收入 | — | — | 25 | 25 | 30 | 50 |
| 净现金流量 | −40 | −10 | 8 | 8 | 13 | 33 |

**解** 利用公式（4-10），将表中各年净现金流量代入，得

$$\begin{aligned}NPV &= -40-10(P/F,15\%,1)+8(P/F,15\%,2)+8(P/F,15\%,3)\\&\quad +13(P/A,15\%,16)(P/F,15\%,3)+33(P/F,15\%,20)\\&= -40-10\times 0.8696+8\times 0.7561+8\times 0.6575+13\times 5.954\\&\quad \times 0.6575+33\times 0.0611\\&= 15.52(\text{万元})\end{aligned}$$

$NPV>0$，说明项目在经济效果上是可以接受的。

4. 净现值与折现率的关系

对于具有常规现金流量（在计算期内，方案的净现金流量序列的符号只改变一次的现金流量）的投资方案，其净现金流量的大小与折现率的高低有直接的关系。比如说，如果已知某投资方案各年的净现金流量，则该方案的净现值的大小就完全取决于所选用的折现率。折现率越大，净现值就越小；折现率越小，净现值就越大。

随着折现率的逐渐增大，净现值将由大变小，由正变负，如图 4-2 所示。

从图 4-2 中可以发现，$NPV$ 随着 $i$ 的增大而减小，在 $i^*$ 处，曲线与横轴相交，说明如果选定 $i^*$ 为折现率，则 $NPV$ 恰好等于零。在 $i^*$ 的左边，即 $i<i^*$ 时，$NPV>0$；在 $i^*$ 的右边，即 $i>i^*$ 时，$NPV<0$。由于 $NPV=0$ 是净现值准则的一个分水岭，因此可以说，$i^*$ 是折现率的一个临界值，将它称为内部收益率，这部分内容将在以后介绍。

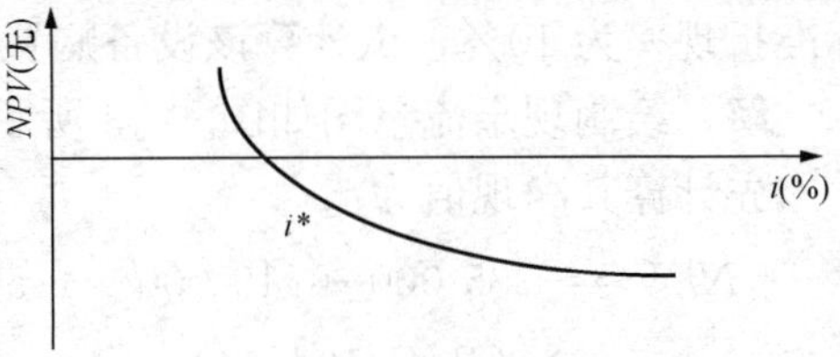

图 4-2 净现值与折现率的关系

5. 标准折现率

在 $NPV$ 的表达式中，有一个重要的概念，这就是标准折现率 $i_c$。

标准折现率又称为基准折现率、基准收益率，是企业或行业投资者以动态的观点确定的，它是可接受的投资方案的最低收益水平。其本质上体现了投资者或决策者对建设项目资金时间价值的判断，和对项目风险程度的估计。它代表了项目投资应获得的最低财务盈利水平，既是衡量投资方案是否可行的标准，也是评价和判断投资方案在财力上是否可行和进行方案比选的主要依据，标准折现率是一个非常重要的经济参数。

它的数值合理与否，对投资方案的评价结果有直接的影响。定得过高或过低都会导致决策的失误。因为如果标准折现率定得过高，由于存在资金时间价值，会导致现值之和变小，从而使一些经济效益不错的方案被拒绝；而如果定得过低，又会使现值变大，导致经济效益不好的投资方案也可能被接受，造成不该有的损失。

标准折现率的确定一般以行业的平均收益率为基础，同时综合考虑资金成本、投资风险、通货膨胀以及资金限制等影响因素。对于国家投资项目，进行经济评价时使用的标准折现率是由国家组织测定并发布的行业基准收益率，非国家投资项目可以参考行业基准收益率，由投资者自选确定。

对净现值指标的评价如下。

优点：（1）考虑了资金的时间价值，并全面考虑了项目在整个寿命期内的经济状况。

（2）经济意义直观明确，能直接以货币额表示项目的净收益。

（3）能直接说明投资额与成本的关系。

缺点：（1）必须先确定一个符合经济现实的基准收益率，而基准收益率的确定往往比较

困难。

(2) 不能直接说明在项目运营期间各年的经营成果。

(3) 不能真正反映项目在投资中单位投资的使用效率（没有考虑投资额的大小，只考虑最终的净收益）。

（二）净现值率

净现值指标没有考虑投资额的大小，因而不能直接反映资金的使用效率。为了考察资金的利用效率，通常采用净现值率作为净现值的辅助指标。

净现值率（*NPVR*），是项目的净现值与投资总额现值的比值。

经济含义：单位投资现值所能带来的净现值，是考察项目单位投资能力的指标。

$$NPVR = \frac{NPV}{K_p} \tag{4-11}$$

式中 $K_p$——全部投资的现值之和。

**【例 4-7】** 某企业拟购买一台设备，其购置费用为 35 000 元，使用寿命为 4 年，第 4 年末的残值为 3 000 元。在使用期内，每年的收入为 19 000 元，经营成本为 6 500 元。若给出标准折现率为 10%，试计算该设备购置方案的净现值率。

**解** 绘制现金流量图如图 4-3 所示。

先计算其净现值为

$$NPV = -35\,000 + (19\,000 - 6\,500)(P/A,10\%,3) + (19\,000 - 6\,500 + 3\,000) \times (P/F,10\%,4)$$
$$= -35\,000 + 31\,086.25 + 10\,586.5 = 6\,672.75(元)$$

根据净现值率的公式计算为

$$NPVR = NPV/K_p = 6\,672.75/35\,000 = 0.190\,7$$

净现值率的适用范围：主要用于对多个独立方案进行比选时的优劣排序。

（三）净年值

1. 概念及计算

净年值，常称为年值，用 *NAV* 表示，是指通过资金时间价值的计算，将项目的净现值换算为项目计算期内各年的等额年金。它是考察项目投资盈利能力的指标。

$$NAV = NPV(A/P,i,n) = \sum_{t=0}^{n}(CI-CO)_t(1+i_c)^{-t}(A/P,i,n) \tag{4-12}$$

式中 $(A/P, i, n)$——资金回收系数。

其现金流量图如图 4-4 所示。

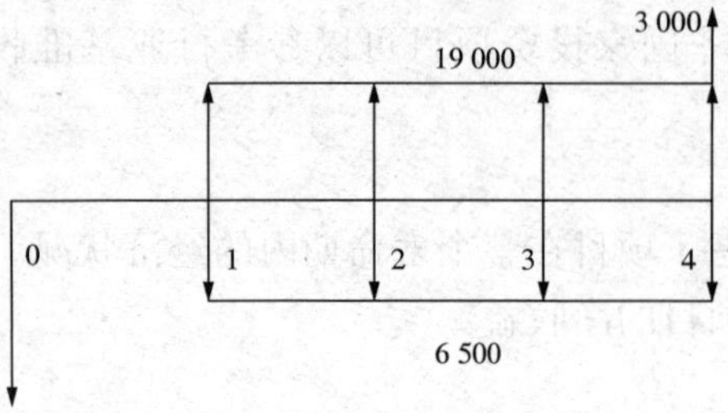


图 4-3 设备购置方案的现金流量图

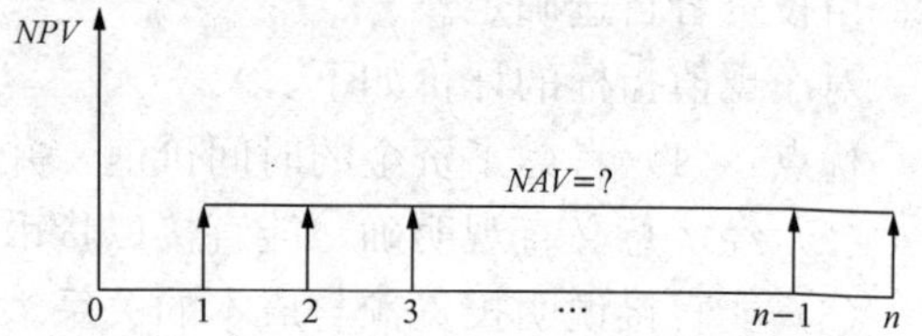


图 4-4 净年值与净现值的现金流量关系

从 $NAV$ 的表达式可以看出，$NAV$ 实际上是 $NPV$ 的等价指标。对于单个投资方案来讲，用净年值进行评价和用净现值进行评价，其结论是一样的。

2. 净年值的评价准则

$NAV \geqslant 0$：方案可以考虑接受。

$NAV < 0$：方案不可行。

**【例 4-8】** 利用［例 4-7］中的资料，用净年值指标分析投资的可行性。

**解**

$$
\begin{aligned}
NAV &= -35\,000(A/P,10\%,4)+19\,000-6\,500+3\,000(A/F,10\%,4)\\
&= -35\,000\times 0.315\,5+12\,500+3\,000\times 0.215\,5\\
&= -11\,042.5+12\,500+646.5=2\,104(\text{元})
\end{aligned}
$$

由于 $NAV=2\,104>0$，所以该投资是可行的。

3. 对净年值的评价

净年值指标主要用于寿命期不同的多方案评价与比较，特别是寿命周期相差较大，或寿命周期的最小公倍数较大时的多方案评价与比较。

（四）净终值

1. 概念及计算

净终值，也称终值，用 $NFV$ 表示，是指通过资金时间价值的计算，将项目的净现金流量换算为项目计算期未来某一时点终值的代数和。

$$
NFV = NPV(F/P,i,n) = \sum_{t=0}^{n}(CI-CO)_t(1+i_c)^{-t}(F/P,i,n) \tag{4-13}
$$

2. 净终值的评价准则

$NFV \geqslant 0$：方案可以考虑接受。

$NFV < 0$：方案不可行。

用净现值、净年值、净终值进行方案的评价和比较，其结果是一致的。因为三者是成比例的，它们在本质上一样，区别仅在于计算的基准时间不同，即计算的时点不同。

但是在实际应用中，人们常使用净现值和净年值，净终值不用或很少用。

（五）内部收益率

1. 概念及计算

内部收益率（$IRR$），又称为内部报酬率，是指项目在整个计算期内各年净现金流量的现值之和等于零时的折现率，也就是项目的净现值等于零时的折现率。

$$
\sum_{t=0}^{n}(CI-CO)_t(1+IRR)^{-t}=0 \tag{4-14}
$$

2. 判别准则

根据净现值与折现率的关系，以及净现值指标在方案评价时的判别标准，可以很容易地导出用内部收益率指标评价投资方案的判别标准：

$IRR > i_c$，$NPV > 0$：方案可以考虑接受。

$IRR = i_c$，$NPV = 0$：方案可以考虑接受。

$IRR < i_c$，$NPV < 0$：方案不可行。

3. 计算步骤

从表达式可以看出，内部收益率的计算是求解一个一元多次方程的过程。要想精确地计算求出方程的解，即求出内部收益率，是一件非常困难的事情。因此在实际应用中，一般是采用一种称为线性插值试算法的近似方法来求得内部收益率的近似解。

（1）首先根据经验，选定一个适当的折现率 $i_0$。

（2）根据方案的现金流量情况，利用选定的折现率 $i_0$，求出方案的净现值 $NPV$。

（3）若 $NPV>0$，则适当使 $i_0$ 继续增大；若 $NPV<0$，则适当使 $i_0$ 继续减小。

（4）重复步骤（3），直到找到这样两个折现率 $i_1$ 和 $i_2$，使它们所对应的净现值 $NPV_1>0$，$NPV_2<0$，其中 $i_2-i_1$ 一般不超过 2%～5%。

（5）采用线性插值公式求出内部收益率的近似解，其公式为

$$IRR - i_1 + \frac{NPV_1}{NPV_1+|NPV_2|}(i_2-i_1) \tag{4-15}$$

4. 线性插值公式的推导过程

$IRR$ 的近似计算图如图 4 - 5 所示。

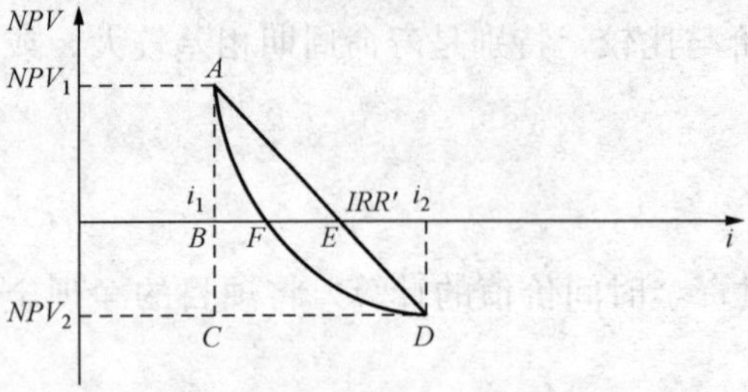


图 4 - 5　$IRR$ 的近似计算图

由图 4 - 5 可以看出，在 $i_1$ 和 $i_2$ 之间，净现值与折现率的关系如弧 $AD$ 所表示，它在 $F$ 处与横轴相交，从而内部收益率为 $IRR$。现在用直线段 $AD$ 近似替代弧 $AD$（在 $i_2-i_1$ 很小时这样做误差不大），然后用几何方法求出 $AD$ 与横轴的交点处的折现率 $IRR'$，用 $IRR'$ 作为 $IRR$ 的近似值。

求 $IRR$ 的方法如下：

根据几何原理：

因为

$$\triangle ABE \backsim \triangle ACD$$

所以

$$\frac{AB}{AC}=\frac{BE}{CD}$$

$$\frac{NPV_1}{NPV_1+NPV_2}=\frac{IRR'-i_1}{i_2-i_1}$$

$$IRR'-i_1=\frac{NPV_1}{NPV_1+NPV_2}=\times(i_2-i_1)$$

所以　　$IRR'=i_1+NPV_1/(NPV_1+NPV_2)\times(i_2-i_1)$

注意：真实的内部收益率要小于测算出的内部收益率。

**【例 4 - 9】**　某项目的净现金流量情况见表 4 - 7，当基准收益率 $i_c=12\%$时，试用内部收益率法判断该项目的经济性。

**表 4 - 7**　　**某项目的净现金流量表**　　单位：万元

| 年　序 | 0 | 1 | 2 | 3 | 4 | 5 |
|---|---|---|---|---|---|---|
| 净现金流量 | −100 | 20 | 30 | 20 | 40 | 40 |

**解**　此项目的净现值计算公式为

$$NPV=-100+20(P/F,i,1)+30(P/F,i,2)+20(P/F,i,3)$$
$$+40(P/F,i,4)+40(P/F,i,5)$$

设 $i_1=12\%$，$i_2=15\%$，计算相应的 $NPV_1$、$NPV_2$。

$$NPV_1(i_1)=-100+20(P/F,12\%,1)+30(P/F,12\%,2)+20(P/F,12\%,3)+40(P/F,12\%,4)+40(P/F,12\%,5)$$
$$=-100+20\times0.8929+30\times0.7920+20\times0.7118+40\times0.6355+40\times0.5674$$
$$=4.126(万元)$$

$$NPV_2(i_2)=-100+20(P/F,15\%,1)+30(P/F,15\%,2)+20(P/F,15\%,3)+40(P/F,15\%,4)+40(P/F,15\%,5)$$
$$=-100+20\times0.8686+30\times0.7651+20\times0.6575+40\times0.5710+40\times0.4972$$
$$=-4.015(万元)$$

用线性插值公式（4-15）计算 $IRR$

$$IRR=i_1+\frac{NPV_1}{NPV_1+|NPV_2|}(i_2-i_1)$$
$$=12\%+\frac{4.126}{4.126+|-4.015|}(15\%-12\%)=13.5\%$$

因为 $IRR>i_c=12\%$，所以项目在经济效果上是可以接受的。

5. 经济意义

内部收益率是一个特殊的折现率。当项目按这个折现率进行分析评价时，经济寿命期内现金流入现值与现金流出现值相等，项目不盈不亏。当这个折现率大于实际贷款利率时，项目盈利；反之则亏损。

内部收益率是项目全部投资所能获得的实际最大收益率，是项目借入资金利率的临界值。它表明了项目对所占用资金的一种回收能力。它表明了在项目整个计算期内，把尚未回收的资金用内部收益率进行回收，到计算期末资金恰好全部回收。

假设一个项目的全部投资均来自借入资金，从理论上讲，若借入资金的利率 $i<$ 内部收益率 $IRR$，则项目会有盈利；若 $i>IRR$，则项目就会亏损；若 $i=IRR$，则由项目全部投资所得的净收益刚好用于偿还借入资金的本金和利息。

这样一个偿还的过程只与项目的某些内部因素有关，如借入资金、各年的净收益，以及由于存在资金的时间价值而产生的资金的增值率。反映的是发生在内部的资金的盈利情况，而与项目之外的外界因素无关。

6. 内部收益率的优点和不足

优点：(1) 考虑了资金的时间价值以及在项目整个寿命期内的经济状况。

(2) 能够直接衡量项目的真正的投资收益率。

(3) 不需要事先确定一个基准收益率，而只需要知道基准收益率的大致范围即可。

缺点：(1) 需要大量的与投资项目有关的数据，计算比较麻烦。

(2) 对于具有非常规现金流量的项目来讲，其内部收益率往往不是唯一的，在某些情况下甚至不存在。

(3) 只反映了未回收资金的收益率，不能反映全部投资的收益率。

7. 关于内部收益率的几点说明

(1) 采用线性插值法计算内部收益率，只适用于具有常规现金流量的投资方案。对于具有非常规现金流量的方案，由于其内部收益率的存在可以不是唯一的，因此这种方法就不太适用。

(2) 在计算中所得到的内部收益率的精确度，与 $(i_2-i_1)$ 的大小有关。$i_2$ 与 $i_1$ 之间的差距越小，则计算结果就越精确；反之，结果误差就越大。

(3) 如果方案的现金流量比较简单，投资 $K$ 在建设期初一次性投入，在计算期内各年有等额的净收益 $R$，即现金流量图如图 4-6 所示。

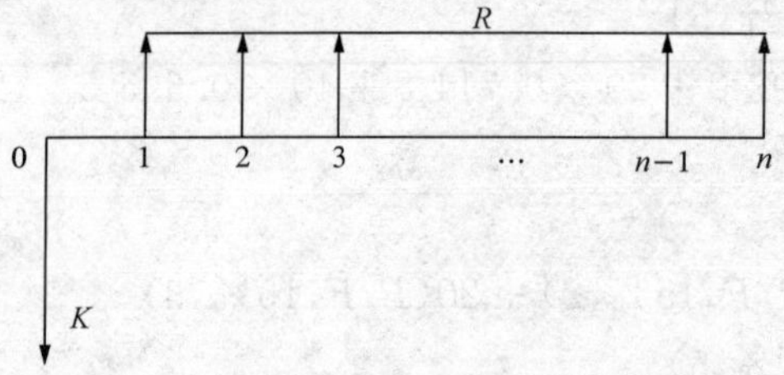


图 4-6 IRR 的简单现金流量计算图

此时 $NPV=-K+R(P/A,i_c,n)=0$，则 $IRR$ 的计算比较简单，可按下述步骤进行：

第一步：计算年金现值系数。

$$(P/A,\ i_c,\ n)=\text{初始投资}\ K/\text{年金}\ R$$

第二步：查年金现值系数，找到与上述年金现值系数相邻的两个系数。

$(P/A,\ i_1,\ n)$ 和 $(P/A,\ i_2,\ n)$ 以及对应的 $i_1$ 和 $i_2$。

第三步：用插值法计算 $IRR$。

$$\frac{IRR-i_1}{i_2-i_1}=\frac{\frac{K}{R}-(P/A,i_1,n)}{(P/A,i_2,n)-(P/A,i_1,n)}$$

（六）动态投资回收期 $P_t'$

1. 概念及计算

动态投资回收期是指在考虑资金时间价值的基础上，按照给定的利率收回全部投资所需的时间。它是针对静态投资回收期的不足，考虑资金的时间价值，用动态投资回收期对技术方案进行比选的指标。

$$\sum_{t=0}^{P_t'}(CI-CO)_t(1+i_c)^{-t}=0 \tag{4-16}$$

式中 $P_t'$——动态投资回收期。

采用公式（4-16）比较复杂，因此在实际应用中往往根据现金流量表，用下列近似公式计算

$$P_t'=\text{累计净现金流量现值开始出现正值的年份}-1+\frac{\text{上一年累计净现金流量现值的绝对值}}{\text{当年净现金流量现值}} \tag{4-17}$$

2. 判别标准

$P_t'>n$，动态投资回收期超过方案的寿命期，不可行。

$P_t'\leqslant n$，动态投资回收期小于方案的寿命期，可以接受。

**【例 4-10】** 试用表 4-8 的数据，计算项目的动态投资回收期，设 $i_c=10\%$。

**表 4-8** **某项目的相关数据表** 单位：万元

| 年　序 | 0 | 1 | 2 | 3 | 4 | 5 | 6 |
|---|---|---|---|---|---|---|---|
| 投　资 | 100 | 500 | 60 | — | — | — | — |
| 经营成本 | — | — | — | 220 | 350 | 350 | 350 |
| 销售收入 | — | — | — | 400 | 800 | 800 | 800 |

续表

| 年 序 | 0 | 1 | 2 | 3 | 4 | 5 | 6 |
|---|---|---|---|---|---|---|---|
| 净现金流量 | −100 | −500 | −60 | 180 | 450 | 450 | 450 |
| 折现系数 | 1 | 0.909 1 | 0.826 4 | 0.751 3 | 0.683 0 | 0.620 9 | 0.564 5 |
| 净现金流量现值 | −100 | −454.6 | −49.6 | 135.2 | 307.4 | 279.4 | 254.0 |
| 累计净现金流量现值 | −100 | −554.6 | −604.2 | −469.0 | −161.6 | 117.8 | 371.8 |

**解** 根据公式（4-17），得

$$P'_t = 5 - 1 + \frac{|-161.6|}{279.4} = 4.58(\text{年})$$

由于复利计算的结果，动态投资回收期要大于静态投资回收期。在投资回收期不长及折现率不大的情况下，两者的结果相差不大。除非静态投资回收期很长时，才计算动态投资回收期，避免大的误差。

3. 评价

动态投资回收期是考察项目在财务上投资的实际回收能力的动态指标。它反映了等值回收，而不是等额回收，更具有实际意义。

（七）单方案评价的总结

单方案检验是指对某个初步选定的投资方案，根据项目收益与费用的情况，通过计算其经济评价指标，确定项目的可行性。单方案检验的方法比较简单，其主要步骤为：

（1）确定项目的现金流量情况，编制项目现金流量表或绘制现金流量图。

（2）根据公式计算项目的经济评价指标，如 $NPV$、$NAV$、$IRR$、$P_t$ 等。

（3）根据计算出的指标及相对应的判别标准，如 $NPV \geqslant 0$，$NAV \geqslant 0$，$IRR \geqslant i_c$，$P_t \leqslant P_c$ 来确定项目的可行性。

## 第四节 多方案比选

建设项目投资方案经济效益可分为两个基本内容：单方案检验与多方案比选。单方案检验的基本内容在前面已经讲过，本章主要介绍多方案比选的有关内容。

多方案比选的基本内容是指对根据实际情况所提出的多个备选方案，通过选择适当的经济评价方法和指标，来对各个方案的经济效益进行比较，最终选择出具有最佳投资效果的方案。

在多个方案的比较和选择中，可以从多个可以相互替代又相互排斥的方案中选择最优；也可以在有限的资源中选择一个方案，使资源发挥最大的效益。

多方案比选的实质是：通过对绝对经济评价指标的计算从中选择最优，所以多方案评价也称为相对经济效果的评价。即只计算各方案的不同部分，而对它们的相同部分不作评价。

### 一、方案类型和方案组合

在投资决策过程中，经常会面临多个投资方案的选择问题。比如说对拟建项目所需的机器设备，既可以考虑采用自有资金购买，也可以考虑采用贷款购买，还可以考虑采用租赁的方式。哪种方式更经济、成本费用更低，需要做出决策。比如现在面临着三个投资机会：它们分别需要资金 50 万元、80 万元、40 万元，而能筹措到的资金只有 100 万元，虽然这三个投资机会都可行，都有较好的经济效益，但限于资金的限制，只能选择其中一个或两个投资方案为最佳目标。诸如此类的问题还有许多，如何解决这些问题都属于多方案比选的范畴。

与单方案检验相比，多方案的比选要复杂得多，所涉及的影响因素、评价方法以及要考虑的问题都要多得多，归纳起来，主要有四个方面。

1. 备选方案的筛选，剔除不可行方案

因为不可行方案是没有资格参加方案比选的。

2. 进行方案比选时所考虑的因素

多方案比选可按方案的全部因素计算多个方案的全部经济效益与费用，进行全面的分析对比；也可以仅就各个方案的不同因素计算其相对经济效益和费用，进行局部的分析对比。另外还要注意各个方案间的可比性，要遵循效益与费用计算口径一致的原则。

3. 各个方案的结构类型

对于不同结构类型的方案，要选用不同的比较方法和评价指标，考察的结构类型所涉及的因素有：方案的计算期是否相同；方案所需的资金来源是否有限制；方案的投资额是否相差过大。

4. 备选方案间的关系

一般来讲，方案之间存在三种关系：互斥关系、独立关系、相关关系。

下面详细讲一下方案间的关系。

（一）互斥方案

互斥关系是指各个方案之间存在着互不相容、互相排斥的关系。

进行方案比选时，在多个备选方案中只能选择一个，其余的必须全部放弃，不能同时存在。

如对某块土地加以利用的可行性方案有三个：建厂房、建商品房、建停车场。这时，它们彼此之间呈现相互排斥的关系。又如具有同样性能的两种机器 A、B，只要安装一台就够用时，A、B 两种机器的投资方案就成为互相排斥的。

互斥方案具有排他性，它的效果不能叠加。

（二）独立方案

独立方案是指各个投资方案的现金流量是独立的，不具有相关性。

其中任何一个方案的采用和它本身自己的可行性有关，而与其他方案是否采用没有关系。

如某人手中有一笔现金，获得利息的方式有：银行的定期存款、购买股票、购买国库券等，可以按其意图任意组合其中一种或几种方式，甚至哪个也不选。又如，有 A、B 两个方案，如果它们的效果互不影响，则从中任意选择的可能组合有：只取 A、只取 B、取 A 和 B、A 和 B 都不取。这时，称 A 和 B 两个方案是相互独立的。

独立方不具有排他性，它的效果可以叠加。

（三）相关方案

相关方案也称为混合方案，是指在各个投资方案之间，其中某一个方案的采用会对其他方案的现金流量带来影响，进而会影响到其他方案的采用或拒绝。

这种方案实质上是由若干个投资建议案组成的一种投资机会。单个的投资建议只表明是一种投资的可能性，但不是全部的投资方案。把各种投资建议进行组合，就可以列出全部所有的可能方案。这种由各种投资建议组成的方案之间就构成了互不相容的方案，可以用互斥方案的比选方法进行选择。

如某企业改进加工工艺的投资有 A、B 两个互斥方案，改进搬运部门的投资方案有 C、D 两个互斥方案。而对加工工艺和搬运部门的改进效果，可视为互不干涉，即相互独立的。这时企业面临从混合方案中选择的问题，即从互斥方案和独立方案的混合状态中加以选择。

## 二、互斥方案的比较与选择

互斥方案的比较与选择，就是对互斥方案进行比较，选择最优方案。

选择的方法大体有两种：直接对比法和差额分析法。

1. 直接对比法

将指标直接对比，包括净现值法和净年值法。

投资项目可分为费用型和收益型两类。在费用型互斥方案中选优，应选择现值费用最小的方案；在收益型方案中选优，应选择净现值最大的方案。

2. 差额分析法

差额分析法是对项目的两个方案的对应数额的差额部分作分析，从而比较方案优劣的方法。

差额是指投资大的方案相对于投资小的方案，在初期投资、寿命期、逐年收益、期末残值等方面的差异量。这些差异量构成新的现金流量，称为差额现金流量。把差额现金流量视为一个假设方案，研究其追加投资的经济效果，以判别投资大的方案比投资小的方案的追加投资是否值得。

### （一）计算期相同的互斥方案的选择

1. 净现值法和净年值法

计算各个备选方案的净现值，并比较其大小来判断方案的优劣，是多方案比选中最常用的一种方法。

净现值法的基本步骤如下：

（1）分别计算各个方案的净现值，并用判别准则加以检验，剔除 $NPV<0$ 的方案。

（2）对所有 $NPV\geqslant 0$ 的方案比较其净现值。

（3）根据净现值最大准则，选择净现值最大的方案为最佳方案。

净年值法的基本步骤与净现值法的步骤相同。

**【例 4-11】** 某建设项目有三个设计方案，其寿命均为 10 年，各方案的初始投资和年净收益如表 4-9 所示，单位万元。试选择最佳方案（已知 $i_c=10\%$）。

**表 4-9　某项目的相关数据表**

| 方案＼年序 | 0 | 1～10 |
|---|---|---|
| A | −170 | 44 |
| B | −260 | 59 |
| C | −300 | 68 |

**解** 根据各个方案的现金流量情况。可计算出其 $NPV$ 分别为

$$NPV_A=-170+44(P/A,10\%,10)=100.34(\text{万元})$$

$$NPV_B=-260+59(P/A,10\%,10)=102.53(\text{万元})$$

$$NPV_C=-300+68(P/A,10\%,10)=117.83(\text{万元})$$

由于 $NPV_C$ 最大，因此根据净现值法的结论，以方案 C 为最佳方案。

对上面这个例子，如果采用内部收益率指标来进行比选又会如何呢？下面来计算一下：

根据 $IRR$ 的定义及各方案的现金流量情况，有

$$-170+44(P/A,IRR_A,10)=0,\text{求出 } IRR_A=22.47\%$$

$$-260+59(P/A,IRR_B,10)=0,\text{求出 } IRR_B=18.49\%$$

$$-300+68(P/A,IRR_C,10)=0,\text{求出 } IRR_C=18.52\%$$

可见：$IRR_A>IRR_C>IRR_B$，且 $IRR_A$、$IRR_B$、$IRR_C$均大于 $i_c$。即方案 A 为最佳方案。

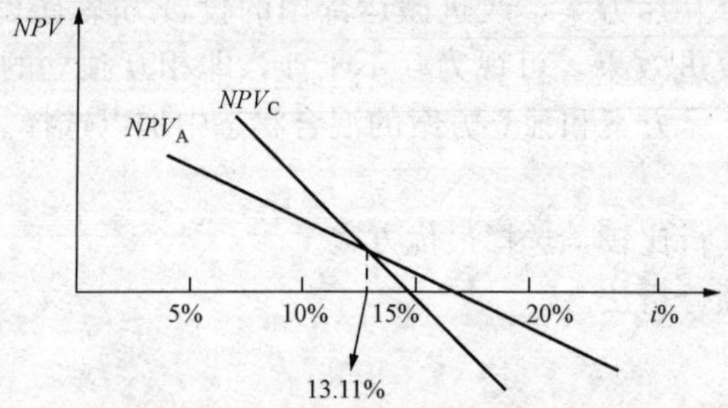


图 4-7　净现值与折现率的关系

这个结论与采用净现值法计算得出的是矛盾的。那么为什么两种方法得出的结论会产生矛盾？究竟哪一个方法正确？这个问题通过图 4-7 来加以说明。

图中两条曲线分别是方案 A 和方案 C 的净现值函数曲线，由两条曲线的形状可以看出，两条曲线在 $i=13.11\%$处相交。当折现率小于 13.11%时，$NPV_C>NPV_A$；当折现率大于 13.11%时，$NPV_A>NPV_C$。也就是说，当取定的标准折现率 $i_c$ 大于 13.11%时，采用净现值指标与采用内部收益率指标，对方案进行比选时得出的结论相同；当取定的标准折现率小于 13.11%时，两种方法会得出相反的结论。产生这种现象的根本原因在于净现值与内部收益率这两个评价指标的经济含义有所不同。

净现值的经济含义十分明确，比如说对一个投资方案来讲，假若其 $NPV=0$，则表明该方案的净收益刚好抵付用标准折现率所计算的利息，也即方案的盈利水平恰好等于所选用的标准折现率，换句话讲，该方案的净现金流量所具有的机会收益恰好等于计算净现值时所选用的标准折现率。

而内部收益率则是表明了投资方案所能承受的最高收益率，或最高资金成本。根据标准折现率的经济含义，它代表的是项目投资收益的期望水平，是项目投资的资金机会成本。

因此采用净现值最大准则作为方案比选的决策依据，可以达到总投资收益最大化，是符合方案比选的基本目标的。而内部收益率并未考虑真正的资金机会成本，其决策结果与资金机会成本无关，这样就难免保证比选结论的正确性。

总结：互斥方案的比选，实质上是分析投资大的方案所增加的投资能否用其增量收益来补偿，就是对增量的现金流量的经济合理性做出判断。因此可以通过计算增量净现金流量的内部收益率，即差额内部收益率来比选方案，这样就能保证方案比选结论的正确性。

2. 差额内部收益率法

$$\sum_{t=0}^{n}[(CI-CO)_2-(CI-CO)_1](1+\Delta IRR)^{-t}=0 \tag{4-18}$$

式中　$\Delta IRR$——差额内部收益率。

(1) 计算步骤。

1) 计算各方案的 $IRR$。

2) 将 $IRR\geqslant i_c$ 的方案按投资额由小到大依次排列。

3) 计算排在最前面的两个方案的差额内部收益率 $\Delta IRR$。若 $\Delta IRR\geqslant i_c$，则说明投资大的方案优于投资小的方案，保留投资大的方案；反之，若 $\Delta IRR\leqslant i_c$，则保留投资小的方案。

4) 将保留的较优方案依次与相邻方案两两对比，直到全部方案比较完毕，则最后保留的方案就是最优方案。

(2) 计算时应该注意的问题。

1) 采用此方法前，应该先对备选方案进行单方案检验，只有可行的方案才能作为比较的对象。即 $IRR_C > i_c$ 的方案才能进行增额的比较。

2）差额内部收益率只能说明增加投资部分的经济合理性，即 $\Delta IRR_C > i_c$，只能说明增量投资部分是有效的，并不能说明全部投资的效果。

**【例 4-12】** 在［例 4-11］中，如果用差额内部收益率进行方案的比选，问应该选择哪个方案？

**解** 由于三个方案的 $IRR$ 均大于 $i_c$，将它们按投资额大小排列为：A→B→C。先对方案 A 和 B 进行比较。

根据差额内部收益率的计算公式，有

$$-(260-170)+(59-44)(P/A,\Delta IRR_{B-A},10)=0$$

求出

$$\Delta IRR_{B-A}=10.43\%>i_c=10\%$$

故方案 B 优于方案 A，保留方案 B，继续进行比较。

将方案 B 和方案 C 进行比较，有

$$-(300-260)+(68-59)(P/A,\Delta IRR_{C-B},10)=0$$

求出

$$\Delta IRR_{C-B}=18.68\%>i_c=10\%$$

故方案 C 优于方案 B。

最后可得结论：方案 C 为最佳方案。

3. 差额净现值法

互斥方案的评价，除了按差额内部收益率选优外，还可以采用差额净现值 $\Delta NPV$ 进行比较。

用差额净现值指标比较互斥方案的步骤，与用差额内部收益率比较时的前两个步骤相同。然后计算现金流量的差额净现值 $\Delta NPV$。

**【例 4-13】** ［例 4-11］中，如果用差额净现值法进行方案的比选，问应该选择哪个方案？

**解** 方案 A 和方案 B 的现金流量差额现值为

$$\Delta NPV(10\%)_{B-A}=-90+15(P/A,10\%,10)=2.16(\text{万元})$$

故方案 B 优于方案 A，保留方案 B，继续进行比较。

将方案 B 和方案 C 进行比较，有

$$\Delta NPV(10\%)_{C-B}=-40+9(P/A,10\%,10)=15.30(\text{万元})$$

故方案 C 优于方案 B。

最后可得结论：方案 C 为最佳方案。

从以上三和中计算中可以发现，用净现值法、差额内部收益率法、差额净现值法进行方案的比较和选优，所得出的结果是一致的，即它们是等效的。

4. 最小费用法

在经济问题中，会遇到这样一些情况，当多个互斥方案产生的经济效果相同时，仅比较收益无法选择最优方案；或一些涉及环境保护、教育、国防等项目，其效果难以用数字或货币直接具体表示时，因为从现金流量方面不能进行区分，因而也就无法使用净现值法、差额内部收益率法对项目进行经济评价。这时只能假定各种方案的收益是相等的，只对方案的费用进行比较，在效益最大化或费用最小化目标的指导下，选择费用最小的方案作为最优方案。因此这种方法称为最小费用法。最小费用法包括费用现值法和年费用法。

（1）费用现值法。费用现值（*PC*）是指计算出的净现值只包括费用部分，没有收益。

$$PC=\sum_{t=0}^{n}CO_t(1+i_c)^{-t} \tag{4-19}$$

选择标准：以费用现值最小者为最优方案。

**【例 4-14】** 某建设项目有 A、B 两种不同的生产方案，都能满足生产的技术要求。其相关费用支出见表 4-10。试用费用现值法选择最佳方案。已知 $i_c=10\%$。

**表 4-10** **某项目的相关数据表** 单位：万元

| 方案 | 投资额（第 1 年末） | 年经营成本（第 2～10 年） | 寿命期 |
|---|---|---|---|
| A | 600 | 280 | 10 |
| B | 785 | 245 | 10 |

**解** 根据费用现值法的计算公式（4-19），得

$$PC_A=600(P/F,10\%,1)+280(P/A,10\%,9)(P/F,10\%,1)=2\ 011.40(万元)$$

$$PC_B=785(P/F,10\%,1)+245(P/A,10\%,9)(P/F,10\%,1)=1\ 996.34(万元)$$

由于 $PC_A>PC_B$，因此方案 B 为最佳方案。

（2）年费用法。年费用（*AC*），也称费用年值，年费用法是计算各方案的等额年费用并进行比较，以年费用最小的方案作为最佳方案。

$$AC=\sum_{t=0}^{n}CO_t(1+i_c)^{-t}(A/P,i_c,n) \tag{4-20}$$

**【例 4-15】** 以［例 4-14］中的资料，用年费用法比较选择最佳方案。

**解** 根据公式（4-16），得

$$AC=\sum_{t=0}^{n}CO_t(1+i_c)^{-t}(A/P,i_c,n)$$

$$AC_A=2\ 011.40(A/P,10\%,10)=327.46(万元)$$

$$AC_B=1\ 996.32(A/P,10\%,10)=325.00(万元)$$

由于 $AC_A>AC_B$，因此方案 B 为最佳方案。

（3）费用现值与年费用之间的关系。

采用费用现值法与年费用法对方案进行比较选择，其结论是完全一致的。

二者之间的转换关系为

$$PC=AC(P/A,i_c,n)$$

$$AC=PC(A/P,i_c,n)$$

### （二）计算期不相同的互斥方案的选择

对于互斥方案，如果寿命期不相同，就不能采用净现值法等方法进行选择，因为长短不同的寿命期，其净现值会随着寿命期的变化而不同，项目之间不具有可比性。为了满足时间上可比的要求，需要对各方案的计算期和计算公式进行调整，使各方案在相同的寿命期条件下进行比较。

#### 1. 年值法

年值（*AW*）法是对寿命期不同的互斥方案进行比较时常用的一种最简单的方法。

$$AW = \sum_{t=0}^{n}[(CI-CO)_2-(CI-CO)_1](A/P,i_c,n)$$
$$=NPV(A/P,i_c,n) \qquad (4-21)$$

它首先计算各方案现金流量的等额年值，然后进行比较。以 $AW \geqslant 0$，并且 $AW$ 最大者为最佳方案。

**【例 4-16】** 某建设项目有 A、B 两个备选方案，其净现金流量情况见表 4-11，在 $i_c=10\%$ 时，用年值法对方案进行比较。

**表 4-11　A、B 两方案的净现金流量**　单位：万元

| 年序 | 1 | 2～5 | 6～9 | 10 |
|---|---|---|---|---|
| A | −300 | 80 | 80 | 100 |
| B | −100 | 50 | — | — |

**解**　首先求出 A、B 两方案的现值

$$NPV_A=-300(P/F,10\%,1)+80(P/A,10\%,8)(P/F,10\%,1)+100(P/F,10\%,10)$$
$$=153.83(\text{万元})$$
$$NPV_B=-100(P/F,10\%,1)+50(P/A,10\%,4)(P/F,10\%,1)=53.18(\text{万元})$$

根据公式（4-21），求出 A、B 两方案的等额年值

$$AW_A=NPV_A(A/P,i_c,n)$$
$$=153.83\times(A/P,10\%,10)=25.04(\text{万元})$$
$$AW_B=NPV_B(A/P,i_c,n)$$
$$=53.18\times(A/P,10\%,5)=14.03(\text{万元})$$

因为 $AW_A>AW_B$，而且 $AW_A$、$AW_B$ 均大于零，所以方案 A 为最佳方案。

2. 最小公倍数法

最小公倍数法也称为重复法。这是以各个备选方案寿命周期的最小公倍数作为方案比较的共同的计算期，并假设方案在这个共同的计算周期内重复进行；然后对方案在这个共同的计算期内对净现金流量进行计算，并进行比较。如有 A、B 两个方案，A 方案的计算期为 5 年，B 方案的计算期为 4 年，则其共同的计算期为 20 年（20 为 4 和 5 的最小公倍数），然后在 20 年中，A 方案重复进行了 4 次，B 方案重复进行了 5 次。这时再计算净现金流量，计算出在共同的计算期内各方案的净现值，选择净现值最大的方案作为最优方案。

**【例 4-17】** 根据［例 4-16］的资料，用最小公倍数法对方案进行比较。

**解**　A 方案的计算期为 10 年，B 方案的计算期为 5 年，其最小公倍数为 10，即共同的计算期为 10 年。

$$NPV_A=153.83(\text{万元})$$
$$NPV_B=-100(P/F,10\%,1)+50(P/A,10\%,4)(P/F,10\%,1)-100(P/F,10\%,6)$$
$$+50(P/A,10\%,4)(P/F,10\%,6)=86.20(\text{万元})$$

其中 B 方案的现金流量图如图 4-8 所示。

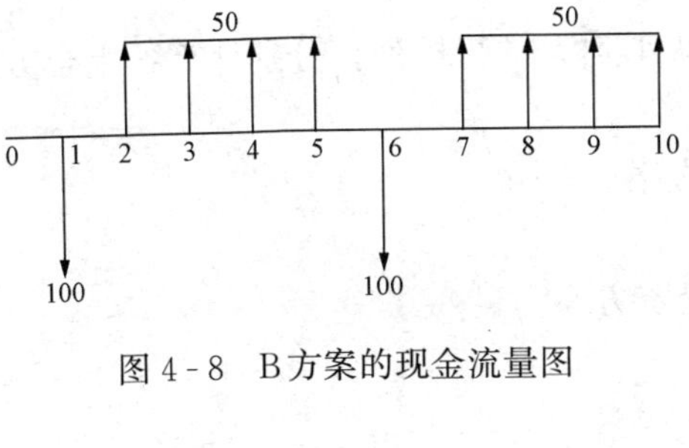

图 4-8　B 方案的现金流量图

由于 $NPV_A>NPV_B$，而且 $NPV_A$、$NPV_B$ 均大于零，所以方案 A 为最佳方案。

## 三、独立方案的比较与选择

独立方案是指现金流量是相互独立的，对于独立方案的比选来说，如果没有资金的限制，其比较选择方法与单个项目的检验方法是一致的，

只要项目本身的 $NPV \geq 0$，则项目就可行。

但如果多个独立方案之间有资金总额的限制，那么其比较选择就发生了变化。例如有A、B、C三个方案，方案之间是独立关系。已知三个方案所需的投资为300万元、200万元和450万元。而且三个方案的净现值分别为150万元、120万元、210万元。如果没有资金的限制，那么这三个方案都可行，都可以付诸实施。但是如果资金不足，资金的使用受到约束，假如只有600万元可供使用的资金，这时三个方案之间的关系就发生了变化。这时必须放弃一些方案，才能接受或选择某些方案。如果要接受方案A和B，就只能放弃方案C，这时方案A、B与方案C之间就成了互斥关系。

这时的方案比选，目标没有发生变化，仍是收益的最大化，但这是有资金限制时的收益最大化。这上的方案比选方法有两种：方案的互斥化和净现值率排序法。

（一）独立方案互斥化法

独立方案互斥化法，是指在有资金限制的情况下，将相互独立的方案组合成投资总额不超过资金限制的组合方案，这样各个组合方案之间的关系就成为互斥关系。此时可以利用互斥方案的比选方法，选择出最佳的组合。

**【例4-18】** 有A、B、C三个独立的方案，其净现金流量情况见表4-12。已知总投资额为800万元，$i_c=10\%$，试做出最佳的投资选择。

**表4-12　A、B、C三方案的净现金流量　单位：万元**

| 年　序 | 1 | 2～10 | 11 |
|---|---|---|---|
| A | −350 | 62 | 80 |
| B | −200 | 39 | 51 |
| C | −420 | 76 | 97 |

**解**　首先计算三个方案的净现值

$$NPV_A = -350(P/F,10\%,1) + 62(P/A,10\%,9)(P/F,10\%,1) + 80(P/F,10\%,11)$$
$$= 34.46(\text{万元})$$

$$NPV_B = -200(P/F,10\%,1) + 39(P/A,10\%,9)(P/F,10\%,1) + 51(P/F,10\%,11)$$
$$= 40.24(\text{万元})$$

$$NPV_C = -420(P/F,10\%,1) + 76(P/A,10\%,9)(P/F,10\%,1) + 97(P/F,10\%,11)$$
$$= 50.05(\text{万元})$$

从单方案比选角度看，A、B、C三个方案的净现值均大于零，三个方案均可行。

但是现在有总投资800万元的限制，而A、B、C三个方案加起来投资总额达到970万元，显然超过了投资的限度，因而三个方案不能同时实施。

此时可以采取独立方案互斥化的方法进行决策。决策步骤为：

（1）先将各方案进行组合，组合后的方案之间具有互斥关系，而且组合方案的投资总额不超过投资限制。

（2）然后将各组合方案按投资额的大小顺序，从小到大进行排列，分别计算各组合方案的净现值。

（3）最后选择净现值最大的组合方案作为最佳方案。

［例4-18］的计算过程见表4-13。

通过计算，方案B+C的组合为最佳投资组合投资方案。

对独立方案互斥化法的评价：

表 4-13　　净现值法比较最佳方案　　单位：万元

| 序号 | 组合方案 | 总投资额 | 净现值 | 序号 | 组合方案 | 总投资额 | 净现值 |
|---|---|---|---|---|---|---|---|
| 1 | B | 200 | 40.24 | 4 | A+B | 550 | 74.70 |
| 2 | A | 350 | 34.46 | 5 | B+C | 620 | 90.32 |
| 3 | C | 420 | 50.05 | 6 | A+C | 770 | 84.54 |

优点：(1) 充分考虑到各种可能的方案组合。

(2) 能保证获得最佳的组合方案。

缺点：(1) 方案组合的数目较多。

(2) 计算繁杂。

(二) 净现值率排序法

净现值率排序法，是指将净现值率大于或等于零的方案，按净现值率的大小，从大到小依次排序，并依照这个顺序选择方案，直到选择的方案组合的投资总额最大限度地接近或等于投资的限额。

**【例 4-19】** 根据［例 4-18］的资料，用净现值率排序法做出最佳选择。

**解**　A、B、C 三个方案的净现值率为

$$NPVR_A=\frac{NPV}{K_P}=\frac{34.46}{350(P/F,10\%,1)}=10.83\%$$

$$NPVR_B=\frac{NPV}{K_P}=\frac{40.24}{200(P/F,10\%,1)}=22.13\%$$

$$NPVR_C=\frac{NPV}{K_P}=\frac{50.08}{420(P/F,10\%,1)}=13.12\%$$

将各方案按净现值率从大到小的顺序进行排序，见表 4-14。

表 4-14　　三个方案的净现值率排序表　　单位：万元

| 方案 | 净现值率 | 投资额 | 累计投资额 |
|---|---|---|---|
| B | 22.13% | 200 | 200 |
| C | 13.12% | 420 | 620 |
| A | 10.83% | 350 | 970 |

从表 4-14 可知，方案的选择顺序是：B、C、A。由于资金的限额为 800 万元，因此最后的决策为 B+C 组合。

对净现值率排序法的评价：

优点：(1) 计算简便。

(2) 简明扼要。

缺点：(1) 投资方案不可分，利用不充分。

(2) 不一定能保证得到最佳方案组合。

**四、相关方案的比选**

相关方案是指各方案之间的现金流量相互影响，如果接受某一个方案，就会对其他方案的现金流量产生一定的影响，进而会影响到对其他方案的接受。

对相关方案进行比较选择的方法有多种，这里介绍一种常用的方法——组合互斥方案法。

组合互斥方案的基本步骤为：

（1）首先确定方案之间具有相关性，对相关方案之间现金流量的相互影响性作出判断。

（2）对于现金流量之间具有正方向影响的方案，可以将其看作独立方案；对于现金流量之间具有负方向影响的方案，看作互斥方案。

（3）根据方案之间的关系，把方案组合成互斥组合方案，然后按照互斥方案的评价方法对组合方案进行比选。

**【例 4-20】** 为了满足运输的要求，有关部门分别提出要在某个地区的两地之间新建一个铁路项目和一个公路项目。如果只建一个项目时的现金流量见表 4-15；如果两个项目都建，由于货流分散，对两个项目来说都减少了收益，其净现金流量见表 4-16。当 $i_c=10\%$ 时，应该如何决策？

**表 4-15　只建一个项目时的净现金流量表**

单位：万元

| 方案＼年序 | 0 | 1 | 2 | 3～32 |
|---|---|---|---|---|
| 铁路 A | −200 | −200 | −200 | 100 |
| 公路 B | −100 | −100 | −100 | 60 |

**表 4-16　两个项目都建时的净现金流量表**

单位：万元

| 方案＼年序 | 0 | 1 | 2 | 3～32 |
|---|---|---|---|---|
| 铁路 A | −200 | −200 | −200 | 80 |
| 公路 B | −100 | −100 | −100 | 35 |
| 两个项目合计（A+B） | −300 | −300 | −300 | 115 |

**解**　先将两个相关方案组合成三个互斥方案，再分别计算其净现值。计算结果见表4-17。

**表 4-17　组合后的互斥方案及净现值表**

单位：万元

| 方案＼年序 | 0 | 1 | 2 | 3～32 | *NPV* |
|---|---|---|---|---|---|
| 铁路 A | −200 | −200 | −200 | 100 | 281.65 |
| 公路 B | −100 | −100 | −100 | 35 | 218.73 |
| 两个项目合计（A+B） | −300 | −300 | −300 | 115 | 149.80 |

根据净现值最大的评价标准，在三个互斥方案中

$$NPV_A > NPV_B > NPV_{A+B}$$

所以方案 A，即只建设铁路为最优方案。

## 思考及练习题

4-1　净现值的概念及经济意义是什么？

4-2　内部收益率的经济含义是什么？

4-3　简述投资回收期指标的优、缺点及适用范围。

4-4　基准折现率的含义及对净现值的影响是什么？

4-5　论述静态指标与动态指标之间的区别。

4-6　论述动态评价指标之间的关系。

4-7　某项目现金流量见表 4-18，如果基准收益率为 12%。试用内部收益率判断该项

目是否可行。

表 4-18　现 金 流 量 表　单位：万元

| 年　末 | 0 | 1 | 2 | 3 | 4 | 5 |
|---|---|---|---|---|---|---|
| 净现金流量 | −200 | 40 | 50 | 60 | 70 | 80 |

4-8　某项目的现金流量图如图 4-9 所示，单位万元。已知 $i=10\%$，试用 $NPV$ 评价方案的经济可行性。

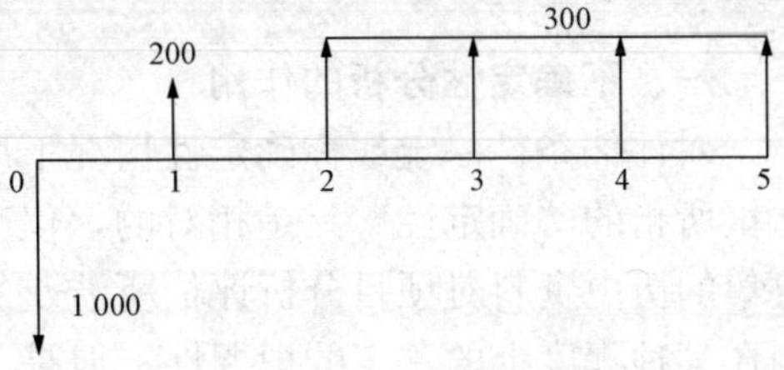


图 4-9　某项目的现金流量图

4-9　某方案的年净现金流量见表 4-19，基准折现率为 10%，基准回收期为 5 年。试判别该方案的可行性。

表 4-19　某方案的年净现金流量表　单位：万元

| 年　序 | 1 | 2 | 3 | 4 | 5 | 6 |
|---|---|---|---|---|---|---|
| 年净现金流量 | −100 | 20 | 30 | 60 | 60 | 60 |
| 年净现金流量现值 | | | | | | |
| 年净现金流量现值累计值 | | | | | | |

4-10　现有两个互斥方案 A、B，其相关数据见表 4-20，设 $i_c=10\%$。试比较选择最佳方案。

4-11　某企业为满足生产需要，需要购置设备，可供选择的两种设备的有关资料见表 4-21，已知基准率为 10%。要求在以下两种情况下选择应该购置哪种型号的设备。

（1）寿命期为 20 年；

（2）寿命期为 10 年。

表 4-20　互斥方案的相关数据表　单位：万元

| 方案 | 初始投资 | 年净现金流量 | 服务寿命（年） |
|---|---|---|---|
| A | 100 | 50 | 4 |
| B | 200 | 70 | 6 |

表 4-21　备选设备相关数据表　单位：元

| 型号 | 购置费 | 年运行费用 | 残值 |
|---|---|---|---|
| A | 40 000 | 8 000 | 0 |
| B | 65 000 | 6 000 | 3 000 |

扫一扫

拓展资源

# 第五章 不确定性分析和风险分析评价

## 第一节 不确定性分析概述

### 一、不确定性分析的作用

对评估条件一定或称确定性情况下所做的项目财务评价和国民经济评价，必须首先明确这里所指的“确定性”只是相对的，仅表示评估者和决策者在调查研究基础上，根据经验与收集的历史资料对项目分析评估所涉及的一些基础数据和基本指标作的特定假设、估计和预测在某种程度上的一定的把握性。但是，由于要研究的问题是项目建成后未来能产生的经济效益，因此项目评估所估算的数据和指标只是对未来政治、社会、经济和技术发展的一种假设和预测。鉴于客观环境在不断发展变化，项目评估时可能会缺乏足够的信息资料或没有全面考虑到未来可能发生的所有情况，加之人们对客观事物变化的认识始终存在一定的局限性，故在目前的预测和假设与未来的实际情况之间不可避免地会产生误差，也就是说会包含不同程度的风险和不确定性。

为了分析风险和不确定性因素对项目经济评估指标带来的影响，通常需要进行不确定性分析和风险分析。所谓不确定性分析和风险分析是指在对项目进行的企业和国民经济评价中，要分析和研究项目投资、生产成本、销售收入、外汇率、产品价格和寿命期等主要不确定因素或其他风险因素的变化所引起的项目投资收益等各种经济效益指标的变化及其变化的程度，这也被称为不确定性评价或风险评价。不确定性分析考核评价的是项目经受各种风险冲击的能力，目的是要借此证明该项目投资的可行性。

一般地，对项目进行不确定性分析的基本思路是在财务和经济效益分析的基础上，通过估计可能出现的不确定因素来调整预测数据，在容许误差的幅度内进行再分析和再评价。进行不确定分析的根本目的，是要尽量弄清和减少不确定性因素对经济效益评估的影响，避免项目建成投产后不能获得预期的利润或造成亏损的现象发生，提高项目投资决策的科学性和可靠性。

通常，人们往往会混淆不确定性分析与风险分析间的界限。但严格地说来，二者是有所区别的。就不确定性分析而言，其主要侧重于因为情报、资料或经验的不足，对未来情况所做的估计与实际值之间的差异；而风险分析则着重于不确定因素出现的可能性，也即随机（概率）原因所引起的实际值与估计值或预期值之间的差异。其区别就在于一个不知道未来可能发生的结果，或不知道各种结果发生的可能性，由此产生的问题成为不确定性问题；另一个是知道未来可能发生的各种结果的概率，由此产生的问题称为风险问题。例如，在将来某给定年份，项目的成本可能是500、1 500、3 000甚至20 000，若对每一个可能值还能知道其发生的可能性（或者说概率），则对这种情况进行的分析就称为风险分析；若对这些值出现的概率不得而知，则需要运用别的方法进行处理，此时的分析评价，就称为不确定性分析。一般地，人们习惯于把两种情况统一称为不确定性分析，从这个意义上讲，不确定性分析的内容就被大大扩展了，即其通常应该包括盈亏平衡分析、敏感性分析、概率分析和风险分析。在项目评价的时候，一般是先进行盈亏平衡分析，然后再进行敏感性分析，若有必要再进行概率分析。在很多情况下，风险分析是与这三种分析同步进行的，因在此三种分析的过程中，可能会遇到一些不利于项目建设的因素，而这正是项目所要承担的风险。

## 二、产生不确定性因素的原因

根据建设项目的可行性研究和评价工作的实践，各种不确定性因素的存在是不可避免的。通常情况下，产生不确定性的主要原因有以下几个方面。

1. 物价的浮动

在任何一个国家都存在着不同程度的物价变动，由于商品经济造成的市场竞争，通货膨胀造成的价格浮动司空见惯。因此，随着时间的推移，项目评估中所采用的产品价格和原材料价格，以及有关的各项费用和工资等必然会发生相应的变化。

2. 技术装备和生产工艺的创新

随着社会科学技术日新月异的迅速发展，在项目可行性研究和评价阶段拟定的生产工艺和技术方案，有可能在项目建设和实施的过程中发生变更。由此，按照原有技术条件和生产水平估计的项目收入和产品的数量、质量与价格，也将因新技术、新产品、新工艺以及新设备的出现和替代而发生相应的变化。

3. 生产能力的变化

由于知识经济时代，技术革新和改造的步伐加快，往往会导致项目建成投产后或者是远远超过评估分析时预期额定的设计生产能力而节约生产成本；或因种种原因会导致项目建成投产后达不到评估分析时预期额定的设计生产能力，使生产成本上升和销售收入下降等情况的发生，随之将造成各种经济效益指标的改变。

4. 建设资金的不足和建设工期的延长

评价项目时，往往因基础的原始数据选择和估算不准或统计方法的局限性，而忽视了对非定量的无形因素的估计，或过低估算了项目固定资产投资和流动资金；或投资筹集措施不落实，外购生产设备不及时到货等原因，都会使项目建设的工期延长，推迟投产时间，从而引起投资总额、经营成本、销售收入和其他各种收益的变化。

5. 政府的政策和规定发生了变化

由于国内外政治形势和经济发展与体制改革等宏观因素的影响，各级政府的各项经济政策和财务制度的规定会发生必要的改变，尤其在当前我国正处于经济体制转型阶段，许多不可预测和不可控制的因素所发生的变化，也都会给项目的分析评估带来不同程度的不确定性和一定程度的投资风险。

6. 汇率的变更

在开展涉外工程项目时，汇率的变动对各项经济指标会有重要影响，必须认真分析。

此外，除去上述主要原因，还会有许多难以控制的、影响项目经济效果和决策的政治经济风险。例如某些国家经常发生的劳工罢工、市场垄断行为、重大技术突破、政治事件（政变）、国际性金融危机和经济贸易情况的变化（如汇率波动），甚至自然灾害等。由此可见，对项目进行不确定性分析是十分必要的，进行此分析和评价，可以预测项目未来可能承担的风险，进一步确定项目投资在财务上和经济上的可靠程度。

## 三、不确定性分析的基本内容和方法

一般来说，对项目进行不确定性分析，就是要按照建设项目的类型、特点以及该项目对国民经济的影响程度，来确定分析的具体内容和方法。不确定性分析主要包括亏盈平衡分析、敏感性分析、概率分析和风险决策分析。通常在大中型项目的财务评估中只作盈亏平衡分析，而敏感性分析和概率与风险分析则可同时用于财务评估和国民经济评价。当统计数据完整齐备时，可按照项目的特点和实际需要，在条件具备时进行概率分析。当不确定因素发生的概率能够用一定的方法事先予以估计时，对项目效益变动性的分析就变为风险分析。对某些重大关键骨干项目或风险性较大的项目，可由项目评价负责人和决策者提出要求，确定不确定性分析的深度。

**四、对不确定性分析和风险分析的评价**

对项目不确定性进行分析与评价，即是对可行性研究报告中不确定性分析的结果进行评价，以判别不确定性因素对项目产生的影响。

对项目风险分析的评价，是不确定性分析评价的补充和延伸，主要评价的是可行性研究报告符合风险管理要求的程度，在对项目投资活动达到预期效果目标可能存在的各种风险因素进行必要的分析时，要找出项目计算期内可能出现的影响项目生存和发展的关键风险因素，并进行专项的调研和评估，提出规避风险的具体措施和建议。

## 第二节　盈亏平衡分析

**一、盈亏平衡分析概述**

盈亏平衡分析，又称损益平衡分析或量本利分析，它是研究产品产量、生产成本、销售收入（盈利能力）等因素的变化对项目经营过程中盈亏程度的影响，其实质是分析产量、成本和盈利三者之间的平衡关系。它是通过计算项目的盈亏平衡点（也称 *BEP* 点），就项目对市场需求变化的适应能力进行分析（作出反应）的一种方法。

盈亏平衡分析通常是按照建设项目正常生产年份的产品产量或销售量、可变成本、固定成本、产品价格和销售税金等数据来计算盈亏平衡点的。在该点上的销售收入等于生产成本，它标志着该项目不盈不亏的生产经营水平，反映项目在达到一定生产水平时的收益与支出的平衡关系，因此也称为收支平衡点。盈亏平衡点通常用产量（$BEP_Q$）或最低生产能力（$BEP_E$）的利用率（$\eta$ 或 $BEP_R$）表示，也可用最低的销售收入（$BEF_S$）和保本价格（$BEP_P$）来表示。

盈亏平衡点是盈利与亏损的分界点，在盈亏平衡图上表现为成本函数线与收入函数线之间的交点，故也称盈亏临界点或 *BEP* 点。由于销售收入与产品产量、产品成本与产量之间存在着线性的或非线性的函数关系，因此，盈亏平衡分析往往又可以分为线性盈亏平衡分析和非线性盈亏平衡分析。

**二、关于线性盈亏平衡分析的计算和应用**

所谓线性盈亏平衡分析，是指项目投产后正常年份的产量、成本、盈利三者之间的关系均呈线性的函数关系，说明项目的收益和成本都随着产品产量的增减，而按正比例关系呈直线增减的趋势。确定这种线性盈亏平衡点，通常可以采用图解法和数学计算法两种方法。

（一）图解法

在以表示收入与支出的价值量为纵坐标轴、以表示产品产量或销售量的价值量为横坐标轴的图上（参见图 5-1），按照正常年份的产量画出固定成本线（$y=f$）和可变成本线（$y=vx$）；再按公式 $y=f+vx$ 画出总生产成本线；然后按正常年份的生产量、销售量和产品单价画出销售收入线（$y=px$），这两条直线的交点即为盈亏平衡点（*BEP*）。

从盈亏平衡图上可以看出，在平衡点上的总成本与总收入相等，若生产的产量超过平衡点产量，则项目就盈利，反之，若低于此点，则项目就亏损。因此，平衡点越低，达到平衡点的产量和销售收入与成本也就越少，只要生产少量的产品就能达到项目的收支平衡，而且达到设计生产能力时企业盈利就越多。故平衡点的值越小，企业或项目的生命力就越强，项目的盈利机会就会越大，亏损的风险当然就越小。为了达到这个目的，就必须降低产品的固定成本和可变成本，适当提高产品的质量和销售价格。因此，在实际的运营过程中必须十分重视产品生产的科技创新，注意提高企业的经营管理水平。

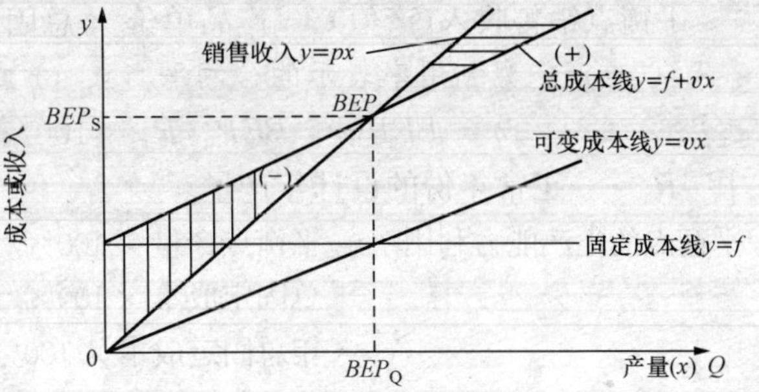


图 5-1　盈亏平衡图

（二）数学计算法

运用数学方法确定盈亏平衡点，通常有如下几个前提条件：

(1) 销售收入是产量的线性函数；

(2) 总成本费用是产量的线性函数；

(3) 产量等于销量。

假如：生产总成本函数式为

$$y_1 = f + vx$$

销售收入的函数式为

$$y_2 = px$$

当 $y_1 = y_2$ 时

$$f + vx = px$$

式中　$y_1$——正常生产年份内生产总成本；

$f$——总固定成本；

$v$——单位产品可变成本；

$y_2$——项目投产后正常年份销售收入；

$p$——单位产品价格；

$x$——正常年份内产品产量。

由此，可以根据盈亏平衡的原理，在平衡点上产品的生产总成本与销售收入相等时，得到以下的数学计算公式。

1. 用实际产量（或销售量）表示的盈亏平衡点（$BEP_x$）

根据平衡点公式 $px = f + vx$，求得平衡点上的最低生产量（或销售量）为

$$BEP_x = f/(p - v)$$

即

$$平衡点产量(销售量) = 总固定成本/(产品单价 - 单位可变成本)$$

2. 用销售收入表示的平衡点（$BEP_S$）

$$BEP_S = p \times BEP_x = p \times f/(p - v)$$

即

平衡点销售收入(产值) = 产品单价 × 总固定成本 /(产品单价 − 单位可变成本)

3. 以生产能力利用率表示的盈亏平衡点（$\eta$ 或 $BEP_R$）

$$\eta = BEP_R = BEP_x / R_x \times 100\% = f / R_x(p - v) \times 100\%$$

式中 $R_x$——正常年份的设计年产量。

平衡点的生产能力利用率 = 平衡点产量 × 100%/ 设计年产量

= 总固定成本 × 100%/(产品单价 − 单位可变成本) × 设计年产量

= 年总固定成本 × 100%/(年销售收入 − 年可变总成本)

4. 以单位产品保本价格表示的盈亏平衡点（$BEP_P$）

由公式 $px = f + vx$ 可以推导出

$$BEP_P = v + \frac{f}{x}（当 x = R_x 时）$$

式中 $x$——产量，在分析售价的盈亏平衡点时，它按设计的年产量计算。

故

$$BEP_P = v + \frac{f}{x}$$

即

平衡点单价（保本价格）＝单位可变成本＋总固定成本/设计年产量＝单位产品成本

从上式中可知，保持企业经营不亏不盈的最低产品销售价格就是产品的单位生产成本，也称保本价格。这里的盈亏平衡价格不但没有盈利，而且也不包括应缴纳的税金。但在实际的具体分析中，就应该按照财税规定考虑销售税金的因素。在这种情况下，上述盈亏平衡点的计算公式就应该改为

$$BEP_x(产量) = f/(p - v - t) = f/[p(1 - t\%) - v]$$

式中 $t$——单位产品的销售税金；

$t\%$——单位产品的销售税率。

$$BEP_S(收入) = p \times BEP_x = p \times f/(p - v - t) = p \times f/[p(1 - t\%) - v]$$

$$\eta = BEP_R(生产能力利用率) = BEP_x \times 100\%/R_x = f \times 100\%/(p - v - t) \times R_x$$

$$= f \times 100\%/[p(1 - t\%) - v] \times R_x$$

= 年固定总成本 × 100%/(年销售收入 − 年可变总成本 − 年销售税金及附加)

$$BEP_P（保本价格）= (f + vx)/[(1 - t\%)x]$$

在衡量项目承担风险能力时还可采用两个安全度指标：

价格安全度 = $(P_0 - P_b) \times 100/P_0$ = (原定销售价格 − 保本价格) × 100%/ 销售价格

产量安全度 = $(Q_r - Q_b) \times 100\%/Q_r$ = (设计年产量 − 平衡点产量) × 100%/ 设计年产量

上述两个安全度指标所反映的是，若其值越大则项目的盈利能力越强，也就越远离亏损而更安全，这说明项目具有一定的承担风险的能力。

（三）线性盈亏平衡分析应用举例

**【例 5-1】** 假定某企业设计年产量为 15 万吨涤纶纤维，其中总固定成本为 1.12 亿元，单位可变成本为 3 000 元/吨，销售单价为 5 000 元/吨。试用实际生产量、生产能力利用率、销售收入和保本价格计算盈亏平衡点。

**解**　按上述公式计算：

(1) 用实际产量表示 $BEP_x$

$$BEP_x = f/(p-v) = 11\ 200/(5\ 000-3\ 000) = 5.6(\text{万吨})$$

说明产量达到 5.6 万吨时，该项目即可保本。

(2) 用销售收入表示 $BEP_S$

$$BEP_S = p \times f/(p-v) = 5\ 000 \times 5.6 = 2.8(\text{亿元})$$

说明当销售收入为 2.8 亿元时，企业即可保本。

(3) 用生产能力利用率表示 $\eta$（即 $BEP_R$）

$$\eta = BEP_R = BEP_x \times 100\%/R_x = 5.6 \times 100\%/15 = 0.37 \times 100\% = 37\%$$

说明当生产能力为设计能力的 37%时，企业即可不亏不盈。

(4) 用销售单价表示 $BEP_P$

$$BEP_P = (f+vx)/R_x = 5.62/15 = 3\ 747(\text{元 / 吨})$$

说明能保本的最低销售价格为 4 333 元/吨。

(5) 计算价格安全度

$$\text{价格安全度} = (P_0 - P_b) \times 100/P_0 = (5\ 000 - 4\ 333) \times 100\%/5\ 000 = 13.34\% \approx 13\%$$

(6) 计算产量安全度

$$\text{产量安全度} = (Q_r - Q_b) \times 100\%/Q_r$$

$$= (15-5.6) \times 100\%/15 = (1-BEP_R) = 1-37\% = 63\%$$

计算结果说明，该企业产量达到 5.6 万吨，生产能力利用率达到设计年产量的 37%，销售收入为 2.8 亿元，每吨售价为 4 333 元时，企业即可保本，不会产生亏损，又因价格安全度为 37%，产量安全度为 63%，因此，该项目具有较好的承担风险的能力。

（四）线性盈亏平衡分析的局限性

尽管运用线性盈亏平衡分析方法有助于考察和检验各种变量因素（如价格、固定与可变成本）的变化对项目收支平衡的影响，但由于在计算盈亏平衡点时所假设的条件，要求项目在整个生产期内的产品组合是单一的或相似的，或是符合产品组合的规定；并要求在正常生产年份内生产成本与销售价格不变，收入必须成为销售量的线性函数；生产量等于销售量等绝对条件的约束和限制。在实际运用时，这些约束条件大多数情况下不可能同时得到全部的满足，这样就给盈亏平衡分析带来了某些不确定性。因此，这种分析方法只能作为对项目进行评估检验的辅助手段，它不过是一种满足了某些假设的前提条件后的不确定性分析。

## 三、非线性盈亏平衡分析的计算和应用

（一）非线性盈亏平衡分析简介

随着生产条件和市场的变化，企业或项目在实际的生产经营和销售过程中，生产成本和销售价格在全部生产期内往往会发生上下波动。因此，产品总成本与产量、销售收入与产量之间不可能总是保持线性的函数关系，而更多的可能性是非线性的函数关系。为此，就需要进行有关非线性的盈亏平衡分析来寻找生产成本、产品价格、产量和利润之间的相互对应关系（联系），以利于提高项目投资的盈利能力，降低投资的风险。

所谓非线性盈亏平衡分析，实际上仍然是关于产量（量）和生产成本（本）盈利（利）之间的相互对应关系（联系）的分析。

出现产品的生产成本和销售收入与产量之间不能保持线性关系的情况，分析起来其主要原因有以下几个方面：

（1）当生产规模扩大到一定限度时，正常价格的原料、燃料、动力就不能保证供应，企业不得不付出较高的代价去购买计划外的较贵原材料和动力，从而会增加变动成本。

（2）扩大生产能力（产量）后，通常不能以正常的（原有的）生产班次来完成生产任务，而需要加班加点，支付工人的加班费等，这会加大工资等劳务费用，由此产生固定成本的增加，或是由于扩大生产引起的拥挤或堵塞而导致生产效率的下降等。

（3）要扩大生产能力，通常需要添置新的设备或对设备进行更新，或因设备超负荷运行而加快磨损，缩短寿命期，从而增加了折旧和维修费用，造成固定成本的上升。

（4）还可能因为项目达到经济规模后会导致产量增加，而使得单位产品的生产成本会有所下降。

（5）因为批量采购带来的资金节约或机械化和自动化生产能力的充分发挥所产生的单位产品成本的下降等。

（6）在产品的销售税率不变的条件下，由于市场需求关系或批量销售折扣等因素的变化，也会使销售净收入与产量不成线性关系。

此外，还有一些其他因素。

（二）非线性盈亏分析的计算

（1）非线性的成本函数与销售收入函数均可用一元二次曲线表示，其表达式通常为

成本函数为

$$C = a + bx + cx^2$$

式中 $a$，$b$，$c$——常数；

$x$——产量。

销售收入函数为

$$S = dx + ex^2$$

式中 $d$，$e$——常数；

$x$——产量。

（2）求盈亏平衡点。其计算式为

$$R = S - C = 0$$

式中 $R$——利润；

$C$——成本；

$S$——收入。

$$a + bx + cx^2 = dx + ex^2$$

$$a + (b-d)x + (c-e)x^2 = 0$$

可以求得

$$x_{1,2} = \frac{-(b-d)}{2(c-e)} \pm \frac{\sqrt{(b-d)^2 - 4a(c-e)}}{2(c-e)}$$

从而可知，生产总成本曲线与销售收入曲线有两个交点，即盈亏平衡点的最低产量小 $x_1$ 点（也称为开门点 $Q_1$）和最高产量 $x_2$ 点（也称为关门点 $Q_2$）（参见图 5-2 所示）。产量只有保持在 $Q_1$ 与 $Q_2$ 之间时才能盈利，如果达不到 $Q_1$ 点或超过 $Q_2$ 点以后就要亏损。

（3）求利润最大时的产量。

在最大利润点上，利润变化率（即边际利润或利润曲线斜率）为零，因此要对利润方程求导，使导数等于零，才可求得产量 $x$。

$$\frac{\mathrm{d}R}{\mathrm{d}x}=\frac{\mathrm{d}(S-C)}{\mathrm{d}x}=\frac{\mathrm{d}[(c-e)x^2+(b-d)x+a]}{\mathrm{d}x}=0$$

$$2(c-e)x+(b-d)=0$$

$$x=\frac{-(b-d)}{2(c-e)}$$

在最低产量 $Q_1$ 和最高产量 $Q_2$ 之间存在着最大利润点，在这个点的左侧，利润率呈上升趋势，在这个点的右侧，利润率呈下降趋势。

（三）非线性盈亏平衡分析的应用举例

**【例 5-2】** 已知一家生产机械设备配件的企业年生产量为 12 000 件，单位产品的销售价格 $P=(100-0.001x)$ 元/件，固定成本为 20 万元，单位产品的变动成本 $y=(0.005x+4)$ 元/件。

试求该企业的盈亏平衡点和最大利润时的配件产量。

**解** （1）列出生产总成本函数和销售收入函数方程式。

1）生产总成本的函数方程式为

$$C=f+vx=200\,000+(0.005x+4)x=0.005x^2+4x+200\,000$$

2）销售收入的函数方程式为

$$S=px=(100-0.001x)x=-0.001x^2+100x$$

（2）求盈亏平衡点（参见图 5-2）

$$\begin{aligned}R=S-C&=-0.001x^2+100x-(0.005x^2+4x+200\,000)\\&=-0.006x^2+96x-200\,000=0\end{aligned}$$

$$x=\frac{96\pm\sqrt{96^2-4\times0.006\times200\,000}}{2\times0.006}=\frac{96\pm66.4}{0.012}$$

即：盈亏平衡点最低时（开门点）的产量为 $x_1=2467$ 件；

而盈亏平衡点最高时（关门点）的产量为 $x_2=13\,533$ 件，如图 5-2 所示。

（3）计算利润最大的产量。

$$\mathrm{d}r/\mathrm{d}z=\mathrm{d}(S-C)/\mathrm{d}x=\mathrm{d}(-0.006x^2+96x-200\,000)/\mathrm{d}x-0.012x+96=0$$

$$x=96/0.012=8\,000(件)$$

代入公式 $R=S-C$ 求得

$$-0.006\times8\,000^2+96\times8\,000-200\,000=-384\,000+768\,000-200\,000=184\,000(元)$$

由此可知，该企业的产量达到 8 000 件时，其利润最多为 184 000 元。

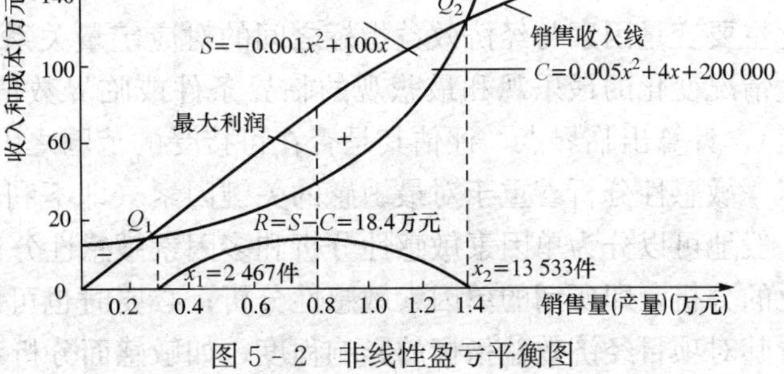


图 5-2　非线性盈亏平衡图

## 四、关于盈亏平衡分析的作用及其评价

由于盈亏平衡分析是对建设项目进行不确定性分析的第一步，其计算便捷，又可以直接对项目最关键的盈利性问题作出初步的分析和判断，因此，是通常情况下较为广泛采用的一

种方法。

此外，通过盈亏平衡分析还可粗略地对项目的一些主要变量因素（如销售价格、生产成本、销售量和销售收入）与利润之间的关系进行分析计算。预先估计出项目对市场需求变化的适应能力，这有助于了解项目可承受的风险程度。实际工作中，经常通过盈亏平衡分析来确定项目的合理经济规模和对项目工艺技术方案进行投资抉择。但要注意的是，应尽量选择盈亏平衡点低的投资方案，以确保项目的盈利能力和经营安全度。

至于对盈亏平衡分析的评价，通常主要是通过对项目投产后正常生产年份的盈亏平衡点（BEP）进行测算，来衡量项目适应生产或销售情况变化的能力，考察项目的风险承受能力，其重点是评价盈亏平衡的计算内容、方法和结果的正确性。

## 第三节 敏感性分析

为了把风险降低，在对项目进行经济评价时，人们除了预测结果，还要对预测结果的可靠性和稳定性进行分析，即如果实际情况与预测情况发生偏差，原来的评价结果是否会变，变化的临界点在哪里。这就需要进行敏感性分析。

敏感性分析是研究和分析项目投资、成本、价格、产量与工期等主要变量发生变化时，对项目经济效益主要指标发生变动所产生影响的敏感程度，用来判断相对于某个项目的指标在其外部条件发生不利变化时的承受能力。敏感性分析侧重于对最敏感的关键因素（即不利因素）及其敏感程度进行单因素和多因素两种情况敏感性的分析检查。本节对单因素和多因素敏感性分析的基本步骤、方法与应用作了详细介绍。

### 一、敏感性分析概述

在经济评价和分析中，经常需要计算的一些指标，因其影响因素很多，例如前面章节中提到的评价指标 NPV（净现值）的计算就受到诸如投资、价格、产量、经营费用、寿命期和折现率等各种因素的影响，而这些因素又因为具有某些不确定性，故在对项目进行经济评价时，必须分析和研究各种因素的变化对指标的影响，以便减少项目的风险性。

所谓敏感性分析就是分析并测定各个因素的变化对指标的影响程度，即研究和分析项目的投资、成本、价格、产量和工期等主要变量发生变化时，导致对评价项目经济效益的主要指标发生变动的敏感程度，借以判断相对于某个项目的指标在其外部条件发生不利变化时的承受能力。

由于项目评价指标通常主要是项目内部收益率、净现值、投资收益率、投资回收期或偿还期等，敏感性分析就是要在诸多不确定因素中，找出对经济效益指标反应敏感的因素，并确定其影响程度，计算出这些因素在一定范围内变化时，有关效益指标变动的数量，从而建立主要变量因素与经济效益指标之间的对应定量关系（变化率）。同时，可预测项目经济效益情况变化的最乐观和最悲观的临界条件或临界数值，求出各因素变化的允许幅度（极限值），计算出临界点，评估其是否在可接受的范围之内。

敏感性分析着重于对最敏感的关键因素（即不利因素）及其敏感程度进行的分析检查。一般地可以分为单因素敏感性分析和多因素敏感性分析两种情况。通常主要进行单个因素变化的分析，即所谓的单因素敏感性分析；必要时也可以分析两个或多个不确定因素的变化，看其对项目经济效益指标的影响程度，如敏感面分析和乐观—悲观分析等。

项目对某种因素的敏感程度，一般可以表示为该因素按一定比例变化时所引起的评估指标的变动幅度（通常用列表表示）；也可表示为评价指标达到临界点（如财务内部收益率等于财务基准收益率；或是经济内部收益率等于社会折现率，即，$i_c=i_0$）时，某个因素允许变化的最大幅度，即极限值。若超过此极限，通常就认为该项目不可行。而此极限值则可通过绘制敏感性分析图或运用数学方法求得。必要时，还须对若干个最为敏感的因素重新进行预测和估算，并作出项目投资风险的估计。

## 二、单因素敏感性分析的基本步骤和方法

在单因素敏感性分析中，通常每次只设定一个因素变化，而考虑其他因素保持不变，这样每次就可以分析出这个因素的变化对指标的影响大小。

进行单因素敏感性分析的基本步骤和方法如下：

（1）首先确定敏感性分析研究的对象，针对不同项目特点和要求、不同研究阶段和实际需要情况，选择最能反映项目经济效益的综合性评估指标（如投资利润率、投资回收期、内部收益率、净现值等），作为具体分析对象。

（2）选用分析和对比的不确定因素。根据建设项目特点选用对经济效益指标有重大影响的主要变量因素。可能发生变化的共同的主要因素一般是产品产量、产品价格、主要原材料价格、外汇牌价、生产总成本费用、可变成本、固定成本、固定资产投资及建设工期等。

（3）计算各变量因素对经济效益指标的影响程度，寻找和分析敏感因素。按预先指定的变化幅度（±10%、±20%），先改变某一个变量因素，而其他各因素暂不变，计算该因素的变化对经济效益指标（如收益率或还本期）的影响数值，并与原方案的指标对比，得出该指标变化的差额幅度（变化率）；然后再选另一个变量因素，同样进行效益指标的变化率计算，必要时可改变多个变量。这样，计算出不同变量对同一效益指标的不同变化率，再进行比较，选择其中变化率最大的变量因素为该项目的敏感因素，变化率小的为不敏感因素。

变化率计算公式为

$$\beta=\left|\frac{\Delta y_j}{\Delta x_i}\right|=\frac{|\text{效果指标变化幅度}|}{|\text{变量因素变化幅度}|}=\frac{y_{j1}-y_{j0}}{\Delta x_i}$$

式中　$y_{j0}$——第 $j$ 个指标原方案的指标值；

$y_{j1}$——第 $j$ 个指标由于变量因素 $x_i$ 变化后所得的效益指标值。

（4）绘制敏感性分析图求出变量变化极限值。作图表示各变量因素的变化规律，可以更直观地反映出各个变量因素的变化对经济效益指标的影响，而且可以求出内部收益率等经济效果指标达到临界点（指财务内部收益率等于财务基准收益率或经济内部收益率等于社会折现率）时，各种变量因素允许变化的最大幅度（极限期）。

绘制敏感性分析图的具体方法是（参见图 5-3）如下：

用纵坐标表示项目投资内部收益率（或回收期等）；用横坐标表示几种不确定变量因素的变化幅度（%），图中按照敏感性分析计算的结果画出各种变量因素的变化曲线，选其中与横坐标相交的角度最大的曲线为敏感性因素变化曲线。同时，在图上还应标出财务基准收益率或社会折现率。从某种因素对全部投资内部收益率的影响曲线与基准收益率或社会折现率线的交点（$f$ 临界点），可以得知该种变量因素允许变化的最大幅度，即该变量盈亏界限的极限变化值。变化幅度超过这个极限值，项目就不可行。如果发生这种极限变化的可能性很大，则表明项目承担的风险很大。因此，这个极限值对于决策十分重要。

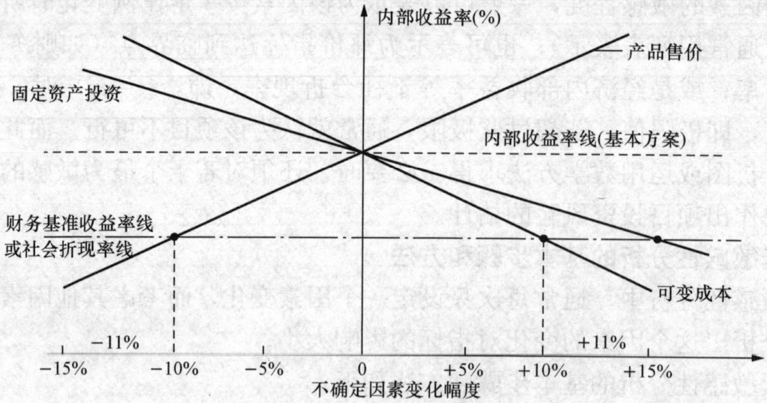


图 5-3 敏感性分析图

确定变量因素盈亏界限的极限变化值（即临界值）的方法，可用下列表达式说明

$$V(x'_{\mathrm{k}})=v_0$$

式中 $v_0$——评估指标 $v$ 的基准值。

例如，评价指标为 $NPV$ 时，则 $v_0=0$；当评价指标为内部收益率时，则 $v_0$ 取基准收益率 $f$ 值等。而 $x'_{\mathrm{k}}$称为变量因素相对变化 $x_{\mathrm{k}}$ 的盈亏界限的极限变化值（临界值）。

上式说明，当评估指标与其评估基准值相等时，对应的变量因素变化幅度允许的极限值即为变量因素盈亏界限的极限变化值（即临界值）。

根据变量因素的变化率（$\beta$）和盈亏界限的极限值（$x'_{\mathrm{k}}$）就可以对投资项目作出风险估计。此估计用公式为

$$R=\frac{|\beta|}{|x'_{\mathrm{k}}|}=\frac{|\text{变化率}|}{|\text{盈亏界限的极限值(临界值)}|}$$

这表明，变量因素变化给评估指标带来的风险取决于评价指标对变量因素变化的敏感性（即变化率大小）和变量的盈亏极限临界值。并由上式可见，项目的风险性与变量因素的敏感性成正比，即变化率（口）大的敏感因素对项目风险影响大；而与变量因素盈亏界限的临界值成反比，即临界值越小的项目其风险性越高。

总之，通过上述程序对评价指标所作的单因素敏感性分析，可使决策者掌握各个因素对指标影响的程度，以便对因素变化进行预测、判断的基础上能够就项目的经济效果作出进一步的判断，或在项目的实施过程中对敏感性因素加以控制，达到减少项目风险的目的。

### 三、单因素敏感性分析实例

#### （一）应用敏感性分析选择敏感因素

**【例 5-3】** 某企业要开一个新项目，生产规模为年产 100 000 吨，预测该产品平均售价为 550 元/吨，估算不含折旧的单位产品生产成本为 350 元/吨（其中固定费用约占 30%），基建投资估算为 6 000 万元，流动资产为销售收入的 25%。建设期为 2 年，使用寿命期为 5 年，投产后上缴销售税为年税率 8%。试进行该项目的敏感性分析。

**解** （1）确定分析对象和选择变量因素。

由于是在项目可行性研究的规划阶段进行敏感性分析，故采用静态投资收益率指标进行评价分析，分析的主要变量因素选择价格、投资、成本和产量四个因素。

（2）根据假设条件计算各项基本指标数值：

销售收入 = 单价 × 产量 = 550 × 100 000 = 5 500(万元)

年税金 = 年销售收入 × 8% = 5 500 × 0.08 = 440(万元)

流动资金 = 销售收入 × 25% = 5 500 × 0.25 = 1 375(万元)

年总成本费用 = 10 × 350 = 3 500(万元)

净利润 = 年销售收入 − 年总成本费用 − 年销售税金

= 5 500 − 3 500 − 440 = 1 560(万元)

按上述基本数据计算出规划方案的投资收益率：

投资收益率=（投资年销售收入 − 年总成本 − 年税金）× 100%/(基建投资 + 流动资金)

=（5 500 − 3 500 − 400）× 100%/(6 000 + 1 375) = 21.15%

（3）列表计算各变量因素的变化率。

对产品价格、产量、投资与成本等四个变量因素，考虑按照±10%、±20%的变动幅度，分别计算出投资收益率的变化率（参见表 5 - 1）。

从表 5 - 1 中可以看出：当产品价格变动±1%时，投资收益率的平均波动（变化率）为−0.67%～+0.64%；当产量变动±1%时，投资收益率的平均波动为−0.33%～+0.31%；当投资变动±1%时，投资收益率的平均波动为−0.16%～+0.20%；当成本变动±1%时，投资收益率的平均波动为−0.47%～+0.48%。由此得出，产品价格的变化率波动幅度最大，为最敏感因素；其次是成本和产量；而投资的变化影响最小，为不敏感因素。

（4）根据数据，绘制敏感性分析曲线（参见图 5 - 4）。

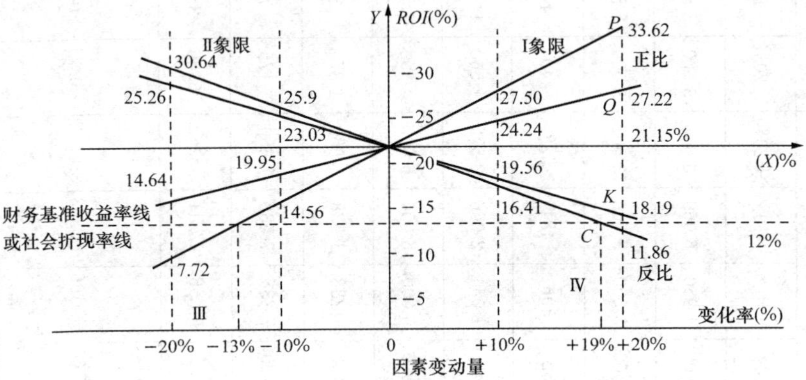


图 5 - 4　敏感性分析曲线图

图 5 - 4 表明，产品价格（*P*）和产量（*Q*）的提高可使项目投资收益率上升，这两条曲线是处于坐标的第Ⅰ、Ⅲ象限，因而与投资收益率成正比关系；而投资（*K*）与成本（*C*）的增加就会导致项目投资收益率的下降，这两条曲线处于坐标的第Ⅱ、Ⅳ象限，它们与投资收益率成反比关系。由于产品价格的变动对投资收益率指标的影响最大，其敏感曲线与横轴的夹角最大，故为最敏感因素；而投资变动的影响最小。这一结论与表中计算分析的结果一致。

（5）对评价指标达到临界点的情况进行极限分析。

假设该项目的财务基准收益率为 12%，则从图 5 - 4 中可以看出，当项目投资收益率达到财务基准收益率 12%时，允许变量因素变化的最大幅度（即极限变化）是：产品价格的下降不超过 13%，生产成本的增加不超过 19%。如果这两项变量变化幅度超过了上述极限，项目就不可接受；如果发生这种情况的可能性很大，说明项目投资的风险很大。

表 5-1 不确定性因素对静态投资收益的影响 单位：万元

| 序号 | 项目 \ 不确定因素 | 规划方案 | 价格因素变动 | | | | 投资因素变动 | | | | 成本因素变动 | | | | 产量因素变动 | | | |
|---|---|---|---|---|---|---|---|---|---|---|---|---|---|---|---|---|---|---|
| | | | −20% | −10% | +10% | +20% | −20% | −10% | +10% | +20% | −20% | −10% | +10% | +20% | −20% | −10% | +10% | +20% |
| ① | 年销售收入 | 5 500 | 4 400 | 4 950 | 6 050 | 6 600 | 5 500 | 5 500 | 5 500 | 5 500 | 5 500 | 5 500 | 5 500 | 5 500 | 4 400 | 4 950 | 6 050 | 6 600 |
| ② | 年总经营费 | 3 500 | 3 500 | 3 500 | 3 500 | 3 500 | 3 500 | 3 500 | 3 500 | 3 500 | 2 800 | 3 150 | 3 850 | 4 200 | 3 010 | 3 255 | 3 745 | 3 990 |
| ③ | 年税金 | 440 | 352 | 396 | 484 | 528 | 440 | 440 | 440 | 440 | 440 | 440 | 440 | 440 | 352 | 396 | 484 | 528 |
| | 净利 | 1 560 | 548 | 1 054 | 2 066 | 2 572 | 1 560 | 1 560 | 1 560 | 1 560 | 2 260 | 1 910 | 1 210 | 860 | 1 038 | 1 299 | 1 821 | 2 082 |
| ④ | 基建投资 | 6 000 | 6 000 | 6 000 | 6 000 | 6 000 | 4 800 | 5 400 | 6 600 | 7 200 | 6 000 | 6 000 | 6 000 | 6 000 | 6 000 | 6 000 | 6 000 | 6 000 |
| | 流动资金 | 1 375 | 1 100 | 1 238 | 1 538 | 1 650 | 1 375 | 1 375 | 1 375 | 1 375 | 1 375 | 1 375 | 1 375 | 1 375 | 1 100 | 1 238 | 1 513 | 1 650 |
| ⑤ | 全部投资 | 7 375 | 7 100 | 7 238 | 7 538 | 7 650 | 6 175 | 6 775 | 7 975 | 8 575 | 7 375 | 7 375 | 7 375 | 7 375 | 7 100 | 7 238 | 7 513 | 7 650 |
| ⑥ | 投资收益率（%） | 21.15 | 7.72 | 14.56 | 27.41 | 33.62 | 25.26 | 23.03 | 19.56 | 18.19 | 30.64 | 25.90 | 16.41 | 11.66 | 14.62 | 17.95 | 24.24 | 27.22 |
| ⑦ | 变量因素变动1%对投资收益率的变化幅度（变化率%） | — | −0.67 | −0.66 | +0.63 | +0.62 | +0.21 | +0.19 | −0.16 | −0.15 | +0.47 | +0.48 | −0.47 | −0.47 | −0.33 | −0.32 | +0.31 | +0.30 |

**注** 年经营费中，固定费用占 30%产量降低 10%的总成本＝10×350×0.7×0.9＋10×350×0.3＝2 205＋1 050＝3 255；
产量降低 20%的总成本＝10×350×0.7×0.8＋10×350×0.3＝1 960＋1 050＝3 010；
产量增加 10%的总成本＝10×350×0.7×1.1＋10×350×0.3＝2 695＋1 050＝3 745；
产量降低 20%的总成本＝10×350×0.7×1.2＋10×350×0.3＝2 940＋1 050＝3 990。

### （二）应用敏感性分析进行多方案的比较和选择

在投资决策对多方案（超过两个或两个以上方案）进行比较时，通常采用项目内部收益率作为敏感性分析对象，并通过计算主要变量（例如投资、成本、售价和投产期等）的变化对内部收益率指标的影响，选择敏感因素变化幅度（变化率）小的方案为最佳方案，因其投资风险小。因此，只有内部投资收益率大，又能经得起风险变化和敏感度小的项目，才是最可靠的投资方案。

**【例 5-4】** 设有两个投资方案：第一方案的内部收益率为 23.6%，第二方案的内部收益率为 26.7%。如果考虑总投资、固定成本、可变成本、原材料价格都比原方案增加 10%，而产品单位售价、年销售量都比原方案降低 10%，又推迟一年投产。用敏感性分析方法选择最优方案。

**解** 经过敏感性分析计算，将具体的风险程度反映于表 5-2 中。

**表 5-2　不同方案的敏感度比较**

| 主要变量因素的变动 | 第一方案 | | 第二方案 | |
|---|---|---|---|---|
| | 内部收益率（%） | 变化率（%） | 内部收益率（%） | 变化率（%） |
| 原方案 | 23.6 | 0 | 26.7 | 0 |
| 总投资＋10% | 21.6 | －0.2 | 24.5 | －0.22 |
| 原材料价格＋10% | 12.4 | 1.12 | 25.8 | －0.09 |
| 可主成本＋10% | 11.4 | －1.22 | 25.2 | －0.015 |
| 固定成本＋10% | 22.1 | －0.15 | 25.7 | －0.10 |
| 单位售价－10% | 6.4 | －1.72 | 22.2 | －0.45 |
| 年销售量－10% | 19.8 | －0.38 | 23.2 | －0.34 |
| 投产推迟一年 | 16.2 | －0.74 | 19.5 | －0.72 |

表中的数据表明：在第一方案中最敏感因素为单位售价、可变成本和原材料价格；而第二方案的敏感因素为投产期、单位售价和年销售量。总的看来，第一方案敏感因素的变化幅度（变化率）要比第二方案大得多，如售价的变化率第一方案是第二方案的 3 倍多。因此，第一方案投资的风险程度较大；而且第二方案原方案的内部投资收益率又大于第一方案（26.7%>23.6%）。因而第二方案是收益高、风险小的最优方案。

## 四、多因素敏感性分析与双因素（敏感面）分析及其应用

多因素敏感性分析是指考察两个或多个不确定因素同时变化，看其对项目经济效益指标的影响程度，通过分析可以判断项目对不确定性因素的承受能力，从而对项目风险的大小进行评估，为投资决策提供依据。

常用的多因素敏感性分析主要有双因素分析和三因素（敏感面）分析等，例如双因素（敏感面）分析和乐观—悲观分析等。

1. 双因素（敏感面）分析原理

单因素敏感性分析只能分析在单个不确定因素发生变化而其他因素不变的条件下，对项目经济效果评估指标产生的影响程度，而不能对多个不确定因素同时发生变化所引起的影响

程度进行综合分析。作为多因素敏感性分析中的一种，（双因素）敏感面分析是研究两个敏感因素同时发生变化时对项目评估指标的影响程度。通常，对多因素敏感性因素进行分析时，假定的前提条件是要求同时变动的两个或多个变量因素是相互独立的。因此，在分析两个因素同时变化时的敏感性就可以得到一个敏感面。

把敏感性曲线的分布与等量曲线合列在同一张图中，根据方案的几个参数可把图分成两个区域：可接受（可行）区域和否决（不可行）区域。可选择两个或三个关键参数进行敏感性研究。如果是选两个参数，就要列出一个方程式（计算公式），以便确定该方案的现值或年值。其中一个参数用图上的 $x$ 轴表示，另一个参数则用 $y$ 轴表示。列出公式的目的在于导出一个表示使现值或年值为零时参数 $x$ 与 $y$ 的对应关系的表达式，并用一条敏感性曲线在敏感性曲线图上反映出来，在曲线的一侧的百分比变化（与原数相比）使方案的现值（或等值）为正值，而曲线的另一侧的百分比变化能使方案的现值（或等值）为负值，以此曲线划分出方案可行的界限。

2. 双因素（敏感面）分析举例

**【例 5-5】** 某企业拟投资 1 亿元新建一个项目，固定资产残值为 2 000 万元，年销售收入为 5 000 万元，年经营成本为 2 000 万元，项目寿命期 5 年，部门基准收益率为 8%。试进行关于投资和年收入两个因素变动时的敏感面分析。

**解** 在此，将分析的对象选用投资收益率，并研究当投资与年收入两个因素同时变化时对投资收益率的影响如何。即观察若使投资收益率不低于 8%时该两个因素又如何变化。

设 $x$ 为初始投资的不同变化率（%），$y$ 为年收入的不同变化率（%），则按 8%投资净效益的等值年金（$A$）可由下式算得

$$A(8\%) = -10\,000(1+x)(A/P,8\%,5) + 5\,000(1+y) - 2\,000 + 2\,000(A/F,8\%,5)$$
$$= 636.32 - 2\,504.6x + 5\,000y$$

为使项目投资能获得应有的盈利（≥8%），则要求年金 $A$（8%）$t \geqslant 0$。

由此可得：$y \geqslant -0.127\,264 + 0.500\,29x$。

若令 $y = -0.127\,264 + 0.500\,29x$，则可据此表达式在坐标图上画出一条直线，该直线把图面分成上下两部分（图 5-5）。在直线上方 $A$（8%）$>0$ 的一侧是可接受区域；而在直线下方 $A$（8%）$<0$ 的一侧就是否决区域。也就是说，若投资方案位于直线上方的部位，则说明该项目可以获得 8%以上的投资收益率，项目可行；若投资方案位于直线下方的部位，则项目就得不到 8%的基准收益率，项目就不可行。此例中，还反映出初始投资与年收入这两个变量因素同等变化时所允许发生的范围。

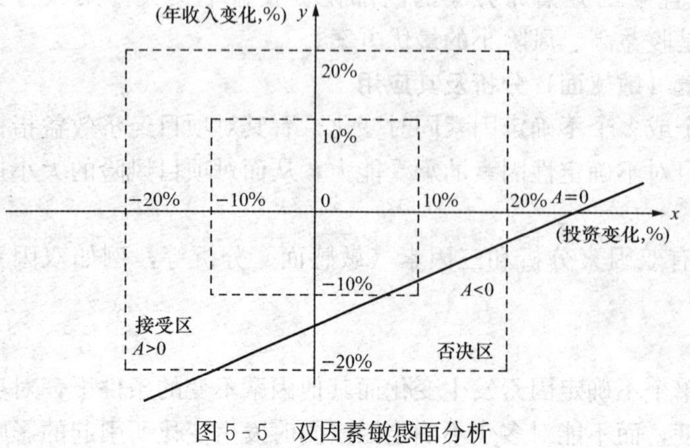

图 5-5 双因素敏感面分析

## 五、对敏感性分析局限性的探讨

通过敏感性分析只能指出项目评价指标对各种不确定因素的敏感程度，以及促使项目可行所能允许的不确定因素变化的极限值及其范围，并据此来预测项目可能承担的

投资风险的程度，而不能表明不确定因素发生的可能性有多大，同时也无法确定在这种可能性下对评估指标的影响数值。因此，敏感性分析仍属于定性分析的范畴，因而还应进行概率和风险分析。

## 第四节　概率分析与风险分析评价

概率的目的是确定影响项目经济效益的关键变量和可能的变动范围及其在此范围内的概率；计算概率的期望值，并得出定量分析的结论。常用期望值和决策树两种分析方法。

### 一、概率分析的基本概念

所谓概率分析，是指运用概率来研究和预测（进行度量）不确定因素和风险因素对项目经济评估指标所产生的影响程度的一种定量分析方法。通常对于大型的重要骨干项目，在经济效益评估时，可根据项目特点和实际需要，在有条件的情况下进行概率分析。概率分析评价的重点是统计数据和经验推断的可靠性，以及计算方法的正确性。

概率分析的目的一般是要确定影响项目经济效益的关键变量及其可能的变动范围，并确定关键变量在此范围内的概率；然后进行概率期望值的计算，以得出定量分析的结果。

概率分析方法通常采用期望值法、决策树法和效用函数与模拟分析法等。由于这些方法在项目评价中应用不普遍，在客观上也缺少必要的统计资料数据（如概率值），因此在此仅简要介绍一下期望值和决策树的分析方法。

（一）期望值分析法

此法一般是计算项目净现值的期望值及净现值大于或等于零时的累计概率；同时也可以通过蒙特卡洛（Monte—co）模拟法来测算项目评估指标（例如内部收益率）的概率分布，为项目决策提供依据。

由于任何一个不确定因素的某种特定情况出现的概率（或可能性）都是独立于人们主观意志之外的客观现象，它的出现或不出现和如何出现都与它们自身规律和客观环境密切相关，不以人的意志为转移，具有随机性，因此这种概率通常称为“客观概率”。对于这种客观概率，虽然可能从历史资料中作出估计，但是由于建设项目从建设到生产使用的整个寿命周期中，各种不确定因素有很多，有经济性质的或政策性质的，有自然变化的或人为变化的，有国内影响的或国外影响的，对于这些复杂的不确定因素，都要求客观判断其概率，而且还要考虑各种因素概率与概率之间的相互影响和作用，这种计算工作几乎是不可能的。出于这样的原因，在评估工作中通常都不应用客观概率，而是采用有丰富经验的评估人员根据各种经济、技术、政策等资料来估计概率。这种估计出来的概率就是“主观概率”。

项目评估中的概率是指各种基本变量（如投资、成本、收益等不同参数）出现的频率。在概率分析中，主要是应用主观先验概率，即在事件发生前，按照过去发生的经验数据进行以人为的预测和估计为基础的概率，它带有一定的主观随意性。此概率分析结果的可靠性，在很大程度上取决于对每个变量概率值判断的正确性。因此，在选择和判断项目评估中的经济效益指标数据时，如何正确选取其中有代表性的数值，就要根据各种数据可能出现的频率

（先验概率），运用加权平均方法求取平均值，也就是计算期望值。

计算期望值的一般公式与分析步骤如下：

由于概率分析的关键是计算概率发生的期望值的大小，故了解和掌握计算期望值的一般公式与分析步骤就显得十分必要。其计算的基本思路和方法如下：

（1）确定一个或两个不确定因素或风险因素（如投资、收益）。

（2）估算每个不确定因素可能出现的概率。这种估算需要借助历史统计资料和评价人员的丰富经验，以先验概率为依据进行估计和推算。

（3）计算变量的期望值。

按下列公式计算

$$E(x)=\sum_{i=1}^{n}x_iP_i=x_1P_1+x_2P_2+\cdots+x_nP_n$$

$$\begin{array}{c|c} x_i & x_1,\ x_2,\ \cdots,\ x_n \\ \hline P_i & P_1,\ P_2,\ \cdots,\ P_n \end{array}$$

$$P_i=P(x_1)$$

式中 $E(x)$—— 变量 $x$ 的期望值；

$P_i$—— 对应所出现变量 $x_i$ 的概率值；

$x_i$—— 随机变量的各种取值。

由上式可见，期望值实际上就是各种变量取值以其概率加权平均得到的。

（4）计算方差和均方差。

方差用来衡量变量 $x$ 的各值 $x_i$ 与期望值的平均偏离程度。

方差 $\sigma^2=P[x_1-E(x)]^2+P[x_2-E(x)]^2+\cdots+P[x_n-E(x)]^2=\sum_{i=1}^{n}P_i[x_i-E(x)]^2$

均方差 $\sigma=\sqrt{\sum_{i=1}^{n}P_i[x_i-E(x)]^2}$

**【例 5-6】** 某企业以 25 000 元购置设备一台，假设使用寿命为 2 年。项目第一年净现金流量的三种估计是 22 000 元、18 000 元和 14 000 元，概率分别为 0.20、0.60 和 0.20；项目第二年净现金流的三种估计是 28 000 元、22 000 元和 16 000 元，概率分别为 0.15、0.70 和 0.15 元，折现率为 10%。试问购置该微机的项目是否可行。

**解** 作为简单的概率分析，首先分析和研究此项目之净现值的期望值与方差的情况。

（1）计算这两年净现金流量的期望值和方差。计算情况见表 5-3 和表 5-4。表中 $y_1$、$y_2$ 分别表示第一、二年的净现金流量，它们都有三种出现的可能。

**表 5-3 净现金流量的期望值与方差的计算（一）**

| 状态 | $x_1$ | 概率 $P_i$ | $E(x_1)$ | $x_1-E(x_1)$ | $[y_1-E(y_1)]^2$ | $E[y_1-E(y_1)]^2$ |
|---|---|---|---|---|---|---|
| 好 | 22 000 | 0.20 | 4 400 | 4 000 | 16 000 000 | 3 200 000 |
| 一般 | 18 000 | 0.60 | 10 800 | 0 | 0 | 0 |
| 差 | 14 000 | 0.20 | 2 800 | −4 000 | 16 000 000 | 3 200 000 |
| 合计 | | | 18 000 | 0 | 32 000 000 | 6 400 000 |

**表 5-4　净现金流量的期望值与方差的计算（二）**

| 状态 | $y_2$ | 概率 $P_i$ | $E(y_2)$ | $y_2-E(y_2)$ | $[y_2-E(y_2)]^2$ | $P[y_2-E(y_2)]^2$ |
|---|---|---|---|---|---|---|
| 好 | 28 000 | 0.15 | 4 200 | 6 000 | 36 000 000 | 5 400 000 |
| 一般 | 22 000 | 0.70 | 15 400 | 0 | 0 | 0 |
| 差 | 16 000 | 0.15 | 2 400 | −6 000 | 36 000 000 | 5 400 000 |
| 合　计 | | | 22 000 | 0 | 72 000 000 | 10 800 000 |

所以　$E(y_2)=22\ 000$，$\sigma_2^2=10\ 800\ 000$，$\sigma_2=3\ 286$

（2）计算项目净现值的期望值与方差

$$E(NPV)=\frac{E(y_1)}{1+i}+\frac{E(y_2)}{(1+i)^2}-25\ 000=\frac{18\ 000}{1+0.1}+\frac{22\ 000}{(1+0.1)^2}-25\ 000=9\ 545(\text{元})$$

$$\sigma^2(NPV)=\frac{\sigma_1^2}{(1+i)^2}+\frac{\sigma_2^2}{(1+i)^4}+\frac{2COV(y_1,y_2)}{(1+i)^3}$$

$$=\frac{6\ 400\ 000}{(1+0.1)^2}+\frac{10\ 800\ 000}{(1+0.1)^4}+\frac{2\times 19\ 200\ 000}{(1+0.1)^3}=41\ 501\ 200$$

均方差　$\sigma=\sqrt{41\ 501\ 200}=6\ 442(\text{元})$

所以，项目净现值的取值情况是 9 545±6 442，即波动范围在 3 103 与 15 987 之间，下限 3 103 大于零，由此可以判断该设备购置的项目是可行的。

（二）决策树分析法

1. 决策树的概念

决策树的思路如树枝形状，是直观运用概率分析的一种图解方法。一般来说，对某一决策点来说，其各个可行方案皆如树枝般表现在图上。决策树考察的方案都是相关的，也就是说每个方案都分成许多阶段，后面阶段的损益状况完全依赖于前一阶段的状况，就像树枝一样出于同一根部，又有许多分枝。这种方法将方案的因果关系形象地表示出来，同时又可以将与方案有关的概率、成本、收益等资料显示在图上，从而使决策的制定过程简单明了。

决策树法主要用于对各方案的状态、概率和收益的情况进行比选，为决策者选择最优方案提供依据。决策树法不仅可以解决单级决策问题，而且还可以进行多级决策分析。

2. 决策树的结构

画决策树时通常以方块（□）代表一个决策点，而以圆圈（○）表示机会点或可能情况点，决策点与机会点彼此都是交互出现，并以树枝状的直线连接的。此外，当决策者面对决策点时（即到达□点），所考虑的交替方案必须是互斥的。

图 5-6 就是一个简单的决策树。其具体的绘制步骤如下：

先画一个方块，方块表示决策点；再从方块后引出若干枝线（直线），用来代表待选的各方案，称为方案枝。方案枝的长短没有意义，在其旁边注明方案及方案的投资支出；后面的圆圈表示状态节点；结点（即在每个方案的末端都有一个机会点）后引出的若干枝代表将来的不同状态，即每枝代表一种自然状态，并把状态写在相应直线的上方

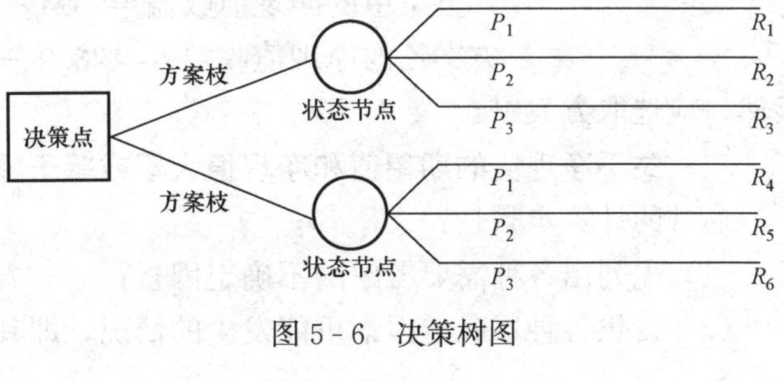


图 5-6　决策树图

（如销售情况好、中、差）。由于不同状态出现的概率已知，故可注明各状态的概率 $P$。这些枝线称为状态枝或概率枝，在概率枝的最末端注明相应的损益值，即状态枝后面的数值代表不同方案在不同状态下可获得的收益值。

多级决策是指决策问题包括两项以上的决策，又称为多阶段决策。

下面通过一个具体的例子来说明如何运用决策树进行方案的单级决策。

**【例 5-7】** 某企业进行设备更新，有两个预选方案甲和乙，方案甲需投资 400 万元，方案乙需投资 300 万元，其使用年限均为 10 年。据估计，在此 10 年间产品销路好的可能性有 70%，销路差的可能性有 30%，设折现率 $i=10\%$。由于采用的工艺及其他条件不同，故甲、乙两方案的年收益也不同，其数据见表 5-5。试对该项目各方案进行比选。

**表 5-5　　项目方案在不同状态下的年收益**

| 自然状态 | 概率 | 方案甲 | 方案乙 |
|---|---|---|---|
| 销路好 | 0.7 | 160 | 90 |
| 销路差 | 0.3 | −40 | 20 |

**解**　此例只有一个决策点，两个可选方案，每个方案都会面临两种自然状态，故可画出如图 5-7 所示的决策树。

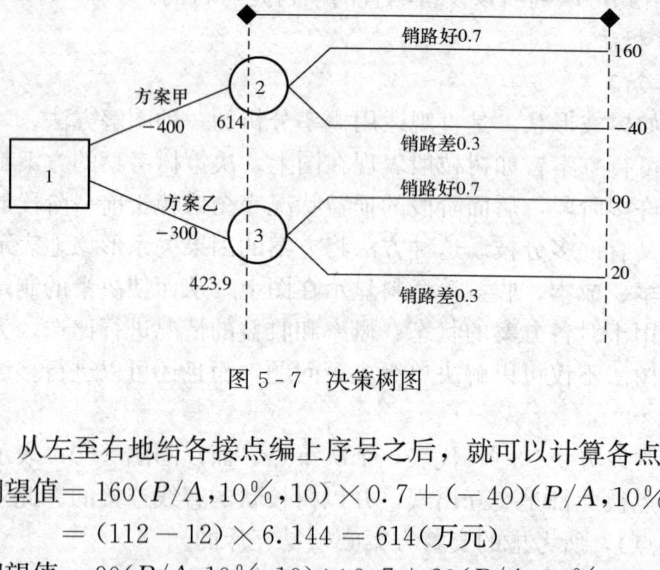


图 5-7　决策树图

依照纵向准则，从左至右地给各接点编上序号之后，就可以计算各点的期望值：

$$\text{节点②的期望值} = 160(P/A,10\%,10)\times0.7+(-40)(P/A,10\%,10)\times0.3 = (112-12)\times6.144 = 614(\text{万元})$$

$$\text{节点③的期望值} = 90(P/A,10\%,10)\times0.7+20(P/A,10\%,10)\times0.3 = (63+6)\times6.144 = 423.9(\text{万元})$$

$$\text{方案甲的净现值收益} = 614-400 = 214(\text{万元})$$

$$\text{方案乙的净现值收益} = 423.9-300 = 123.9(\text{万元})$$

显然，应选取方案甲。

## 二、关于净现值的期望值和净现值大于或等于零时累计概率的计算

通常的计算步骤是：

（1）先列出各种需要考虑的不确定因素；

（2）设想各种不确定因素可能发生的情况，即其数值发生变化的各种状况；

（3）分别确定各种状态出现的可能性（即概率）；

（4）分别求出各种可能发生事件的净现值、加权平均净现值，然后求出净现值的期望值；

（5）求出净现值大于或等于零的累计概率。若累计概率值越大，则项目所承担的风险就越小。

**【例 5-8】** 某企业需投资 20 万元建设一个项目，建设期 1 年。根据预测，有三种收益方式，在项目生产期内的年收入为 5 万元、10 万元和 12.5 万元的概率分别为 0.3、0.5 和 0.2。按折现率 10%计算。生产期为 2、3、4、5 年的概率分别为 0.2、0.2、0.5、0.1。以年收入 10 万元，生产期 4 年为例，计算各种可能发生事件的概率和净现值。

**解**　事件发生的概率

$$P(A=10)\times P(N=4)=0.5\times 0.5=0.25$$

$$\text{净现值}=-200\ 000\times\frac{1}{(1+0.10)}+100\ 000\times\left[\frac{1}{(1+0.10)^2}+\frac{1}{(1+0.10)^3}+\frac{1}{(1+0.10)^4}+\frac{1}{(1+0.10)^5}\right]=106\ 300(\text{元})$$

根据计算结果可画出图 5-8，列出净现值的累计概率表（参见表 5-6），并画出净现值累计概率图（参见图 5-9）。

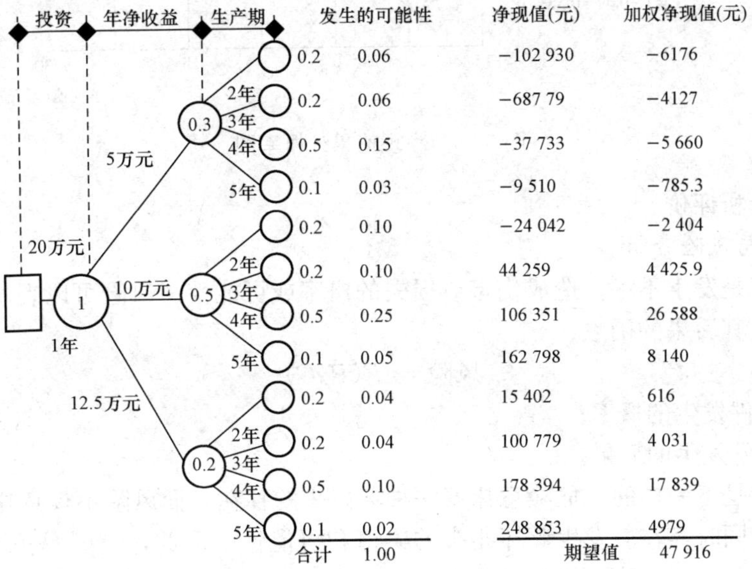


图 5-8　净现值期望值计算图

表 5-6　　**净现值累计概率表**

| 净现值（元） | 事件发生的概率 | 累计概率 | 净现值（元） | 事件发生的概率 | 累计概率 |
|---|---|---|---|---|---|
| −102 950 | 0.06 | 0.06 | 44 200 | 0.10 | 0.54 |
| −68 850 | 0.06 | 0.12 | 100 700 | 0.04 | 0.58 |
| −37 750 | 0.15 | 0.27 | 106 300 | 0.25 | 0.83 |
| −24 100 | 0.10 | 0.37 | 162 700 | 0.05 | 0.88 |
| −9 550 | 0.03 | 0.40 | 178 325 | 0.10 | 0.98 |
| 15 325 | 0.04 | 0.44 | 248 825 | 0.02 | 1.00 |

由表 5-6 和图 5-9 可以得出

$$P(NPV \geqslant 0) = 1 - P(NPV < 0) = 1 - 0.42 = 0.58$$

根据计算结果，这个项目的净现值的期望值为 47 916 元，净现值大于或等于零的概率为 0.58（大于 0），说明该项目是可行的。

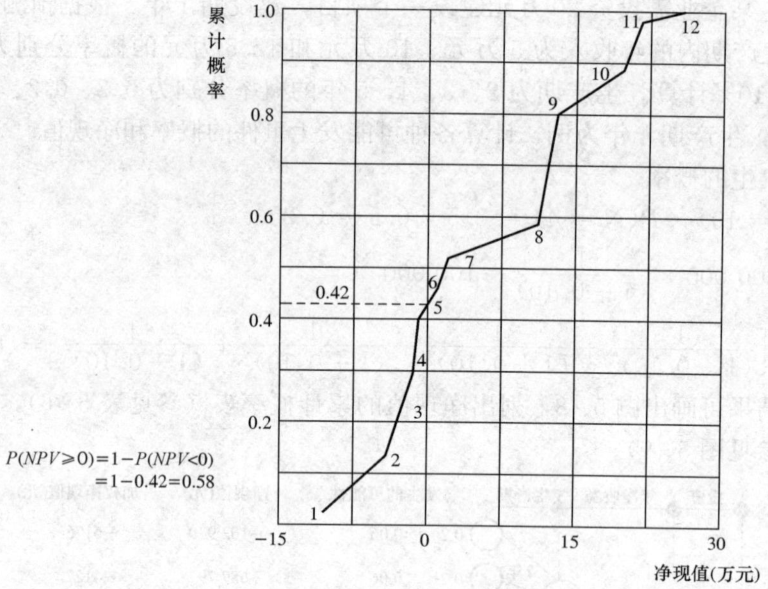


图 5-9 净现值累计概率图

## 三、风险分析评价

### （一）风险与风险分析

所谓风险就是发生不幸，造成伤害或损失的概率或可能性。风险可以表示为（不利）事件发生的概率及其后果的函数：

$$风险 = F(P, C)$$

式中 $P$——事件发生的概率；

$C$——事件发生的后果。

风险和危险是不一样的。危险意味着一种坏兆头的存在，而风险不仅意味着坏兆头的存在，且还意味着同时存在着发生此坏兆头的渠道和可能性。因此，有时是虽然存在着危险，但也并不一定非要冒此风险。但为了获取与危险同在的利益，有时人们会设法避免危险而甘冒风险。由此也才引出了当同时处于某一具体方案中时，利益与危险（或危害）二者各自出现可能性大小（或称为几率和概率）的风险分析和概率分析。

风险与不确定性也是有区别的。风险是可测定的不确定性（即可确定其发生的概率），而只有“不可测定的不确定性”才是真正意义上的不确定性。

风险分析是人们利用系统的、规范的方法对风险进行辨别、估计和评价的全过程。风险辨别、风险估计和风险评价是风险分析不可缺少的有机组成部分。因为只有在对风险的类型及产生的原因有了正确认识的基础，才能对风险的大小作出处理风险的具体措施。关于风险分析的内容和方法可参见图 5-10 的图示说明。

从实际操作的层面上说，所谓风险分析，就是从项目建设的宏观经济条件、投资环境及

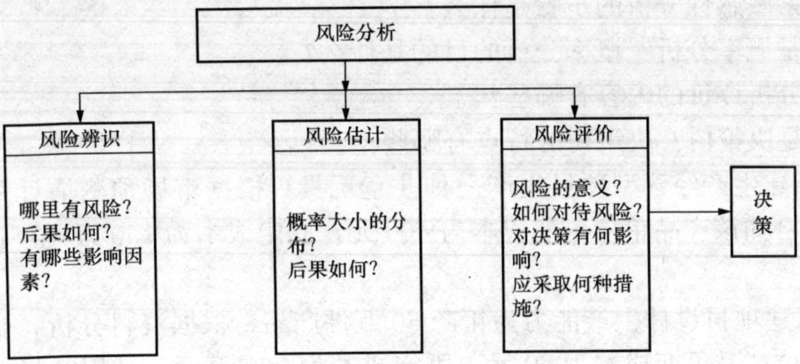


图 5-10　风险分析的内容与方法

投资决策的实际要求出发，借助不确定性分析的测算结果，重点分析项目存在哪些风险、风险的性质、类型和可能造成的影响以及可能采取的防范措施。它是不确定性分析的补充和延伸，二者在内容上各有侧重。风险分析特别要把决定项目成败与否的关键风险因素识别出来，进行重点研究。

(二) 风险分析评价的内容

几乎所有的投资行为都存在风险，但作为投资者都希望避免风险，如果有两个以上的方案可供选择，那么大都会选择风险小的方案。要确定方案风险就需进行方案的风险评价。有关风险分析评价的内容主要包括对投资风险的识别、风险属性的分析、风险量的估算及风险规避方案的评价。

(1) 对投资项目风险识别的评价，要全面认真地识别和审核可行性研究报告中分析的项目资金筹措、投资建设、投产经营中可能面临的各类风险，评价风险存在的理由是否充分。为了保证将项目面临的各类潜在风险全部识别出来，在项目评价时，要通过调查项目（企业）的全面情况，包括市场情况，涉及社会、政治、经济、法律等投资外部环境，以及生产过程、经营管理体系与运作机制，还有项目法人的财务实力等情况，结合投资项目的具体特点，一个不漏地分析项目可能面临的各种风险，再进一步采取调查、访谈、分析等方式，寻找出该类项目投资风险因素存在的一般规律，充分利用同类项目曾经出现风险的历史经验，以及同类项目后评价的资料，依据项目实际情况，正确判断项目存在的各类风险。

(2) 在识别和揭示出项目可能面临的各类风险的基础上，进一步分析各类风险的属性和特性。评价风险因素发生的概率及其可能对项目造成的影响，再从中找出项目的主要风险，重点分析这些主要风险可能对项目造成的各种影响，估算其风险量并进行定量分析，据此提出风险规避措施方案，最后对风险防范措施方案进行分析评价。

## 思考及练习题

5-1　什么是盈亏平衡分析？其主要作用是什么？

5-2　什么是产品的固定费用和变动费用？

5-3　不确定性分析与风险分析的区别？

5-4　产生不确定性的主要原因有哪些？

5-5　什么是敏感性分析？

5-6 单因素敏感性分析的步骤是什么？

5-7 什么是概率分析？概率分析的目的是什么？

5-8 风险分析评价的内容有哪些？

5-9 什么是决策树？决策树的特点有哪些？

5-10 某新建生产经营型项目生产一种儿童玩具，根据市场预测估计每件产品的销售价格为500元，已知该产品单位可变成本为400元，固定成本为150万元。试求该项目的盈亏平衡产量。

5-11 某新建项目设计生产能力为年产50万件产品，根据资料分析，估计单位产品价格为100元，单位产品可变成本为80元，固定成本为300万元，试用产量、生产能力利用率、单位产品价格分别表示项目的盈亏平衡点。（已知该产品销售税金和附加的合并税率为5%）

5-12 某地区新建建设项目达到正常生产年份后年产某种产品10万台，每台售价800元，单台产品成本为500元，项目投资8 800万元，税率10%，项目寿命期15年。选定产品的售价、投资额、成本、产量四个变量因素各按增减10%和20%的幅度变动，试对该项目的投资利润率作敏感性分析。

5-13 见表5-7中的数据，假设三个可行方案投资额分别为：扩建100万元，新建200万元，合同转包20万元。企业产品经营期限为10年。试用决策树法选择最优方案。（$i_c=10\%$）

**表5-7　　决策收益表**

| 损益值 \ 概率 \ 状态 | 销路好 | 销路一般 | 销路差 | 销路极差 |
|---|---|---|---|---|
| | 0.5 | 0.3 | 0.1 | 0.1 |
| 扩建（万元） | 50 | 25 | −25 | −45 |
| 新建（万元） | 70 | 30 | −40 | −80 |
| 合同转包（万元） | 30 | 15 | −5 | −10 |

扫一扫

拓展资源

# 第六章　价　值　工　程

价值工程活动的开展旨在通过对分析对象的功能和费用进行分析，以对象的最低寿命期成本，可靠地实现必要功能，以获取最佳的社会效益和经济效益。

本章主要让学习者了解价值工程的产生和发展，提高产品价值的途径，价值工程构思的一般过程和实施步骤；理解价值工程的一般程序，功能分析的内容，指定改进方案的步骤；掌握价值工程的基本概念，价值工程的核心。介绍了价值工程常用的几种定量分析方法，如经验分析法、ABC 分析法、百分比法、强制确定法等。

## 第一节　价值工程的基本概念

### 一、价值工程的产生

价值工程（简称 VE）又名价值分析（简称 VA），源于美国，是一种运用集体智慧和有组织的活动，着重对产品进行功能系统分析、研究，使之用全寿命最低成本实现产品必要功能，提高产品价值的技术经济分析方法。

为适应战争需要，在二次大战期间，美国军事工业迅速膨胀，对军事订货主要强调保证产品质量，技术性能和交货期，企业收益采用成本加一定利润的方式。导致生产中浪费严重，使市场原材料短缺，给民用工业生产造成很大困难。在此种压力下，许多企业被迫采用一些代用材料。价值工程的创始人麦尔斯在其工作的美国通用电气公司正好负责采购工作，在工作中他对如何选择代用材料，如何搞好外协产品加工等问题进行了系统的研究分析。他发现用户购买商品的实质是为了获得商品所具有的功能；凡是功能相同的东西可以互换使用；具有相同功能的商品由于生产方法不同，价格也不同。他从研究材料问题开始，逐渐总结出一套系统性方法，并把这种方法应用于新产品设计上。1947 年他在《美国机械师》杂志上发表了题为“价值分析”的专著，标志着价值工程理论诞生了。

1954 年，美国海军舰船局成立了专门机构，进一步研究价值分析技术，将其应用于产品设计制造的全过程中，同时将价值分析更名为价值工程。

价值工程的产生和应用，对二次大战后美国企业的生存竞争和美国经济发展起到了重大作用，其显著的经济效益引起了美国政府的重视。在美国国防部和通用电气公司的率先推行下，价值工程作为一门现代化的管理技术迅速在美国及世界上许多先进工业国家和地区推广开来，其应用领域由机械制造业逐渐扩大到社会生产和管理的许多方面。

1959 年，美国成立了全国性的“美国价值工程师协会”，作为推广和研究价值工程的专门机构，此机构现在已成为国际性的学术组织，有许多国家或地区的成员加入到其中。许多国家指定了价值工程国家标准或基本条件以及相应的价值工程企业标准和工程规程。

我国 1978 年公开介绍价值工程。但价值工程在建筑行业的应用还不十分广泛，鉴于近年建筑企业产品成本上升，经济效益下降的客观现实，在建筑企业中应广泛深入地推广应用价值工程，以降低建筑产品成本，提高经济效益。广大的建筑企业管理者应为此作出更大的努力，以进一步促进价值工程基本理论、基本方法与我国建筑业实际情况的深度相结合。

价值工程与一般的投资决策理论不同。一般的投资决策理论研究的是项目的投资效果，强调的是项目的可行性；而价值工程研究的是如何以最少的人力、物力、财力和时间获得必要的功能的技术经济分析方法，强调的是产品的功能分析和功能改进。

## 二、价值工程的相关概念

### （一）价值

在价值工程中“价值”是指产品的功能（或效用）与获得此种功能所支出的成本（或费用）之间的关系。具体讲，是指生产某种产品，从事某种生产劳务活动，购买某种物品等，耗费单位成本（或费用）所换来的功能。

价值，可用以下公式表示

$$\text{价值}(V)=\frac{\text{功能}(F)}{\text{成本}(C)} \tag{6-1}$$

对用户来说，价值是产品的功能与所花费的费用的比值，即

$$\text{用户价值}(V_u)=\frac{\text{功能}}{\text{用户支出}} \tag{6-2}$$

从企业角度讲，则是生产该产品所消耗的费用，即成本与出售产品所得收入的比值，即

$$\text{企业价值}(V_m)=\frac{\text{收入}}{\text{成本}} \tag{6-3}$$

若忽略产品在流通环节中的费用，对同一产品，可认为

$$\text{用户支出}=\text{生产者收入} \tag{6-4}$$

由式（6-2）可知

用户支出$=\frac{\text{功能}}{V_u}$与式（6-4）代入式（6-3）得

$$V_m=\frac{1}{V_u}\times\frac{\text{功能}}{\text{成本}}$$

由上式可知，同一产品的$V_m$和$V_u$成反比，但生产者要提高产品价值，决不能降低$V_u$，因为这样会失去市场，失去用户。企业只有提高功能，降低成本。这既可提高用户价值，又可以在提高$V_u$的同时，扩大产品销售数量，以使$V_m$提高，降低成本，使企业直接受益，既节约社会资源，又增加了企业的利润，使企业有可能采取让利措施，减价出售，也可提高$V_u$。

### （二）功能

1. 功能的概念

价值工程中的功能指的是价值工程分析对象能够满足某种需要的一种属性。它的含义是广泛的，不同的对象包含不同的内容。对产品而言，是指用途或效用；对作业而言，是指作用；对企业而言，是指它为社会提供的产品和效益。

一种产品或零部件不只有一种功能，有时往往有几种功能，为了确定各种功能的性质及重要程度就需要进行分类。

（1）按功能重要程度分为基本功能和辅助功能。基本功能是指产品及其零部件要达到使用目的所不可缺少的功能，是产品及零部件的本质属性，是它们得以存在的条件，同时也是

用户购买产品的原因，基本功能是决定产品类型的功能，基本功能变了，产品的类型也要改变。辅助功能是除了产品的基本功能外，出于各种原因附加给产品的功能，是为更好地实现基本功能的服务功能。

改进辅助功能是开展价值工程活动的重要课题，也是降低成本潜力大的地方。有时辅助功能所占成本比重比基本功能重，而且随着科学技术发展，市场变化，用户情趣转移，辅助功能又可变为基本功能。

(2) 按功能性质特点分为使用功能和品位功能。使用功能是用户在工作或应用中产品所提供的功能，或者说是产品所具有的与技术经济用途直接有关的功能，多表现为内在质量、性能指标等。品位功能是指与使用者的精神感觉主观意识有关的功能。如贵重功能、美学功能、欣赏功能等。不同种类的产品要求不同。

(3) 按开展价值工程活动角度分为必要功能、不必要功能、不足功能和过剩功能。必要功能就是为了满足使用者的要求而必须具备的功能，这部分功能必须保证充分可靠地予以实现。不必要功能即是产品具有的与满足用户需求无关的功能，不必要功能的存在，势必产生不必要的费用，增加用户的经济负担，还会造成社会资源的浪费。不足功能即是指必要功能的功能水平未达到用户所需求的程度，若发现有不足功能，应设法补足。过剩功能，是对象所具有的超过使用者需要的必要功能。

产品成本与功能有直接关系，如果有不必要功能或过剩功能，就会产生不必要的成本，用户为此就要付出多余的费用。因此必须把产品的必要和不必要功能区分开来，从而消除不必要功能，使用户避免支付不必要的费用。

2. 功能水平

功能水平是对功能的定性定量描述。提出此概念，是为了便于功能间的区别与比较。在价值工程中只提“需求”是不够的，还需要分析对象功能满足“需求”的能力或程度，即对象的功能水平。如各种型号和等级的钢筋均具有抗拉力的功能，但由于钢筋型号及等级不同，其单位截面能承受的拉力也不同，即功能水平不同。

功能水平大体包括：

(1) 功能等级。功能等级即功能水平的级别。如 425 号水泥和 525 号水泥属不同的功能等级。

(2) 必要功能项目。同一类（产品）对象的设计中，基本功能一般相同，但可能包含有不同的辅助功能项目。必要功能项目不同，功能的高低就可区分。

(3) 功能完成度。功能完成度是指满足功能项目的特性值。分析、研究功能的完成度的重点是探讨它与成本的相关关系，确定功能完成度与成本间的最佳“结合点”。

3. 功能的三项主要特征

(1) 功能的二重性。功能是“对象能够满足某种需求的一种属性”，作为一种“属性”，依存于对象本身的客观物质属性，因对象不同而不同；同时，功能又依存于人们的主观感受，具体对象功能的高低、大小，以人们的需求为前提，以人们得到需求后满足程度为转移。

(2) 功能的系统性。价值工程中的功能，由相互区别、相互联系而又相互作用的要素组成，是一个有机结合的整体，具有系统的一般特性。

功能分为总体功能和局部功能，局部功能还可再细分。整体功能不是各局部功能的简单集合和叠加，而是局部功能的有机结合。总体功能以各局部功能为基础，又具有各局部功能均不能呈现的新特征——整体性。总体功能与局部功能，各局部功能之间又是相互关联、相互制约的。总体功能是局部功能的目的，局部功能是总体功能的手段，而总体功能又以用户需求的满足为目的。

（3）功能载体的替代性。人们需求的是对象的功能，而同一功能可能具有多个载体。实现同一目的功能，也可能具有多种手段。因此，具有相同功能的载体是可以替代的。

功能载体的替代开始仅用于资源替代，如材料代用。发展到现在，重点放在产品或产品局部结构的功能替代上。以功能创新的更新换代产品替代原有产品，以功能创新的新结构替代原有的结构。而局部功能结构的创新，不仅能促进产品的量变，而且也可能影响产品产生质变。如果人们有意识地应用功能载体的替代性，进行类似的发明创造，则价值工程必将真正成为开发企业内部潜力的金矿，产品的更新换代将会不期而至。

（三）成本的概念

价值工程中的“成本”指的是寿命周期成本，所谓寿命周期是指一个产品从构思、设计、制造、流通、使用直到报废为止整个时期，即产品生产和使用寿命，而所谓的寿命周期成本，即是从对象的研究、形成到退出使用所需的全部费用，它包括生产成本和使用成本。用户在产品寿命期间所支付的全部费用（包括购置费和使用费）称为“寿命周期费”。

研究产品的寿命周期及寿命周期费用，是把重点放在产品的设计阶段，把产品的生产和使用作为一个整体，寻求“系统”的最佳化。从根本上讲，使用费用是在产品的开发设计阶段就基本确定了。企业在研究、设计、改进其产品时，不能单纯考虑降低生产费用，只有在满足用户功能需要的前提下，寿命周期费用最低，才能获得最优的价值，求得最佳经济效益，才具有真正的竞争力。

## 三、价值工程的主要特征及提高价值的途径

（一）价值工程的主要特征

1. 目标

以全寿命最低成本实现必要功能。对用户必要的和不必要的功能要区分清楚，既要避免功能不足，又要防止功能过剩，确保必要功能的全寿命成本最低。

2. 方法

功能分析，即针对产品及其零部件，系统地分析和比较其功能，发现问题寻求解决办法。功能分析是价值工程的核心。

3. 活动领域

侧重于在产品研制与设计阶段开展工作，寻求技术上的突破。

4. 组织

要依靠集体智慧、各方面的专家，有组织地开展创新，努力提高产品价值。

（二）提高价值的途径

根据价值的含义，要提高价值，就是要通过产品实现用户需求的功能。具体提高价值的途径有：

（1）通过改进设计，功能提高，成本降低。

$$V=\frac{F\uparrow}{C\downarrow}$$

(2) 通过改进设计，功能提高，成本不变。

$$V=\frac{F\uparrow}{C\rightarrow}$$

(3) 通过改进设计，功能不变，成本降低。

$$V=\frac{F\rightarrow}{C\downarrow}$$

(4) 通过改进设计，功能有很大提高，成本稍有提高。

$$V=\frac{F\uparrow\uparrow}{C\uparrow}$$

(5) 通过改进设计，功能稍有降低，成本有很大的降低。

$$V=\frac{F\downarrow}{C\downarrow\downarrow}$$

产品通过改进后，实现的功能必须要达到从前标准，若产品经过修改后损害了用户所要求的功能，那么不管其成本降低多少，都不符合价值工程原理，不可取。反之，若片面追求提高功能，使产品成本大幅度提高，用户买不起，不是产品滞销，就是赔钱出售，实际上也是降低了产品价值，同样不可取。

## 第二节 价值工程的工作程序

### 一、价值工程的工作程序和步骤

价值工程活动的过程，实质上就是提出问题和解决问题的过程，国外一般提出的构思过程有分析、综合、评价三个阶段，具体的实施步骤及所要回答的问题归纳见表 6-1。

**表 6-1** 价值工程的工作程序和步骤

| 构思的一般过程 | 价值工程的事实步骤 | | 对应的问题 |
|---|---|---|---|
| | 基本步骤 | 详细步骤 | |
| 分析 | 1. 功能定义 | (1) 对象选择<br>(2) 情报收集 | (1) 这是什么? |
| | | (3) 功能定义<br>(4) 功能整理 | (2) 它的功能是什么? |
| | 2. 功能评价 | (5) 功能成本分析 | (3) 它的成本是多少? |
| | | (6) 功能评价<br>(7) 确定对象范围 | (4) 它的价值如何? |
| 综合 | | (8) 创造 | (5) 还有其他方法能实现这一功能吗? |
| 评价 | 3. 指定改进方案 | (9) 概略评价<br>(10) 具体化调整<br>(11) 详细评价<br>(12) 提案 | (6) 新方案成本多少?<br>(7) 新方案能满足功能要求吗? |

### 二、我国推行价值工程的一般程序

我国在推行价值工程这么多年后，总结了许多的工作经验，在上面实施步骤的基础上，国家于1987年10月发布了我国的价值工程工作程序，使之更加适合于我国国情，便于指导价值工程的实际工作。其工作程序见表6-2。

在实际活动中，应根据不同的价值工程对象确定工作人数、组成工作小组，小组成员应是熟悉所研究对象的专业人员，思想活跃，有创造精神。工作小组应指定具体的工作计划，包括具体执行人、执行日期、工作目标等。

在价值工程中，情报是用以达到价值工程目的的知识，应该收集整理与对象有关的一切信息资料。它包括用户方面、技术方面、经济分析及本企业生产经营的有关情报。对收集的情报要分类、整理，并加以分析和判断，力求准确可靠。此项工作贯穿于价值工程的全过程。

**表6-2　　价值工程的一般程序**

| 阶　段 | 步　骤 | 阶　段 | 步　骤 |
|---|---|---|---|
| 准备阶段 | （1）对象选择<br>（2）组成价值工程工作小组<br>（3）制订工作计划 | 创新阶段 | （7）方案创新<br>（8）方案评价<br>（9）提案编写 |
| 分析阶段 | （4）收集整理信息系统<br>（5）功能系统分析<br>（6）功能评价 | 实施阶段 | （10）审批<br>（11）事实与检查<br>（12）成果鉴定 |

对象选择要遵循提高经济效益这一基本原则。同时，根据企业生产经营，市场需要和企业的现实可能性来选择。一般选择市场需求量大、企业主导产品、滞销产品、结构复杂的产品、成本高的产品等。

## 第三节　功能系统分析

功能分析是价值工程活动的核心，没有功能分析就没有价值工程。

通过功能分析，可以加深对分析对象的理解，明确功能的类别，从而科学地确定分析对象合理的功能系统，这样不仅使生产成本评价有了客观依据，而且这种分析思路能摆脱现存产品结构对人们思想的束缚，找出实现所需功能的最优方案，提供新的思维方法。

### 一、功能分析的内容

功能分析的过程，一般包括功能定义、功能整理和功能评价。

（一）功能定义

1. 功能定义的目的

功能定义是以简明的、准确的语言，对分析对象所具有的功能加以描述。

既要对产品又要对其构成要素——零部件作出功能定义。对每个功能都要分别定义，同时，还要根据用户需要的功能进行定义。其准确与否，直接影响价值工程活动的成效。

功能定义的目的是：

（1）明确功能的构成。明确对象功能构成的数量，各功能的确切内容以及相互间的区别。

(2) 开拓思路。功能定义是对原有结构的“突破”，从原来的结构系统中，抽象出本质，即功能或功能系统，经过创新和提高，对实现功能的途径进行广泛探索，优化实现功能的手段，达到实现全新功能结构的目的。

(3) 便于以后评价。功能评价阶段，要求提出各类功能的价值系数，若功能定义和功能范围不清楚，则很难进行评价。

2. 功能定义的方法

功能定义通常是由一个动词和名词组成，必要时可加限制词，要求简洁准确。同时还要尽量定量化，便于评价。

功能定义表述要尽量抽象化，不要与实现功能的具体方式直接结合，便于扩大思路。

功能定义举例见表 6-3。

**表 6-3** 功 能 定 义 举 例

| 对 象 | 动 词 | 名 词 | 对 象 | 动 词 | 名 词 |
|---|---|---|---|---|---|
| 模板 | 提供 | 模子 | 润滑剂 | 减少 | 摩擦 |
| 梁 | 支承 | 重量 | 脚手架 | 提供 | 工作面 |
| 屋面 | 阻挡 | 风雨 | | | |

(二) 功能整理

功能整理就是把下过定义的，按照它们之间的逻辑关系进行系统的整理，最后形成一个功能系统图，从而可以比较直观地看出分析对象所具备的功能类别，各类功能之间的关系和位置，以及原来的设计思路。

1. 功能整理的目的

(1) 明确功能间的相互关系。分析对象之间有两种关系，一是从属关系，表现为“目的和手段”的关系，手段从属于目的；二是并列关系，它们相互独立，在功能系统中位置相当。

(2) 发现不必要功能。若在功能整理中，某些功能找不到目的功能，或目的性不明确，则要考虑体现该功能的零部件是否必要。同样，若干项功能为同一功能服务时，应考虑是否存在重复功能。

(3) 检查功能定义的正确性。通过功能整理可以进一步检查功能定义，不确切地进行修改，遗漏的进行补充。

(4) 便于划分功能区域。功能整理可绘制产品的功能系统图，功能系统图中，总的目的功能，可能由若干个相互独立的，并列的功能区域构成，每个功能区域又由各自的子系统或单元功能构成。

(5) 确定改进的着手点。以利于确定在哪个功能领域，功能领域的哪一级功能寻找“突破口”。

2. 功能整理的方法

功能整理，主要按照“目的与手段”的逻辑关系来进行，从属关系清楚了，并列关系也就清楚。其步骤大致如下：

(1) 把功能定义写成卡片，并按一定关系进行分类，如按使用功能或美学功能分类，或按基本功能与辅助功能分类等。每个卡片记录一个功能，包括功能内容、构成要素，零部件名称，功能成本等。可自由移动卡片，从任一角度研究功能的相互关系。

(2) 按照"目的与手段"的关系，通过提问的方法，寻找实现整体功能的直接手段功能，然后分系统一层一层找下去。也可反过来以手段寻找目的，一层层推上去。这两种顺序也可交替，互补进行。

这当中所提的两个问题是：

1) 为什么需要此功能？

2) 通过什么手段来实现这个功能？

第一个问题是为了找出上位功能，即目的；第二个问题是为了找出下位功能，即手段。当有两个以上的功能处于同等地位时，都是为了实现同等地位时，都是为了实现同一目的功能，则其关系为相互独立的并列关系，称为同位功能。这样，逐步把各功能之间的关系系统化，连成一个功能系统图，如图 6-1 所示。

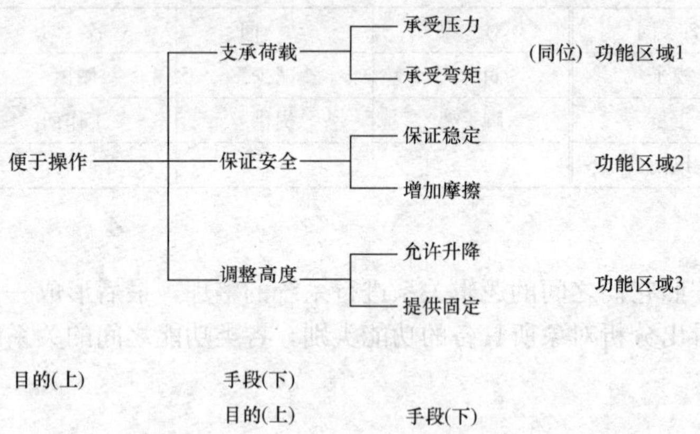


图 6-1 功能系统图

若再分析，还可再继续细分下去，从图中可发现，要实现一个对象的总体功能，往往需要同时具备几个手段功能，而每个手段功能又可自成系统，叫作功能区域或功能子系统。

(3) 检查功能系统图就是检查作为目的的上位功能和作为手段的下位功能的关系，当功能的相互关系同"目的—手段"的逻辑及并列关系的逻辑不矛盾时，功能系统图就完成了。

（三）功能评价

功能评价就是对分析对象原来的设计状态按照功能区域或功能单元，逐一评价，定出其优劣和价值高低，通常用定性方法说明的用定量方法来描述，以便采取相应措施，提高分析对象的价值。

1. 功能评价的目的

(1) 找出低价值功能区域或功能单元。即以众多的价值工程对象中进一步缩小范围，选定价值工程的重点对象，并定出需要改进的具体课题和先后次序。

(2) 定出目标成本。就是在分析对象改进后，成本能降低到的程度。即为功能设置的成本目标值，也称为预计成本。

(3) 取得工作的动力。通过科学的分析，明确了改进的课题，看到了改进的潜力，对即将取得的经济效益已初步估算，人们必将为实现这一目标而努力工作。

2. 功能评价的基本类型

$$V = F/C \tag{6-5}$$

式中 $V$——功能评价值；

$C$——现实成本；

$F$——功能价值。

式（6-5）中，成本 $C$ 的度量是一定的，即是寿命周期成本。但功能 $F$ 的度量较复杂，为了使功能之间能进行运算，使功能和成本之间具有可比性，必须把定量方法统一。

功能评价方法可分为两大类：

（1）功能成本法。此方法是把所有功能都转化为费用（成本），此费用是获得这一功能的最低费用或最低成本。则价值工程的基本公式可转化为

$$价值系数(V) = 实现功能的最低成本(C_M) / 实现功能的目前成本(C_P) \quad (6-6)$$

当 $V=1$ 时，表示实现功能所花费的费用与其成本相适应，可不必分析。

当 $V<1$ 时，表示实现功能所花费的实际成本比目标成本大，功能价值低，必须大力降低成本。

（2）功能系数法。此方法是把功能用功能系数来表示，成本用成本系数来表示，则基本公式可转化为

$$价值系数(V) = 功能系数(F) / 成本系数(C) \quad (6-7)$$

分子分母都换成了小数或百分数等相对数值，因而具有可比性，如强制确定法。

常用的功能评价法有功能成本法、强制确定法、最合适区域法、联合法及基点法等。

**二、方案的改进和创新**

经过分析与评价，确定了重点改进对象后，如何去实现它呢？这就要在研究制定改进方案阶段去创造理想而具体的方案。制订改进方案的主要步骤见图 6-2。

以上三个大步骤的第一步，要求根据初步设想和研究情报，设计构思出大量的改进方案；第二步要求对改进方案从技术和经济上进行评价；第三步要求从许多方案中选择一个最优的方案供实施，这当中的 7 个具体步骤是相互交叉进行的，按图 6-3 那样循环进行。

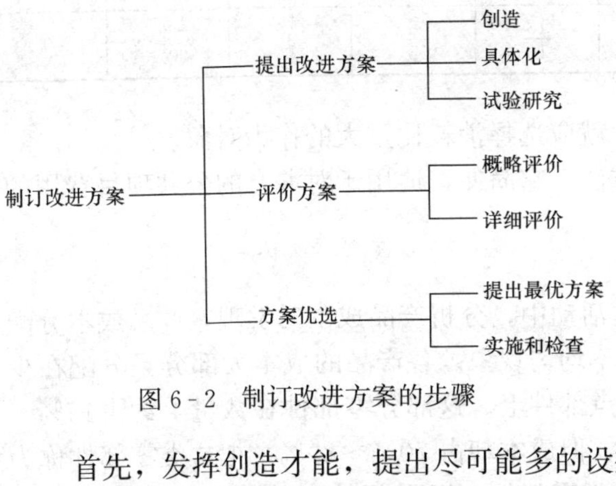

图 6-2 制订改进方案的步骤

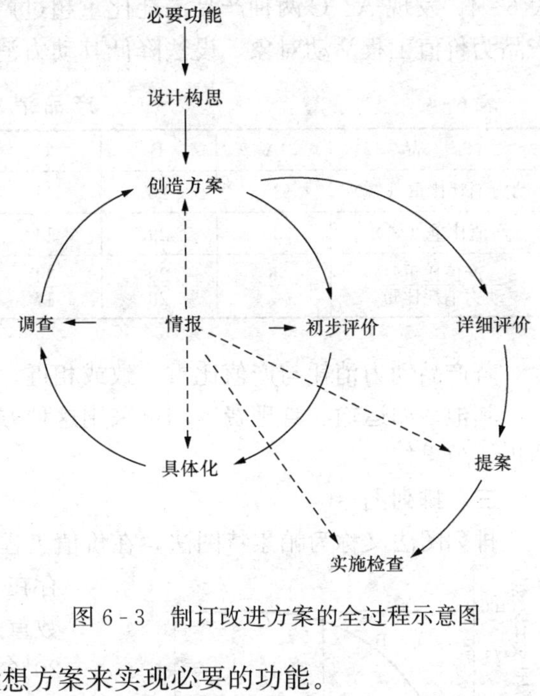

图 6-3 制订改进方案的全过程示意图

首先，发挥创造才能，提出尽可能多的设想方案来实现必要的功能。

其次，初步评价这些设想方案有无价值，把认为有价值的方案逐步具体化，形成改进方案。然后，把这些改进方案进一步提高，通过实验、研究，认真分析它们的优缺点，若发现缺点，提出克服的办法，再一次进行创造。

经过这样的分析创造之后，对保留下来的改进方案还要进行详细评价，从中选出最优方案，然后去实施，检查执行的效果，若发现问题，及时解决。这就是方案改进和创新的全

过程。

## 第四节 功能评价的基本方法

对价值工程进行对象选择和功能评价时常用到一些定量方法，这些方法对价值工程工作的开展至关重要。

### 一、经验分析法

经验分析法是根据选择分析对象考虑因素凭价值分析人员的知识、经验来确定分析对象的一种方法。经过经验分析，对产品存在的问题和改进方面提出初步意见，然后集体讨论决定分析对象。分析时要注意区别轻重缓急和主次，既考虑需要也考虑可能，尽量做综合分析。

此法的优点简单易行，节省时间。但缺乏定量依据，不够精确可靠。它主要应用于选择对象条件相差悬殊，问题明确，时间紧迫及粗选阶段。

### 二、百分比法

百分比法是一种按某项费用或某种资源，在不同产品或某一产品或作业的不同组成部分中，所占的比重大小选择对象的方法。

**【例 6-1】** 某企业生产多种产品，其生产用动力消耗大大超过了相同企业的一般水平，为了进行价值活动，首先分析各产品动力消耗的比重，其次与产品的产值比重进行比较，见表 6-4，发现 A、C 两种产品消耗比重超过产值比重，两者比值小于 1，就确定 A、C 两种产品为价值工程活动对象，设法降低其动力消耗和成本。

**表 6-4　　产品消耗比重表**

| 产　品 | A | B | C | D | E | F | G | 合计 |
|---|---|---|---|---|---|---|---|---|
| 动力消耗比重（%） | 35 | 28 | 17 | 10 | 5 | 3 | 2 | 100 |
| 产值比重（%） | 30 | 29 | 14 | 13 | 8 | 3 | 3 | 100 |
| $\frac{产值比重}{动力消耗比重}$ | $\frac{6}{7}$ | $\frac{29}{28}$ | $\frac{14}{17}$ | $\frac{13}{10}$ | $\frac{8}{5}$ | 1 | $\frac{3}{2}$ | — |

若产品动力消耗与产值比重一致或相近，就应选择消耗比重大的作为对象。

其他，如运输、管理费等均可采用这种方法。它简便，适用于对混合的公共项目费用的分析，效果好。

### 三、排列图

排列图法又称为帕累特图法，在价值工程活动中，分析产品成本时发现，产品成本分配存在不均匀现象。各产品的成本大部分是分配在少数重点部件上。这部分零部件在数量上约占15%～20%，但成本却占 70%～80%，把这类零部件称为“A”类零部件；把零部件占总数 50%以上，而成本占 10%左右的零部件称为“C”类，其余称为“B”类。此分类图见图 6-4。

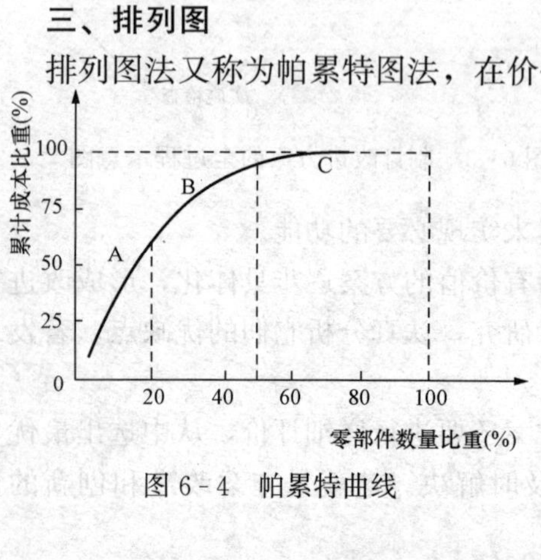

图 6-4　帕累特曲线

产品的成本分配是如此，各项工程项目工艺，加工方法、工序操作等的费用分配也是如此。当区分A、B、C三类对象之后，首先分析A类，其次B、C类，这样就抓住了主要矛盾。

具体做法是：

（1）先将企业生产的全部产品或一个产品的零部件，按成本的大小排列，计算出每个产品或零部件的成本比重，即

$$第\,i\,个对象的成本比重=\frac{第\,i\,个对象的成本}{总成本} \qquad (6-8)$$

（2）将各种产品或零部件的成本比重由大到小依次相加，求出累计成本比重。

（3）以纵坐标为累计成本比重，横坐标为各产品或零部件的数量比重，作出帕累特曲线，并根据具体情况定出A、B、C三类的范围。

A、B、C分析法的优点在于简单易行，能抓住重点，以数量少，成本多的零部件做对象，有利于集中突破，取得较大成果。缺点是对于产品设计不合理时出现的功能重要、而成本低的，有可能被遗漏，一般用于粗选阶段。

## 四、强制确定法

强制确定法联系了功能和成本，从产品价值角度考虑，应用评分方法来选择分析对象或进行功能评价。

此方法分为三个步骤。

### （一）求功能系数

求功能系数可采用01打分法，04打分法，逻辑判断的流程法。

1. 01打分法

01打分法是把构成产品总成本的零部件或功能排列起来，各零部件间轮换地，一对一地进行比较，重要的得“1”分，不重要的得“0”分。自身与自身比可记为“×”或“1”分。然后，将各零件得分与零部件得分总和相除，即可求出功能评价系数，即

$$F_i = f_i/\sum f_i$$

式中　$F_i$——$i$对象的功能系数；

$f_i$——$i$对象的功能重要得分；

$\sum f_i$——全部对象得分总和。

**【例6-2】** 某产品有7个零部件，其功能重要性是D>A>B>G>C>F>E，采用01打分法，见表6-5。

**表6-5　　01打分法计算表**

| | A | B | C | D | E | F | G | 功能得分 | 功能系数 |
|---|---|---|---|---|---|---|---|---|---|
| A | 1 | 1 | 1 | 0 | 1 | 1 | 1 | 6 | 0.214 |
| B | 0 | 1 | 1 | 0 | 1 | 1 | 1 | 5 | 0.179 |
| C | 0 | 0 | 1 | 0 | 1 | 1 | 0 | 3 | 0.107 |
| D | 1 | 1 | 1 | 1 | 1 | 1 | 1 | 7 | 0.250 |
| E | 0 | 0 | 0 | 0 | 1 | 0 | 0 | 1 | 0.036 |
| F | 0 | 0 | 0 | 0 | 1 | 1 | 0 | 2 | 0.071 |
| G | 0 | 0 | 1 | 0 | 1 | 1 | 1 | 4 | 0.143 |
| 合计 | | | | | | | | 28 | 1.00 |

01打分法简单易行，较实用，但当分析对象构成的零部件很多时，功能的重要性差异很大或很小时，其改进指导方向就不一定准确。04打分法则更准确些。此方法打分规则和01法相同，只不过在把零部件一一进行轮换对比时，把打分组距拉大，若两者重要性相差很大，则重要的给4分，另一个给0分；若两者差别不很大，则较重者给3分，另一个给1分；若两者重要性程度相等或相近，则分别给2分。在任何情况下，两者给分合计数均为4分，其余计算方法同01法。

若把此法档次再增多，则可采用多比例打分法，此法只是把打分档次增加到10，从0，0.1，0.2，…，0.9，1，但两者打分之和为1。

2. 逻辑判断流程法（查赫曼—亚可夫法）

这是一种相对评分法，其总分是浮动的。它必须在强制确定法的基础上进行，经过统计平均确定了每个零部件的功能系数后，即可得到零部件功能重要性的排列顺序。

若设 $F_1$，$F_2$，…，$F_n$ 表示零部件的名称，用强制确定法获得每个零部件功能重要性的次序为

$$F_1 \geqslant F_2 \geqslant F_3 \geqslant \cdots \geqslant F_n$$

然后由熟知产品功能的人按流程图的顺序作出判断。现以脚手架为例进行分析，见表6-6。

**表6-6 脚手架分析表**

| 序号 | 零部件 | 零部件功能重要性相对关系 | 机动加分 | 评分值 | 功能系数 |
|---|---|---|---|---|---|
| $F_1$ | 钢管 | $F_1>2F_2$ | 10 | 290 | 0.436 |
| $F_2$ | 扣件 | $F_2>F_3+F_4$ | 5 | 140 | 0.211 |
| $F_3$ | 底座 | $F_3>F_4$ | 15 | 75 | 0.123 |
| $F_4$ | 钢套管 | $F_4>F_5$ | 5 | 60 | 0.090 |
| $F_5$ | 木材 | $F_5>F_6+F_7$ | 10 | 55 | 0.083 |
| $F_6$ | 安全网 | $F_6>3F_7$ | 5 | 35 | 0.053 |
| $F_7$ | 铝丝 | $F_7$ | 10 | 10 | 0.015 |

应用此法，先对功能重要性最低的零部件确定一个底分为基数，如表6-6中 $F_7$ 为基础给10分，然后将上面一个零部件 $F_6$ 与 $F_7$ 相比，当 $F_6$ 大于 $F_7$ 很多时，而 $F_7$ 以下已无零部件可比，则由公式 $F_6=3F_7+\Delta F_6$（机动加分），经过评定小组确定 $\Delta F_6=5$，则 $F_6=3\times10+5=35$。

又如 $F_2$，无疑 $F_2>F_3$，进而判别是否 $F_2>F_3+F_4$，若满足，则再判断是否 $F_2>F_3+F_4+F_5$，若不满足，则 $F_2=F_3+F_4+\Delta F_2$，若确定 $\Delta F_2=5$，则 $F_2=75+60+5=140$，依次类推。

然后将每个零部件得分值除以所有零部件得分的总和，则可算出每个零部件的功能评价系数。

（二）求成本系数

查出各对象的目前成本，相加后得到成本总和值，然后用成本总和值分别去除以每个对象的单项成本，即得该对象的成本系数。

$$C_i = \frac{c_i}{\sum c_i} \tag{6-9}$$

式中 $C_i$——$i$ 对象的成本系数；

$c_i$——$i$ 对象的成本；

$\sum c_i$——总成本。

（三）求价值系数

价值系数等于功能系数与成本系数之比，即

$$V_i = \frac{F_i}{C_i} \tag{6-10}$$

式中 $V_i$——价值系数；

$F_i$，$C_i$——意义同前。

分析计算价值系数的结果有三种情况：

（1）$V_i=1$，说明该零部件的功能重要性与所花费的成本比例是相称的，可不作为重点改进对象。

（2）$V_i>1$，说明该零部件的功能重要性高，而相应的成本比例较小。这时可考虑为提高一点成本，以补足功能，也可能说明原功能太高和有不必要的功能存在，可降低功能。这种情况可作价值分析对象。

（3）$V_i<1$，说明该零部件的功能重要性较差而相应所花费的成本比例较大，这时就要研究在功能不变的情况下降低成本，应选作价值分析的重点对象。

**【例 6-3】** 若用［例 6-2］的脚手架零部件的功能系数，又已知 6m 内综合脚手架的成本，试求其价值系统，见表 6-7。

**表 6-7　　价值系数计算表**

| 序　号 | 零部件名称 | 功能系数 $F_i$ | 目前成本 $c_i$ | 成本系数 $C_i$ | 价值系数 $V_i$ |
|---|---|---|---|---|---|
| $F_1$ | 钢　管 | 0.436 | 54 | 0.635 | 0.687 |
| $F_2$ | 扣　件 | 0.211 | 10 | 0.118 | 1.788 |
| $F_3$ | 底　座 | 0.123 | 2 | 0.024 | 5.125 |
| $F_4$ | 钢套管 | 0.090 | 1 | 0.012 | 7.5 |
| $F_5$ | 木　材 | 0.083 | 12 | 0.141 | 0.589 |
| $F_6$ | 安全网 | 0.053 | 5 | 0.059 | 0.898 |
| $F_7$ | 铝　丝 | 0.015 | 1 | 0.012 | 1.25 |
| 合　　计 | | 1 | 85 | 1 | |

利用上面的原则，$F_1$、$F_5$、$F_6$ 的价值系数均小于 1，应作为价值工程分析的重点对象 $F_3$、$F_4$ 可适当提高一点成本，以保证其可靠度。

强制确定法的优点是方法简便，易于掌握，能进行定量计算，确定对象比较准确，如果零部件多，计算任务繁重，可用排列图法粗选后再用此法精选。其缺点是数字不能完全反映实际情况，有一定的不可靠性，价值系数的指示方向不够准确。

## 五、功能成本法

功能成本法是直接用实现其中之一功能所需要的最低成本来表现功能，而此方法的重点和难点就在于如何确定实现功能的最低成本。

其评价工程可采用图 6-5 来说明。

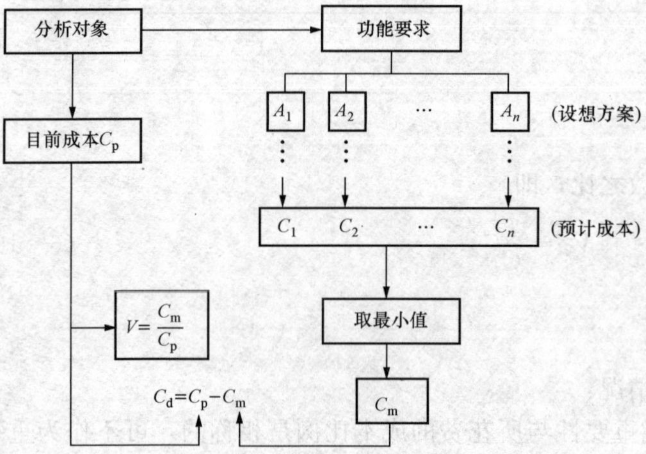


图 6-5　评价工程示意图

这种方法的价值系数 $V$ 是最低成本 $C_m$ 和现实成本 $C_p$ 之比，其最高值为 1。价值系数为 1，则说明实现该功能的成本已是目前达到的最低成本，不作改进重点；价值系数小于 1 的越小越应作为价值工程的重点对象，若有价值系数相当的零部件，则应选择 $C_d=C_p-C_m$ 大的作为价值工程的重点对象。

求目前成本 $C_p$ 时，一个功能区域或功能单元往往包括许多零部件。其中，只对功能区域起作用的零部件，其成本自然算作本功能的成本，但有的零部件不只对一个功能起作用，可能同几个功能区域有关系。这时，就是按表 6-8 的形式，把零部件成本转化为功能成本，分摊到各个功能区域中去，这种方法称为功能成本分解。

**表 6-8　　功能成本分解表**

| 零部件名称 | 成本 | 功能区域（单元） | | | | |
|---|---|---|---|---|---|---|
| | | $F_1$ | $F_2$ | $F_3$ | … | $F_n$ |
| 甲 | 300 | 100 | | 200 | | |
| 乙 | 500 | 200 | 300 | | | |
| ⋮ | ⋮ | | | | | |
| 合　计 | $\sum c_i$ | $C_{p1}$ | $C_{p2}$ | $C_{p3}$ | … | $C_{pn}$ |

求功能的最低成本 $C_m$ 常用以下几种方法。

（一）经验估算法

邀请有实践经验的专家，让他们根据自己掌握的情报资料，运用已有的知识，对实现某项功能的方法初步设想几个新方案，然后对新方案的成本进行估算。每个人估算值可能不同，可协商一致，或取平均值，在各方案的估算成本中，必有一最小值，则此值为 $C_m$。

（二）实际调查法

这种方法是从客观实际调查的结果中，寻找评价功能的基准，其步骤如下：

(1) 对企业内外同样功能的产品（零部件）做广泛的调查，把它们对功能满足要求的程度和费用情况尽可能详尽地加以收集。

(2) 按对功能要求满足程度即功能水平的高低排出次序，主要功能要求标准应当统一，功能水平的定量可采用 01 打分、加权评分等方法评定。

(3) 根据收集的有关经济资料，如价格，对各产品的生产成本（可能时包括使用费用），作出估计。

估算公式为

$$C_i = \frac{P_i}{P} C_p \tag{6-11}$$

$$C_i = \frac{P_i}{P} C'_p \tag{6-12}$$

式中　$C_i$——同类产品的估算成本；

$P_i$——同类产品的价格；

$P$——本厂产品的价格；

$C_p$——本厂产品成本；

$C'_p$——依据行业平均利润率求出本厂产品成本计算值。

（4）按功能水平的高低和成本的高低，在对数坐标纸上描点，纵坐标表示成本，横坐标表示功能水平。把成本最低点用折线连接起来，然后依照折线下部的点连一直线，使各折线均位于该直线之上，这条直线称为最低成本线。它反映了当前实际生产中不同功能水平所能达到的最低成本，见图6-6。

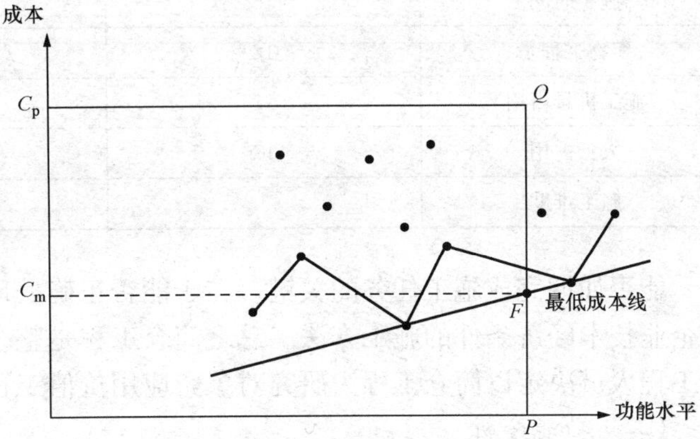


图6-6　最低成本线

（5）查出功能目前成本 $C_p$ 和功能水平，并在图上加已标注（即 $Q$ 点）。图中 $QP$ 垂线同最低成本线相交于 $F$ 点，则 $F$ 点在纵坐标轴上对应值即为该功能水平的最低成本（$C_m$），即功能评价值。

当分析对象的性质只要求对成本进行大致估算时，可直接估算而无须绘图

$$C_m = \frac{P_{min}}{P} C'_p \tag{6-13}$$

当需对问题深入研究分析时，就要对生产厂家的外部环境和内部制约条件进行因素对比，把企业各种可控和不可控的因素列出，依据一定的计算公式或统计资料对本厂的目标成本进行调整，此成本即为当量成本，使之更接近实际。

另外，还可用理论计算法。利用工程设计和其他自然科学方面的公式，加以适当变换，把所要求的功能与费用联系起来，求得实现这一功能的最低成本。

综上所述，功能成本法中关键是确定 $C_m$，确定 $C_m$ 的方法虽然很多，各种方法的准确程度也存在差异，但准确度的高低主要还取决于数据，情报资料的数量和质量，一定要重视资料的收集和整理过程。

## 六、价值工程在施工组织设计中的应用实例

某企业储配煤槽筒仓工程是我国目前最大的群体钢筋混凝土结构的储煤仓之一。其外观几何形式由三组24个直径11m，壁厚200mm的圆形薄壁连体筒仓组成。工程体积庞大，地质条件复杂，施工场地窄小，实物工程量多，工期长，结构复杂。设计储煤量为4.8万吨，预算造价近千万元。为保证施工质量，按期完成施工任务，施工单位决定在编制施工组织设计中开展价值工程活动。

（一）对象选择

施工单位对工程情况进行了分析。该工程主体由三部分组成：地下基础、地表至 16m 为框架结构并安装钢漏斗，16m 以上为底环梁和筒仓。对这三部分主体工程分别就施工时间、实物工程量、施工机具占用、人工占用和施工难度等指标进行测算，结果表明筒仓工程在各指标中均占首位，情况见表 6-9。

**表 6-9　某筒仓工程各项指标测算**　单位：%

| 工程名称／指标 | 地下基础 | 框架结构、钢漏斗 | 底环梁、筒仓 |
|---|---|---|---|
| 施工时间 | 15 | 25 | 60 |
| 实物工程量 | 12 | 34 | 54 |
| 施工机具占用 | 11 | 33 | 56 |
| 人工占用 | 17 | 29 | 54 |
| 施工难度 | 5 | 16 | 79 |

能否如期完成施工任务的关键，在于能否正确处理筒仓工程面临的问题，能否选择符合本企业技术经济条件的施工方法。总之筒仓工程是整个工程的主要矛盾，必须全力解决。价值工程人员决定以筒仓工程为研究对象，应用价值工程优化筒仓工程施工组织设计。

（二）功能分析

在对筒仓工程进行功能分析时，第一步工作是进行功能定义。筒仓的基本功能是提供储煤空间，其辅助功能主要为方便使用和外形美观。

功能分析的第二步工作是进行功能整理。在筒仓工程功能定义的基础上，根据筒仓工程内在逻辑联系，采取剔除、合并、简化等措施对功能定义进行整理，绘制出筒仓工程功能系统图 6-7。

（三）功能评价和方案改造

根据功能系统图可以明确看出，施工对象是混凝土筒仓仓体。在施工阶段应用价值工程不同于设计阶段应用价值工程，重点不在于考虑如何实现形成储煤空间这个功能，而在于考虑怎样实现设计人员已设计出的圆形筒仓。这就是说，采用什么样的施工方法和技术组织措施来保质保量地浇灌混凝土筒仓仓体，是应用价值工程编制施工组织设计中所要研究解决的中心课题。为此，价值工程人员同广大工程技术人员、经营管理人员和施工人员一道，积极思考，大胆设想，广泛调查，借鉴国内外成功的施工经验，提出了大量方案。最

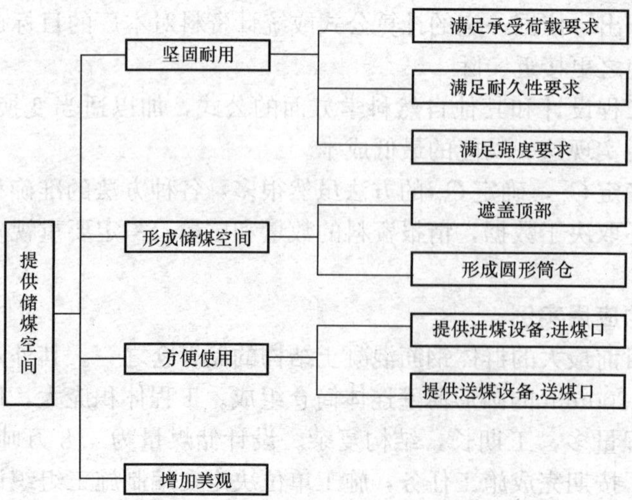


图 6-7　筒仓工程功能系统图

后根据既要质量好、速度快，又要企业获得可观经济效益的原则，初步选出滑模、翻模、大模板和合同转包四个施工方案供作进一步技术经济评价。

（四）施工方案评价

对施工方案进行评价的目的，是发挥优势，克服和消除劣势，做出正确的选择。首先价值工程人员运用给分定量法进行方案评价，评价情况见表 6-10。

**表 6-10　　运用给分定量法进行施工方案评价**

| 方案评价 | | | 方案 | | | |
|---|---|---|---|---|---|---|
| 指标体系 | 评分等级 | 评分标准 | A | B | C | D |
| 施工平台 | （1）需要制作 | 0 | 0 | | | |
| | （2）不需要制作 | 10 | | 10 | 10 | 10 |
| 模板 | （1）制作专用模板 | 0 | 0 | | 0 | |
| | （2）使用标准模板 | 10 | | 10 | | |
| | （3）不需制作模板 | 15 | | | | 15 |
| 千斤顶 | （1）需购置 | 0 | 0 | | | |
| | （2）不需购置 | 10 | | 10 | 10 | 10 |
| 施工人员 | （1）少工种少人员 | 10 | 10 | | | |
| | （2）多工种多人员 | 5 | | 5 | 5 | |
| | （3）无需参加 | 15 | | | | 15 |
| 施工准备时间 | （1）较短 | 15 | | 15 | | |
| | （2）中等 | 10 | | | 10 | |
| | （3）较长 | 5 | 5 | | | |
| | （4）无需准备 | 20 | | | | 20 |
| 受气候、机械等因素影响 | （1）较大 | 5 | 5 | | | |
| | （2）较小 | 10 | | 10 | 10 | |
| | （3）不受影响 | 15 | | | | 15 |
| 总体施工时间 | （1）保证工期 | 10 | 10 | | | |
| | （2）拖延工期 | 0 | | 0 | 0 | 0 |
| 施工难度 | （1）复杂 | 5 | 5 | | | |
| | （2）中等难度 | 10 | | | 10 | |
| | （3）较简单 | 15 | | 15 | | |
| | （4）无难度 | 20 | | | | 20 |
| 方案总分 | | | 35 | 75 | 55 | 105 |

表 6-10 中的方案 A、B、C、D 分别代表滑模、翻模、大模板施工方案和合同外包方案。计算结果表明：合同外包方案得分最高，其次为翻模和大模板施工方案，得分最低的为滑模施工方案。对得分结果进行分析可以发现，合同外包方案得分最高是因为它与其他方案比较时，基本上没有费用支出。事实上虽然在每个指标进行比较时，合同外包方案没有费用支出，但是在向其他单位外包却是要花费总的费用。因此简单地认为合同外包方案为最优方案是难以令人信服的，表 6-10 中设置的指标体系还不能充分证明究竟合同外包方案和其他三个施工方案孰优孰劣，必须进一步评价。为此价值工程人员还以给分定量法进行方案评价，见表 6-11。

**表 6-11　　运用给分定量法进一步进行施工方案评价**

| 方案评价 | | | 方案 | | | |
|---|---|---|---|---|---|---|
| 指标体系 | 评分等级 | 评分标准 | A | B | C | D |
| 技术水平 | （1）清楚 | 10 | 10 | 10 | 10 | |
| | （2）不清楚 | 5 | | | | 5 |
| 材料 | （1）需求量大 | 5 | | | | 5 |
| | （2）需求量小 | 10 | 10 | 10 | 10 | |
| 成本 | （1）很高 | 5 | | | | 5 |
| | （2）较低 | 10 | 10 | 10 | 10 | |
| 工程质量 | （1）保证质量 | 10 | 10 | 10 | 10 | |
| | （2）难以保证 | 5 | | | | 5 |
| 安全生产 | （1）避免事故责任 | 10 | | | | 10 |
| | （2）尽量避免事故责任 | 5 | 5 | 5 | 5 | |
| 施工力量 | （1）需要参加 | 5 | 5 | 5 | 5 | 10 |
| | （2）不需要参加 | 10 | | | | |
| 方案总分 | | | 50 | 50 | 50 | 40 |

表 6-11 计算结果表明，虽然合同外包方案可以坐享其成，但是权衡利弊还是利用本单位施工力量和生产条件，在保证工程质量和获得利润方面较为有利，因此应舍弃合同外包方案，选择翻模施工方案。

为进一步证明上述评价准确性，价值工程人员又通过计算各方案的预算成本和确定筒仓工程的目标成本，进而确定各方案的价值指数，以价值指数高低为判别标准来选择最佳施工方案。

通过计算，目标成本为 630 万元，各方案的预算成本及价值指数计算见表 6-12。

**表 6-12　　各方案的预算成本及价值指数比较**

| 方案 | 目标成本（元） | 预算成本（元） | 价值指数 |
|---|---|---|---|
| A | 6 300 000 | ＞108 301 | 0.88 |
| B | | 6 303 465 | 0.999 |
| C | | 6 607 496 | 0.95 |
| D | | ＞750 000 | ＜0.84 |

结果也表明，翻模施工方案为最优方案。

（五）翻模施工方案的进一步优化

虽然翻模施工方案比较其他施工方案为优，但它本身也存在一些问题，仍须改进，价值工程人员针对翻模施工方案存在的多工种、多人员作业和总体施工时间长的问题，运用价值工程作了进一步优化。

经过考察，水平运输和垂直运输使大量人工耗用在无效益的搬运上。为了减少人工耗费提高工效，进而保证工期，价值工程人员依据提高价值的途径：

（1）成本不增加，人员减少；

（2）成本略有增加，人员减少而工效大大提高；

(3) 成本减少，人员总数不变而提高工效。

根据以上途径相应提出三个施工方案：

方案 A：单纯缩减人员；

方案 B：变更施工方案为单组流水作业；

方案 C：采用双组流水作业。

价值工程人员对以上三个方案运用给分定量法进行评价，方案 C 为最优方案，即采用翻模施工方法双组流水作业，在工艺上采用二层半模板二层角架施工。

(六) 效果总评

通过运用价值工程，使该工程施工方案逐步完善，施工进度按计划完成，产值大幅度增加，利润大幅度提高，工程质量好，被评为全优工程。从降低成本方面看，筒仓工程实际成本为 577.2 万元，与原滑模施工方案相比节约 133.6 万元，比大模板施工方案节约 83.5 万元，比合同外包方案节约 172.8 万元。与翻模施工方案原定预算成本相比降低 53.1 万元，降低率为 8.4%，与目标成本相比降低 52.8 万元，降低率为 8.3%，成效显著。

## 第五节 方案创新与一般评价方法

### 一、方案创新

方案创新是从提高对象的功能价值出发，针对应改进的具体目标，依据已建立的功能系统图和功能目标成本，通过创造性的思维活动，提出实现功能的各种各样的改进方案。

方案创新是价值工程活动成败的关键，主要依赖于创造能力和创造思维。在价值工程中常用的方案创新的方法如下。

1. 头脑风暴法

头脑风暴法又称 BS 法，由美国人奥斯本（Osburn）博士在 1939 年首先提出。头脑风暴法采用会议的形式，组织那些对改进对象有较深了解的人员进行讨论、座谈，人数一般为 5～20 人，讨论时应遵守以下几条规则：

(1) 不允许批评别人的设想；

(2) 欢迎自由提出尽量多的方案；

(3) 欢迎在别人的意见基础上补充和完善；

(4) 会议的主持者应思想活跃，知识面广，善于引导，使会议气氛融洽，使与会者广开思路，畅所欲言；

(5) 会议应有记录，以便于整理研究。

头脑风暴法的核心点是：打破常规、积极思考、互相启发、集思广益。这种方法可使获得的方案新颖、全面、富于创造性，并可以防止片面和遗漏。

2. 哥顿（Gorden）法

哥顿法又称模糊目标法，是由美国人哥顿在 1964 年提出来的。这种方法的指导思想是要把要研究的问题适当抽象，以利于开拓思路，在研究到新方案时，会议主持人开始并不全部摊开要解决的问题，而是只对大家作一番抽象笼统的介绍，要求大家提出各种设想，以激发出有价值的改进方案。这种方法要求会议主持人机智灵活、提问得当。提问太具体，容易限制思路；提问太抽象，则方案可能离题太远。

3. 德尔菲（Delphi）法

德尔菲法又称专家调查法，是将要研究的方案分解为若干内容，分送各有关专家，使他们在互不商量的情况下提出各种建议和设想，经过整理分析后，归纳出若干较合理的方案，再分送给各位专家进行分析研究，如此经过几次反复后专家意见趋向一致，从而最后确定改进方案，这种方法的特点是专家互不见面，研究问题时间充裕，没有顾虑，可以不受约束地从各种角度提出意见，缺点是花费时间较长，缺乏面对面的交谈和商议。

**二、方案评价的一般方法**

在方案创新阶段提出的设想和方案是各种各样的，并且一般数量也比较多，要对它们进行优选，就必须对各个方案的优缺点和可行性作分析、比较、论证和评价，并在评价过程中对有希望的方案进一步完善，这个过程就称为方案评价。

方案评价包括概略评价和详细评价两个阶段。概略评价是对方案创新阶段提出的各个方案设想进行粗略评价，目的是淘汰那些明显不可行的方案，筛选出少数几个价值较高的方案，以供详细评价作进一步的分析。

详细评价是在掌握了大量数据资料的基础上，对概略评价获得的少数方案，从技术、经济、社会三个方面进行详尽的评价分析，为提案的编写和审批提供依据。

方案评价的内容包括技术评价、经济评价和社会评价。技术评价是对方案功能的必要性及必要程度（如性能、质量、寿命等）的大小进行分析评价；社会评价是对方案给国家和社会带来的影响（如环境污染、生态平衡、国民经济效益等）进行分析评价。

在对方案进行评价时，无论是概略评价还是详细评价，都应包括技术评价、经济评价和社会评价三个方面的内容。一般可先做技术评价，再分别做经济评价和社会评价，最后做综合评价。其过程见图 6-8。

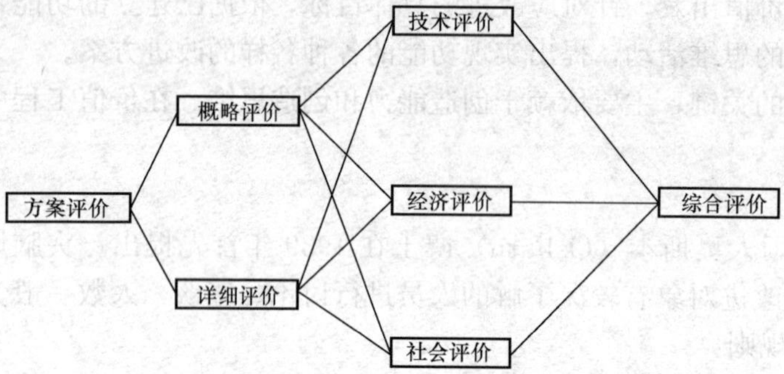

图 6-8 方案评价示意图

经济评价主要对各方案的技术指标（如规模大小、方案、工艺流程等）和建设条件（如材料供应、场址和平面布置等）进行技术经济分析和评价。对于不同结构类型的方案要按照方案的计算期是否相同，资金有无约束条件及产出效益和产品产量是否相同等实际情况，选用适当的比较方法和评估指标，以避免因使用不同指标导致相反的评价结果。

根据不同方案所含的全部因素进行方案评价，可根据方案的具体情况分别选用差额投资内部收益率法、净现值法、年值法、净现值率法、最小费用法、最低价法和差额投资回收期法或可选用一组评价指标，进行方案的比选。

1. 差额投资内部收益率（$\Delta IRR$）法

差额投资内部收益率也称增量投资内部收益率。差额投资内部收益率是两个互斥方案，各年净现金流量差额的现值之和等于零时的折现率。

财务评价时，其表达式为

$$\sum_{t=1}^{n}[(CI-CO)_2-(CI-CO)_1]_t(1+\Delta IRR)^{-t}=0$$

或

$$\sum_{t=1}^{n}(\Delta CI-\Delta CO)_t(1+\Delta IRR)^{-t}=0$$

国民经济评价时，其表达式为

$$\sum_{t=1}^{n}[(B-C)_2-(B-C)_1]_t(1+\Delta EIRR)^{-t}=0$$

或

$$\sum_{t=1}^{n}(\Delta B-\Delta C)_t(1+\Delta EIRR)^{-t}=0$$

式中 $(CI-CO)_2$——投资大的方案的年净现金流量；

$(B-C)_2$——投资大的方案的年经济净效益流量；

$(CI-CO)_1$——投资小的方案年净现金流量；

$(B-C)_1$——投资小的方案的年经济净效益流量；

$\Delta CI$——互斥方案（2、1）的现金流入差额（$CI_2-CI_1$）；

$\Delta B$——互斥方案（2、1）的经济效益差额（$B_2-B_1$）；

$\Delta CO$——互斥方案（2、1）的现金流出差额（$CO_2-CO_1$）；

$\Delta C$——互斥方案（2、1）财务的经济费用差额（$C_2-C_1$）；

$\Delta IRR$——差额投资财务内部收益率；

$\Delta EIRR$——差额投资经济内部收益率。

用差额投资内部收益率比选方案的判别准则为：若 $\Delta IRR>i_c$（基准收益率或社会折现率），则投资规模大的方案为优。

若 $\Delta IRR<i_c$。则投资规模小的方案为优。差额投资内部收益率的概念及差别准则的含义如图 6 - 9 所示。

在图 6 - 9 中，$A$ 点为两个方案净现值曲线的交点，两方案的净现值在该点相等。交点所对应的折现率为两个方案的差额投资内部收益率 $\Delta IRR$。由图 6 - 9 可看出：当 $\Delta IRR>i_{c1}$ 时，$NPV_2>NPV_1$，所以，投资规模大的第二方案为优，当 $\Delta IRR<i_{c2}$ 时（在 $A$ 点的右边），$NPV'_1>NPV'_2$，所以，投资规模小的第一方案为优。

用差额投资内部收益率评选方案应该注意的是，差额内部收益率不能反映方案的绝对经济效果，只能用于方案间的相对效果检验。

因此，在评估和选择互斥方案时，需要将内部收益率（$IRR$）与差额内部收益率（$\Delta IRR$）两种评估指标结合起来使用。

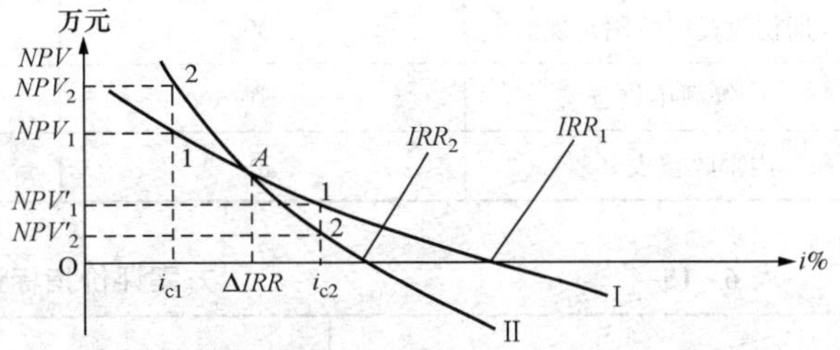


图 6 - 9 差额投资内部收益率

**【例 6 - 4】** 已知方案甲、乙、丙为互斥方案，其现金流量见表 6 - 13。若基准折现率 $i_c=6\%$，试用差额投资内部收益率指标优选方案。

表 6-13 互斥方案现金流量表 单位：万元

| 方案＼年末 | 0 | 1～20 |
|---|---|---|
| 甲 | −2 000 | 410 |
| 乙 | −4 000 | 639 |
| 丙 | −5 000 | 700 |

**解** (1) 求出各方案的内部收益率：

方案甲 $2\,000 = 410(P/A, IRR_A, 20)$

$$(P/A, IRR_A, 20) = \frac{2\,000}{410} = 4.87$$

查表得 $IRR_A = 20\%$

方案乙 $4\,000 = 639(P/A, IRR_B, 20)$

$$(P/A, IRR_B, 20) = \frac{4\,000}{639} = 6.26$$

查表得 $IRR_B = 15\%$

方案丙 $5\,000 = 700(P/A, IRR_C, 20)$

$$(P/A, IRR_C, 20) = \frac{5\,000}{700} = 7.14$$

其内部收益率介于12%与15%之间，用线性内插法，计算

$$IRR_C = 12\% + \left(\frac{7.47-7.14}{7.47-6.26}\right) \times (15\% - 12\%) = 12.8\%$$

可见由于甲、乙、丙三个方案的内部收益率 $IRR_{甲}$、$IRR_{乙}$ 和 $IRR_{丙}$ 均大于基准折现率 $i_c$，因此均通过了绝对效果检验。

(2) 把互斥方案按投资（费用）现值增加的次序排列，并计算各方案间的差额（增量），见表 6-14、表 6-15。

表 6-14 方案评价指标计算表 单位：万元

| 项目＼方案 | 甲 | 乙 | 丙 |
|---|---|---|---|
| 期初投资（费用）现值 | 2 000 | 4 000 | 5 000 |
| 等额年收益 | 410 | 639 | 700 |
| 内部收益表（%） | 20 | 15 | 12.8 |

表 6-15 方案评价指标计算表 单位：万元

| 项目＼方案 | 乙－甲 | 丙－乙 |
|---|---|---|
| 投资（费用）差额 | 2 000 | 1 000 |
| 等额年收益率额 | 229 | 61 |

(3) 计算差额投资内部收益率:

1) 乙－甲 $2\,000 = 229(P/A, \Delta IRR, 20)$

$$(P/A, \Delta IRR, 20) = \frac{2\,000}{229} = 8.734$$

计算得 $\Delta IRR=9.7\%$，由于 $\Delta IRR > i_c$（6%），因此投资大的方案乙优于方案甲。

2) 丙－乙 $1\,000 = 61(P/A, \Delta IRR, 20)$

$$(P/A, \Delta IRR, 20) = \frac{1\,000}{61} = 16.93$$

查表得 $\Delta IRR=2\%$，由于 $\Delta IRR < i_c$（6%），因此投资规模小的方案乙优于方案丙。所以，结论是选择乙方案。

2. 净现值（NPV）法

净现值指标是项目动态经济评价中用的最多的指标之一。其含义是把发生在项目（方案）计算期内不同时间上的各年现金流量，按一定的折现率（行业基准收益率或社会折现率）和统一的基准时间（通常为建设期初）进行折现，其累计值就是净现值。其表达式为

$$NPV = \sum_{t=1}^{n}(CI - CO)_t(1 + i_c)^{-t}$$
$$= \sum_{t=1}^{n}(S - I - C + S_v + W)_t(1 + i_c)^{-t}$$
$$(1 + i_c)^{-t} = (P/F, i_c, t)$$

式中 $NPV$——净现值；

$CI$——现金流入量；

$CO$——现金流出量；

$(CI-CO)_t$——第 $t$ 年的净现金流量；

$n$——方案计算期；

$i_c$——行业的基准折现率（或设定的折现率）或社会折现率；

$(1+i_c)^{-t}$——现值系数；

$S$——年销售收入；

$I$——年全部投资；

$C$——年经营费用；

$S_v$——计算期末回收的固定资产余值；

$W$——计算期末回收的流动资金。

评价方案的判别准则：

单一项目方案，若 $NPV \geqslant 0$ 则项目（方案）应予以接受；若 $NPV < 0$ 则项目（方案）应予以拒绝。

多方案比选，$NPV \geqslant 0$ 且 $NPV_{max}$ 为最优方案。就是将分别计算的各比较方案的净现值进行比较，以净现值较大的方案为优。

**【例 6-5】** 某项目投资计划有四个厂址选择方案，每个选址方案的财务现金流量情况见表 6-16，假定项目所在行业的基准收益率为 15%，试用净现值法比较和选择最优厂址方案。

**表 6-16** **各选址方案财务现金流量表** 单位：万元

| 选址＼年份 | 建设期 | | 生产期 | | |
|---|---|---|---|---|---|
| | 1 | 2 | 3 | 4～5 | 16 |
| 甲 | −2 024 | −2 800 | 500 | 1 100 | 2 100 |
| 乙 | −2 800 | −3 000 | 570 | 1 310 | 2 300 |
| 丙 | −1 500 | −200 | 300 | 700 | 1 300 |

按行业基准收益率 15%计算的方案净现值为

甲方案　$NPV_{甲} = 582.5$ 万元

乙方案　$NPV_{乙} = 586.0$ 万元

丙方案　$NPV_{丙} = 14.3$ 万元

计算结果表明乙方案的财务净现值最高，是最优方案。

3. 年值（$AW$）法

年值是将方案寿命期内的净现金流量，通过资金等值计算换算成等额支付系列的年值。其表达式为

$$AW = \left[\sum_{t=1}^{n}(S - I - C + S_v + W)_t (P/F, i_c, n)\right](A/P, i_c, n)$$

$$AW = NPV(A/P, i_c, n)$$

$$= \sum_{t=1}^{n}(CI - CO)_t (1 + i_c)^{-t}(A/P, i_c, n)$$

或

$$AW = \sum_{t=1}^{n}(CI - CO)_t (1 + i_c)^{n-t} \cdot (A/P, i_c, n)$$

式中的（$A/P$，$i_c$，$n$）为资金回收系数，其他符号意义同上，年值指标的差别准则与净现值指标判别准则相同。

这就是将分别计算的各比较方案经济净效益的等额年值（$AW$）进行比较，以年值较大的方案为优。净现值的含义是项目（方案）寿命期内取得的超出目标盈利的余额收益现值，而年值给出的是项目（方案）寿命期内每年的平均（等额）余额收益。在某些方案结构的评价中，往往采用年值法计算比采用现值法更为简便，因此年值法在项目的经济评价中占有一定的地位。

**【例 6-6】** 根据［例 6-4］的数据资料，试用年值法进行各厂址方案的比选。

从复利系数表查得（$A/P$，15%，16）＝0.168 再根据［例 6-4］的计算结果，按年值法可计算出各方案的年值为

$$AW = NPV(A/P, i_c, n)$$

甲方案：$AW_{甲} = 582.5 \times 0.168 = 97.9$(万元)

乙方案：$AW_{乙} = 486.0 \times 0.168 = 98.5$(万元)

丙方案：$AW_{丙} = 14.3 \times 0.168 = 2.4$(万元)

计算结果，乙方案的年值最高，为最优厂址方案。

4. 净现值率（$NPVR$）法

净现值指标在用于多方案比较时，其判别准则为 $NPVR_{max}$ 者的最优，不考虑各方案投

资额的大小，因此不能反映方案投资的利用效率高低。为了观察资金的利用效率，在工业项目经济评估中经常以净现值率（$NPVR$）作为辅助评估指标与净现值指标配合使用。净现值率是方案的净现值与方案投资总额现值之比，反映单位投资所能获得的超额净效益，当有明显的资金限制时，宜采用 $NPVR$ 指标。其计算公式为

$$NPVR=\frac{NPV}{I_{\mathrm{P}}}=\frac{\sum_{t=1}^{n}(CI-CO)_t(1+i_{\mathrm{c}})^{-t}}{\sum_{t=1}^{n}I_t(1+i_{\mathrm{c}})^{-t}}$$

式中 $I_t$——第 $t$ 年的投资额。

净现值率的判别准则：

单一项目方案：若 $NPVR\geqslant 0$ 方案应予以接受；否则方案不可取。

多方案比选：若 $NPVR\geqslant 0$ 且 $NPVR_{\max}$ 者为最优，就是用净现值率进行方案比选时，以净现值率较大的方案为优。

**【例 6-7】** 根据［例 6-4］的数据资料，试用净现值率法进行方案比较并选择最优厂址方案。

首先按 15%的基准收益率，计算各方案的投资现值为

甲方案：$I_{\text{P甲}}=2\ 024\times 0.870+2\ 800\times 0.756=3\ 877.68$(万元)

乙方案：$I_{\text{P乙}}=2\ 800\times 0.870+3\ 000\times 0.756=4\ 704$(万元)

丙方案：$I_{\text{P丙}}=1\ 500\times 0.870+200\times 0.756=1\ 456.2$(万元)

根据［例 6-4］计算得出的各方案财务净现值，便可计算出各方案的净现值率为

甲方案：$NPVR_{\text{甲}}=\frac{NPV_{\text{甲}}}{I_{\text{P甲}}}=\frac{582.5}{3\ 877.68}=0.15$

乙方案：$NPVR_{\text{乙}}=\frac{NPV_{\text{乙}}}{I_{\text{P乙}}}=\frac{586.0}{4\ 704}=0.125$

丙方案：$NPVR_{\text{丙}}=\frac{NPV_{\text{丙}}}{I_{\text{P丙}}}=\frac{14.3}{1\ 456.2}=0.009\ 8$

计算结果表明，甲方案的财务净现值率最大，是最优厂址方案。

## 第六节 方案比较评价的特殊方法

### 一、效益相同或基本相同的方案比较评价方法

对效益相同或基本相同但难以具体估算的方案进行比较优选时，为简化计算，可采用最小费用法（包括费用现值比较法和年费用比较法）。因为应用净现值、内部收益率等评估指标评价方案时，必须进行净现值流量的计算，但有些项目如环保、国防、教育和卫生等所产生的效益是无法用货币直接计量的，因此不能用上述指标进行评估。但是，在对多个方案进行比选时，如果诸方案产出价值相同或基本相同，或者诸方案能提供相同服务或能满足相同需要，则可通过对各方案的费用比较进行选择。根据效益极大化目标的要求和费用较小的较之费用较大的方案更为可取的原则，可按所消耗的总费用最小标准来选择最优方案，即所谓最小费用法。将总费用折算成年值称费用年值（$AC$）法。

1. 费用现值比较法（简称现值比较法）

计算各比较方案的费用现值（$PC$）并进行对比，以费用现值较低的方案为优。其表达式为

$$PC=\sum_{t=1}^{n}CO_t(P/F,i_c,t)$$
$$=\sum_{t=1}^{n}(I+C'-S_v-W)_t(P/F,i_c,t)$$

2. 年费用（$AC$）比较法

计算各比较方案的等额年费用（$AC$）并进行对比，以年费用较低的方案为优。其表达式为

$$AC=PC(A/P,i_c,n)$$
$$=\sum_{t=1}^{n}CO_t(P/F,i_c,t)(A/P,i_c,n)$$
$$=\left[\sum_{t=1}^{n}(I+C'-S_v-W)_t(P/F,i_c,t)\right](A/P,i_c,n)$$

式中的符号意义同前。

**【例 6-8】** 某企业开发新项目有四个方案 A、B、C、D 均能满足同样的功能需要，其费用支出见表 6-17。当基准折现率 $i_c=12\%$时，试按费用现值（$PC$）和费用年值（$AC$）指标选择最优方案。已知（$P/A$，12%，10）=5.65，（$A/P$，12%，10）=0.177。

**表 6-17　各工艺方案费用**　单位：万元

| 方案＼费用 | 总投资（期初） | 年运营费用（第 1～10 年末） | 方案＼费用 | 总投资（初期） | 年运营费用（第 1～10 年末） |
|---|---|---|---|---|---|
| A | 30 | 35 | C | 20 | 55 |
| B | 25 | 45 | D | 10 | 50 |

**解**　(1) 按费用现值（$PC$）计算

$$PC_A=30+35(P/A,12\%,10)=227.75(\text{万元})$$
$$PC_B=25+45(P/A,12\%,10)=279.25(\text{万元})$$
$$PC_C=20+55(P/A,12\%,10)=330.75(\text{万元})$$
$$PC_D=10+60(P/A,12\%,10)=292.5(\text{万元})$$

(2) 按费用年值（$AC$）计算

$$AC_A=35+30(A/P,12\%,10)=40.31(\text{万元})$$
$$AC_B=45+25(A/P,12\%,10)=49.43(\text{万元})$$
$$AC_C=55+20(A/P,12\%,10)=58.54(\text{万元})$$
$$AC_D=50+10(A/P,12\%,10)=51.77(\text{万元})$$

根据费用最小的选择原则，不论是按费用现值法还是按费用年值法，计算结果均一致，方案 A 最优，方案 B、D 次之，方案 C 最差。

## 二、产量相同或基本相同方案的比较评价方法

当两个投资方案产量相同或基本相同时，可采用静态的简便的比较方法，如静态差额投

资收益率 $R_A$ 法或静态差额投资回收期（$P_A$）法。因为当两个方案产量相同或能够满足共同需要的情况下，投资额相对大的方案，其生产经营成本要比投资额相对小的方案低些，此时需要对两方案的投资与生产经营成本进行综合比较才能得出正确结论。差额投资回收期是指投资额大的方案以每年所节约的生产经营成本额来回收差额投资的期限；差额投资收益率是指单位差额投资每年所获得的生产经营成本节约额。其计算公式分别为

$$P_A=\frac{I_2-I_1}{C_1'-C_2'}=\frac{\Delta I}{\Delta C'}$$

$$R_A=\frac{C_1'-C_2'}{I_2-I_1}=\frac{\Delta C'}{\Delta I}$$

式中 $I_1$、$I_2$——两个比较方案的投资额，且 $I_2>I_1$，$\Delta I$ 为差额投资；

$C_1'$、$C_2'$——两个比较方案的年生产经营成本，且 $C_2'<C_1'$，$\Delta C'$ 为生产经营成本节约额。

当差额投资回收期（$P_A$）短于基准投资回收期（$P_C$）时，或差额投资收益率（$R_A$）大于财务基准收益率（$R_C$）或社会折现率时，说明追加投资的经济效果是好的，即投资大的方案是合理的，否则投资小的方案合理。

**【例 6-9】** 拟建某设备生产项目有两个方案，第一个方案投资 1 000 万元，年生产经营成本为 1 400 万元；第二个方案采用自动生产线，投资 3 000 万元，但年生产经营成本只需要 900 万元。已知该部门的基准投资回收期为 5 年。哪个投资方案较为合理？

**解**

$$P_A=\frac{I_2-I_1}{C_1'-C_2'}=\frac{3\ 000-1\ 000}{1\ 400-900}=4\ (\text{年})$$

由于基准投资回收期 $P_C=5$ 年，$P_A<P_C$，所以第二个方案较为经济合理。用差额投资收益率（$R_A$）评价，结论一致。

当多个方案进行比选时，可将所有方案投资额从小到大的顺序排列，然后从投资额小的方案开始成对比较，每次选出较好的方案依次与后面的方案比较，最终便可选出一个最优方案。

### 三、产品产量不同、价格难以确定的方案比较评价方法

对于产品相同但产量（服务量）不同，而价格（服务收费标准）难以确定的比较方案，当其产品为单一产品或能折合为单一产品时，一般可采用最低价格（最低收费标准）法，分别计算各比较方案净现值等于零时的产品价格（最低收费标准）并进行比较，以产品价格（收费标准）较低的方案为优。最低价格 $P_{\min}$ 可按下式求得

$$P_{\min}=\frac{\sum_{t=1}^{n}(I+C'-S_v-W)_t(P/F,i,t)}{\sum_{t=1}^{n}Q_t(P/F,i,t)}$$

式中 $Q_t$——第 $t$ 年的产品（或服务）量；其他符号意义同前。

**【例 6-10】** 设某企业要开发某种新产品，有 A、B 两种投资方案，产品销售价格一时难以确定。已知两方案的建设期为一年，分别投资 2 100 万元和 3 300 万元；第二年投产，每年产量分别为 30 万吨和 50 万吨，年生产经营费用为 1 100 万元和 1 600 万元，到第九年项目终了时回收固定资产余值和流动资金分别为 420 万元和 630 万元，财务基准收益为 12%。试用最低价格法比选两个投资方案。

**解** 根据已知条件，可求得 A、B 两个投资方案产品的最低价。

A方案

$$P_{\min}=\frac{2\ 100\times(P/F,\ 12\%,\ 1)+1\ 100\times(P/A,\ 12\%,\ 9-P/A,\ 12\%,\ 1)+420\times(P/F,\ 12\%,\ 9)}{30[(P/A,\ 12\%,\ 9)-(P/A,\ 12\%,\ 1)]}$$

$$=\frac{2\ 100\times0.893+1\ 100\times(5.328-0.893)+420\times0.362}{30\times(5.328-0.893)}=69.62\ (\text{元/吨})$$

B方案

$$P_{\min}=\frac{3\ 300\times0.893+1\ 600\times4.435-630\times0.362}{50\times4.435}=44.26\ (\text{元/吨})$$

计算结果表明，B方案的最低价格小，企业应采纳B方案。

**四、计算期相同或不同的方案比较评价方法**

当多个备选方案的计算期相同时，可直接选用差额投资内部收益率法、年值法、净现值法、净现值率法、最小费用法，以及最低价格法等方法进行方案比较。

当各比较方案的计算期不相同时，则宜采用年值法或年费用比较法进行方案比较。如果要采用净现值法、差额投资内部收益率法、净现值率法、费用现值比较法或最低价格法，则需事先对各种比较方案的计算期和计算公式作适当处理后再进行比较。如以最小公倍数或最短计算期作为比较方案的共同计算期，使方案比较的评价指标在时间上具有可比性。

1. 方案重复法

以各方案计算期的最小公倍数值为比较方案的计算期，对各方案计算期内各年净现金流量进行重复计算，直到与最小公倍数计算期相等；然后计算净现值、净现值率或差额投资内部收益率进行方案比较。

以净现值法为例，其表达式为

$$NPV'_1=NPV_1\times\sum_{i=0}^{m_1-1}(1+i)^{-n_1 i}$$

$$NPV'_2=NPV_2\times\sum_{i=0}^{m_2-1}(1+i)^{-n_2 i}$$

$$m_1=\frac{M}{n_1};m_2=\frac{M}{n_2}$$

式中 $NPV'_1$，$NPV'_2$——第一、二方案的重复净现值；

$NPV_1$，$NPV_2$——第一、二方案的净现值；

$n_1$，$n_2$——第一、二方案的计算期；

$i$——财务基准收益率或社会折现率。

2. 最短计算期法

这是通过缩短较常计算期来满足时间可比性要求的方法。与上述方案重复法正好相反。以净现值为例，其表达式为

$$NPV'_1=NPV_1$$

$$NPV'_2=NPV_2\times(A/P,i,n_2)(P/A,i,n_1)$$

式中 $n_1$——较短计算期方案的计算期；

$n_2$——较长计算期方案的计算期。

**【例6-11】** A、B两个项目的计算期分别为10年和15年，它们的净现金流量情况见表6-18。试分别用方案重复法和最短计算期法比较这个项目（设财务基准收益率为12%）。

表 6-18　**A、B 两个项目的净现金流量表**　单位：万元

| 项目＼年份 | 1 | 2 | 3 | 4～9 | 10 | 11～14 | 15 |
|---|---|---|---|---|---|---|---|
| A | −560 | −730 | 420 | 420 | 650 | — | — |
| B | −1 200 | −1 600 | −920 | 820 | 820 | 820 | 1 360 |

**解**　根据财务基准收益率为 12%计算，两项目的财务净现值为

$$FNPV_A = 655.4 \text{ 万元}$$
$$FNPV_B = 745.2 \text{ 万元}$$

(1) 用方案重复法比较，A、B 两个项目计算期的最小公倍数为 30 年，所以

$$m_A = 3, m_B = 2$$

因此

$$FNPV'_A = 655.4 \times \sum_{j=0}^{2}(1+0.12)^{-10j} = 934.4(\text{万元})$$
$$FNPV'_B = 745.2 \times \sum_{j=0}^{1}(1+0.12)^{-15j} = 881.3(\text{万元})$$

计算结果表明，A 方案优于 B 方案。

(2) 用最短计算期法比较：

$$FNPV'_A = FNPV_A = 655.4(\text{万元})$$
$$FNPV'_B = FNPV_B \times (A/P, 12\%, 15) \times (P/A, 12\%, 10)$$
$$= 745.2 \times 0.146\,8 \times 5.65 = 618.2(\text{万元})$$

计算结果表明：A 方案比 B 方案优。

为了进一步了解寿命期不等的互斥方案的评价方法，下面给出了寿命期不等的互斥方案的净现值、年值、费用现值、费用年值和内部收益率等评价指标的表达式及其判别准则。

3. 净现值法

假设 $m$ 个互斥方案的共同计算期为 $N$，方案 $j(j=1, 2, 3, \cdots, n)$ 的寿命期为 $n$。

$$NPV_j = \sum_{t=1}^{n_j}(CI_j - CO_j)_t(1+i_c)^{-t}(A/P, i_c, n_j)(P/A, i_c, N)$$

$NPV_j \geqslant 0$ 且 $NPV_{j\max}$ 者为最优方案。

4. 年值法

$$AW = NPV_j(A/P, i_c, n_j)$$
$$= \sum_{t=1}^{n_j}(CI_j - CO_j)_t(1+i_c)^{-t}(A/P, i_c, n_j)$$

$AW \geqslant 0$，且 $AW_{\max}$ 者为最优方案。

5. 只能进行费用比较的方案可用费用现值、费用年值和差额投资内部收益率进行比选

(1) $PC_j = \sum_{t=1}^{n_j} CO_{jt}(1+i_c)^{-t}(A/P, i_c, n_j)(P/A, i_c, N)$

(2) $AC_j=\sum_{t=1}^{n_j}CO_{jt}(1+i_c)^{-t}(A/P,i_c,n_j)$

$PC_{min}$和$AC_{min}$者为最优方案。

(3) 差额投资内部收益率方程以两方案的费用年值相等列出：

$$\sum_{t=1}^{n_B}CO_{At}(1+\Delta IRR)^{-t}(A/P,\Delta IRR,n_A)$$

$$-\sum_{t=1}^{n_B}CO_{Bt}(1+\Delta IRR)^{-t}(A/P,\Delta IRR,n_B)=0$$

判别准则：在$\Delta IRR$存在时，若$\Delta IRR>i_c$，则年均费用现金流小的方案为优；若$0<\Delta IRR<i_c$，则年均费用现金流大的方案为优。

若方案$j$的寿命期为$n_j$，则方案$j$的年均费用现金流等于$\sum_{t=0}^{n_j}CO_{jt}/n_j$。

6. 内部收益率和差额投资内部收益率法

这是先对各备选方案用$IRR$指标进行绝对效果检验，然后再对通过绝对效果检验的方案用差额投资内部收益率法进行优选。差额投资内部收益率方程可用两方案净年值相等列出

$$\sum_{t=1}^{n_A}(CI_A-CO_A)_t(1+\Delta IRR)^{-t}(A/P,\Delta IRR,n_A)$$

$$-\sum_{t=1}^{n_B}(CI_B-CO_B)_t(1+\Delta IRR)^{-t}(A/P,\Delta IRR,n_B)=0$$

或

$$\sum_{t=1}^{n_A}(CI_A-CO_A)_t(1+\Delta IRR)^{-t}(A/P,\Delta IRR,n_A)(P/A,\Delta IRR,N)$$

$$-\sum_{t=1}^{n_B}(CI_B-CO_B)_t(1+\Delta IRR)^{-t}(A/P,\Delta IRR,n_B)(P/A,\Delta IRR,N)=0$$

用差额投资内部收益率进行寿命不等的互斥方案选择，通常应满足下列条件之一：初始投资额大的方案年均净现金流量大，且寿命期长；或出事投资额大的方案年净现金流量小，切寿命期段。方案比选的判别准则为：$\Delta IRR$存在的条件下，若$\Delta IRR>i_c$，则年均净现金流量大的方案为优；若$0<\Delta IRR<i_c$，则年均净现金流量小的方案为优。若方案$j$的使用寿命期为$N$，则方案$j$的年均净现金流量为

$$\sum_{t=1}^{n}(CI_j-CO_j)_t/n_j$$

**【例 6-12】** 互斥方案 E、F 的净现金流量见表 6-19，计算期为 5 年。若基准折现率$i_c=10\%$，试用净现值和差额投资内部收益率指标评价方案。

**表 6-19　　互斥方案 E、F 净现金流量**　　单位：万元

| 方案 \ 年序 | 0 | 1～5 | 6～10 |
|---|---|---|---|
| E | −300 | 80 | 80 |
| F | −100 | 50 | |

**解**　(1) 计算净现值：

$$NPV_E = [-300 + 80(P/A,10\%,10)](A/P,10\%,10)(P/A,10\%,5)$$
$$= 118.12(万元)$$
$$NPV_F = -100 + 50(P/A,10\%,5)$$
$$= 89.55(万元)$$

由于 $NPV_E > NPV_F > 0$，故方案 E 优于方案 F。

(2) 用差额投资内部收益率比选方案：

根据前面求得的年均净现金流量的公式 $\sum_{t=1}^{n_j}(CI_j - CO_j)_t/n_j$，求得初始投资额大的 E 方案年均净现金流量为 50（−300/10+80）大于初始投资额小的 F 方案年均净现金流量为 30（−100/5+50），且方案 E 寿命（10 年）长于方案 F 寿命（5 年），符合使用差额投资内部收益率条件。根据差额投资内部收益率方程为

$$-300(A/P,\Delta IRR,10) + 100(A/P,\Delta IRR,5) + 30 = 0$$

解得 $\Delta IRR = 14.99\%$

根据判别准则，$\Delta IRR > i_c$（10%）应选择年均净现金流量大的方案。故方案 E 优于方案 F。此结论与净现值法相同。

**五、投资方案比较指标的适用范围**

净现值（*NPV*）、内部收益率（*IRR*）和净现值率（*NPVR*）是在对于单个方案进行投资项目经济评价、对互斥方案进行比较选优和对独立方案项目进行排队与组合选优等方案评价时经常使用的评价指标。

在单个项目的经济评价中，用 *NPV*、*IRR* 和 *NPVR* 这三个指标来判断项目的可行性所得出的结论是一致的，可以选用任一指标进行评价判断。但是，在多方案比较和项目排队组合选优时，这三个指标的评价结论有时也可能是完全相悖的。

一般来讲，内部收益率（*IRR*）指标比较直观，能直接表示项目投资的盈利能力，可作为项目经济评价的主要指标，但用于在生产期有大量追加投资的“非常规项目”时可能出现多个收益率，从而失去其实际评价意义；而净现值（*NPV*）只能表明项目投资的盈利能力是否达到，是超过还是达不到国家部门（行业）规定的盈利水平，但是反映不出来究竟比行业基准收益率高或低多少。净现值率是净现值的补充指标，可反映净现值与投资现值的关系，用于不同投资额的方案比选，净现值率的最大化有利于实现有限投资的净贡献最大化。

综上所述，在方案比选时要注意以下几点：

(1) 总费用现值和年费用现值指标是没有一定限制条件的。

(2) 在无资金约束条件时，可以采用净现值和差额投资内部收益率指标比选结论是一致的。

(3) 在事先明确资金有限定范围时，则可采用净现值率来比选。

(4) 当多个项目进行排队和组合优选时，可采用净现值率选择符合资金条件，又能使净现值率最大的方案组合，以实现有限资金的合理利用。上述分析可总结为评价指标的适用范围（见表 6-20）。

**表 6-20 投资方案比较指标的应用范围**

| 用途＼指标 | 净现值 | 内部收益率 | 净现值率 |
|---|---|---|---|
| 项目经济评估（单个方案的可能性判断） | $NPV \geqslant 0$ 可考虑接受 | $IRR \geqslant i$ 时，可考虑接受 | $NPVR > 0$ 时，可考虑接受 |
| 方案比较（互斥方案优选） | 无资金限制时，可选择 $NPV$ 较大者 | 一般不用，可计算 $\Delta IRR$，当 $\Delta IRR \geqslant i$ 时以投资较大方案为优 | 存在明确的资金限制时，选择 $NPVR$ 较大者 |
| 项目排队（独立方案组合优选） | 不单独使用 | 一般不采用 | 按 $NPVR$ 大小将项目排序，选满足资金约束条件的项目组合，使 $NPVR$ 最大 |

**【例 6-13】** 有 8 个独立方案其投资现值，净现值情况见表 6-21。请回答：

（1）如可利用资金为 200 万元，应选择哪些方案？

（2）如可利用资金为 300 万元，应选择哪些方案？

（3）如可利用资金为 450 万元，应选择哪些方案？

**表 6-21 各方案投资现值和净现值表** 单位：万元

| 指数＼方案 | A | B | C | D | E | F | G | H |
|---|---|---|---|---|---|---|---|---|
| $I$ | 50 | 60 | 70 | 80 | 90 | 100 | 110 | 120 |
| $NPV$ | −10 | 30 | 56 | 72 | 63 | 60 | 44 | −12 |

**解** 第一步，剔除不合格方案 A 和 H 方案（因为 $NPV < 0$）。

第二步，计算其他方案（合格）的净现值率如下

$$NPVR_B = 0.5, \quad NPVR_C = 0.8, \quad NPVR_D = 0.9$$
$$NPVR_E = 0.7, \quad NPVR_F = 0.6, \quad NPVR_G = 0.4$$

第三步，按净现值率大小排序 D、C、E、F、B、G，并作方案优劣顺序图如图 6-10 所示。

第四步，选择方案优化组合。

依条件（1），方案的优化组合为 D、C、E，投资额为 240 万元，符合资金约束条件。

依条件（2），可以选择方案 D、C、E，投资为 240 万元，剩余 60 万元不够方案 F 投资之用，由于项目具有不可分性，不能选 F 方案，可选 B 方案，其投资额刚好为 60 万元，这样资金全部用完，所以最佳方案组合为 D、C、E、B。

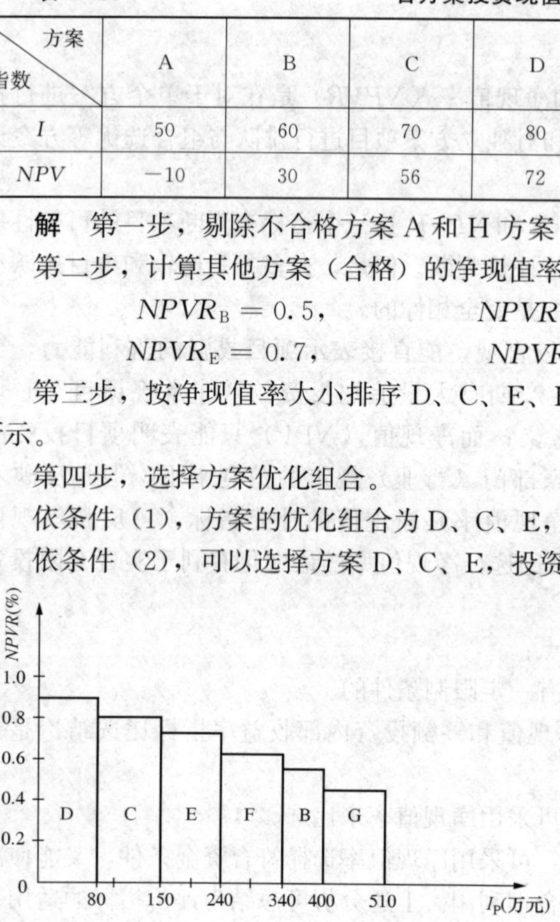

图 6-10 方案优劣顺序图

依条件（3），可以选择方案 D、C、E、F、B，还剩余 50 万元，不够方案 G 投资之用，又不能选 A 方案（净现值小于 0），只能选择 D、C、E、F、B 为最优方案组合，所剩余资金应投资于任何可能达

到基准收益率的项目。

## 第七节 综合评价方法及案例

用于方案综合评价的方法很多，定性的方法常用的有德尔菲法、优缺点法等；定量的方法常用的有加权评分法、比较价值评分法、环比评分法、强制评分法、几何平均值评分法等。下面简要介绍一下加权评分法。

加权评分是一种用权数大小来表示评价指标的主次程度，用满足程度评分来表示方案的某项指标水平的高低，以方案评得的综合总分作为择优的依据。加权评分法的特点是同时考虑功能与成本两方面的各种因素，以价值系数（也即功费比）大者为最优。它主要包括四个步骤：

（1）确定评价项目及其重要度权数。

（2）确定各方案对各评价项目的满足程度评分。

（3）计算各方案的评分权数和。

（4）计算各方案的价值系数，以较大的为优秀。

例如，某企业进行设备更新改造决策，有大修理、技术改造和更新三个方案选优，各方案的费用分别为 85 000 元、124 000 元、390 000 元，各方案的功能得分及重要度权数见表 6 - 22。

**表 6 - 22　　方案得分及重要度权数**

| 方案功能 | 方案功能得分 | | | 方案功能重要度权数 |
|---|---|---|---|---|
| | 大修理 | 技术改造 | 更新 | |
| 生产质量 $F_1$ | 6 | 9 | 10 | 0.35 |
| 生产能力 $F_2$ | 5 | 9 | 10 | 0.30 |
| 安全可靠 $F_3$ | 7 | 10 | 9 | 0.15 |
| 操作性 $F_4$ | 6 | 8 | 9 | 0.05 |
| 维修性 $F_5$ | 6 | 9 | 10 | 0.05 |
| 耗能性 $F_6$ | 5 | 8 | 10 | 0.05 |
| 美观性 $F_7$ | 6 | 8 | 9 | 0.05 |

现利用加权评分法来对方案进行评价。

首先，计算各方案的评分权数和，见表 6 - 23。

**表 6 - 23　　各方案的评分权数和**

| 方案功能因素 | 重要度权数 | 方案的评分加权值 | | |
|---|---|---|---|---|
| | | 大修理 | 技术改造 | 更新 |
| $F_1$ | 0.35 | 0.35×6=2.1 | 0.35×9=3.15 | 0.35×10=3.5 |
| $F_2$ | 0.30 | 0.30×5=1.5 | 0.30×9=2.7 | 0.30×10=3.0 |
| $F_3$ | 0.15 | 0.15×7=1.05 | 0.15×10=1.5 | 0.15×9=1.35 |
| $F_4$ | 0.05 | 0.05×6=0.3 | 0.05×8=0.4 | 0.05×9=0.45 |

续表

| 方案功能因素 | 重要度权数 | 方案的评分加权值 | | |
|---|---|---|---|---|
| | | 大修理 | 技术改造 | 更新 |
| $F_5$ | 0.05 | 0.05×6=0.3 | 0.05×9=0.45 | 0.05×10=0.5 |
| $F_6$ | 0.05 | 0.05×5=0.25 | 0.05×8=0.4 | 0.05×10=0.5 |
| $F_7$ | 0.05 | 0.05×6=0.3 | 0.05×8=0.4 | 0.05×9=0.45 |
| 方案的评分权数和 | | 5.8 | 9.0 | 9.75 |
| 方案功能评价系数 | | 0.236 2 | 0.366 6 | 0.397 1 |

**注** 方案功能评价系数的计算式为：5.8/(5.8+9.0+9.75)=0.236 2，其余类推。

然后，计算各方案价值系数，见表 6-24。

**表 6-24** **方案价值系数计算表**

| 方案名称 | 功能评价系数 | 成本和费用（元） | 成本系数 | 价值系数 |
|---|---|---|---|---|
| 大修理 | 0.236 2 | 85 000 | 0.141 9 | 1.664 6 |
| 技术改造 | 0.366 6 | 124 000 | 0.207 0 | 1.771 0 |
| 更新 | 0.397 1 | 390 000 | 0.651 1 | 0.609 9 |
| 合　计 | 1 | 599 000 | 1 | |

从表中计算结果可以看出，技术改造方案的价值系数最大，因此技术改造方案为最优方案。

## 思考及练习题

6-1　简述价值工程的产生和发展。

6-2　简述价值工程的工作程序。

6-3　什么是价值？提高价值的途径有哪些？

6-4　什么是寿命周期成本？

6-5　功能评价常用什么方法？如何进行？

6-6　简述功能定义的方法。

6-7　功能是如何定义的？功能有哪些主要特征？

6-8　价值工程的主要特点是什么？

6-9　功能评价的基本方法有哪些？

6-10　什么是方案创新？方案创新的方法有哪些？

6-11　方案比较评价的特殊方法有哪些？

扫一扫

拓展资源

# 第七章 设 备 更 新

## 第一节 设备更新的概念

设备是现代工业生产的重要物质和技术基础，各种机器设备的质量和技术水平是衡量一个国家工业化水平的重要指标，也是影响工程项目的经济效益和国民经济发展的重要因素。

企业购置设备之后，从投入使用到最后报废，通常要经历一段较长的时期，在这段时期内，设备会逐渐磨损，当设备因物理损坏或技术落后而不能再继续使用时，就需要对其进行更新，而设备更新是发展生产能力、改善产品质量、提高劳动生产率、提高经济效益、促进技术进步的重要手段。

但如果设备更新策略失误，不符合经济规律，不仅不会提高经济效益，还会阻碍生产力的发展。因此，必须根据企业的具体情况，考虑设备使用过程中费用变化的规律，对设备整个运行期间的技术经济状况进行分析和研究，对更新的策略进行经济分析，找到最佳的设备更新方案，以提高项目的经济效益。

### 一、设备磨损

设备在使用或闲置过程中会逐渐发生磨损，磨损分为有形磨损和无形磨损。

#### （一）有形磨损

##### 1. 有形磨损的概念及分类

有形磨损也称物质磨损或第Ⅰ种磨损，是指机器设备在使用或闲置过程中发生的实体的磨损。

引起有形磨损的原因有两个：

（1）外力的作用。生产过程的使用，由于运转中机器设备在外力的作用下，其零部件会发生摩擦、振动和疲劳现象，以致机器设备的实体产生磨损，这种磨损称为第一种有形磨损，它与设备的使用强度及时间有关，通常表现为零部件原始尺寸的改变，公差配合性质的改变和精度的降低及零件的损坏。

（2）自然力的作用。比如，机器设备即使在没有使用的情况下也会发生的金属件生锈、腐蚀，橡胶老化等，因此，设备闲置的时间长了就会自然丧失其加工精度和工作能力，失去其使用价值。这种有形磨损与设备闲置的时间长短和闲置期的维护情况有关，称为第二种有形磨损。

设备有形磨损中一部分可以通过修理来恢复，称为能消除性的有形磨损，如更换已磨损的零件或部件等，有的不能通过修理消除，称之为不能消除的有形磨损。当设备的磨损不能通过修理或更换部件来恢复时，就需要报废。此时，设备就丧失了其原有的使用价值。

##### 2. 有形磨损的度量

可以用经济指标对设备的有形磨损加以度量，其计算公式有两个，即

$$a_{\mathrm{p}}=\frac{\sum_{i=1}^{n} a_i k_i}{\sum_{i=1}^{n} k_i} \tag{7-1}$$

式中 $a_p$——设备有形磨损程度；

$k_i$——设备中零件 $i$ 的价值；

$a_i$——零件 $i$ 的实体磨损程度。

$$a_p = \frac{R}{K} \tag{7-2}$$

式中 $R$——修复全部磨损零件所用的修理费用；

$K$——在修复时具有同等效率的该种设备的再生产价值。

3. 有形磨损的规律

研究设备磨损的规律，有助于正确计算设备磨损程度，从而能够在设备磨损后采取正确的决策，比如，是修理、更换还是现代化改装。设备的有形磨损分为三大阶段，如图 7 - 1 所示。

(1) 初期磨损阶段。这一阶段主要是相对运动的零件表面的微观几何形状在受力情况下迅速磨损，以及不同形状抱合所发生的磨损，特点是磨损速度快，时间短。

(2) 正常磨损阶段。此时设备处于最佳技术状态，设备的生产率、产品质量最有保证，其特点是磨损速度平稳，磨损量的增加缓慢。

(3) 剧烈磨损阶段。此时零件的正常磨损被破坏，磨损急剧增加，设备的性能迅速降低。如不进行修理、更新或停止使用，将会产生质量事故和生产事故。

设备在使用寿命期内的故障率或者故障发展变化的规律和设备的有形磨损是紧密相连的，其故障率的发展变化的形状似一个澡盆的断面，所以理论上将之称为“澡盆理论”，如图 7 - 2 所示。

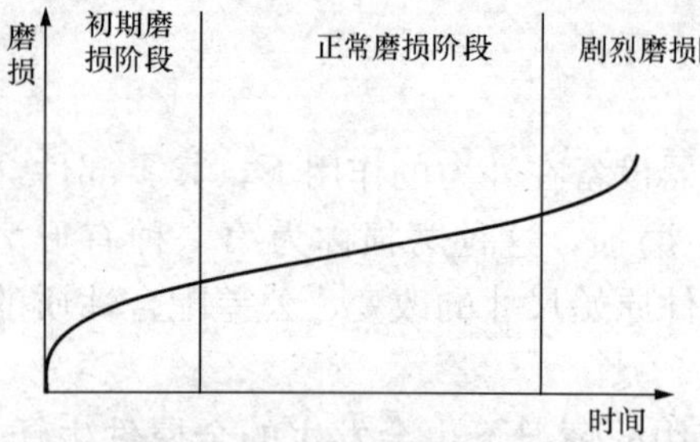


图 7 - 1 设备磨损曲线图

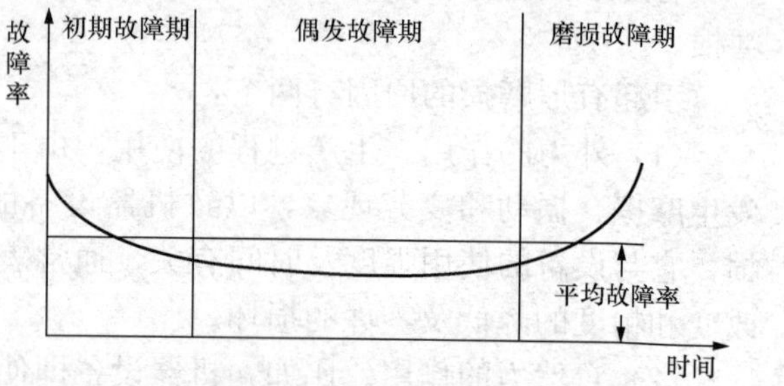


图 7 - 2 设备磨损曲线图（“澡盆理论”）

1) 初期故障期。此时期内故障发生的原因多数是由于设备设计制造的缺陷，零件的抱合关系不好，搬运及安装时的疏忽或操作不适当等造成。

2) 偶发故障期。此时设备处于正常运转时期，故障发生的最少，发生的原因主要是由于操作不当和疏忽所致。

3) 磨损故障期。这是故障的多发期，主要由于磨损、腐蚀引起，为降低故障率，就需对设备进行修理及更换。

(二) 无形磨损

机器设备除受有形磨损外，还受到无形磨损，也称为精神磨损或经济磨损。无形磨损不是由于在生产过程中的使用或自然力的作用造成的，所以它不表现为设备实体的变化，而表现为原始价值的贬值。

1. 无形磨损的概念及分类

所谓无形磨损，也称第Ⅱ种磨损，是指由于科学技术进步而不断出现性能更完善、生产效率更高的设备，使原有设备的价值降低，或者生产同样结构的设备的价值不断降低。设备的无形磨损也可分为两类。

（1）由于设备制造工艺不断改进，成本不断降低，劳动生产率不断提高，使相同结构设备再生产价值的降低而产生的现有设备价值的贬值。

这时设备的技术结构和经济性能并未改变，即使用价值并未发生变化，故而不会直接影响现有设备的使用，也不会产生提前更换设备的问题。但是由于技术进步对生产部门的影响大于对修理部门的影响，从而可能导致尚未到达设备的耐用年限之前，设备的修理费用就高于设备的本身再生产价值，称之为第一类无形磨损。

（2）由于技术进步，社会上出现了结构更先进、技术更完善、生产效率更高、耗费原材料和能源更少的新型设备，而使原有机器设备在技术上显得陈旧落后。

它的后果不仅使原有设备的价值降低，而且会使原有设备局部或全部丧失其使用价值。因为此时尽管原有设备尚可使用，但其生产效率已大大低于社会平均生产效率，继续使用必然使其生产成本高于社会平均成本。显然，这种情况下使用新设备比使用旧设备更为经济合理，产生了更换设备的可能性，但更换的经济合理性，取决于现有设备贬值的程度和在生产中继续使用旧设备的经济下降幅度，称之为第二类的无形磨损。

2. 无形磨损的度量

设备的无形磨损可以用两种方法加以度量。

（1）在技术进步的影响下，用设备价值降低系数来衡量它的无形磨损的程度。其计算公式为

$$a_1 = \frac{k_0 - k_1}{k_0} = 1 - \frac{k_1}{k_0} \tag{7-3}$$

式中 $a_1$——设备无形磨损的程度；

$k_0$——设备的原始价值；

$k_1$——考虑设备的两类无形磨损后的再生产价值。

在计算设备的无形磨损程度时，$k_1$ 必须既考虑技术进步使生产同样设备的效率提高而导致的设备的贬值，也要考虑由于出现了更高性能和技术水平的设备而使现有设备的价值的降低。所以，$k_1$ 的计算公式为

$$k_1 = k_n \left(\frac{q_0}{q_n}\right)^a \left(\frac{c_n}{c_0}\right)^b \tag{7-4}$$

式中 $k_n$——新设备的价值；

$q_0$，$q_n$——旧、新设备的年生产率指标；

$c_0$，$c_n$——使用旧、新设备的单位产品消耗；

$a$，$b$——劳动生产率提高指数和单位成本降低指数。

（2）衡量设备无形磨损的程度，还可以用下式分别计算，即分别研究设备的第一类无形磨损的程度和第二类无形磨损的程度。

第一类无形磨损

$$a_{\text{Ⅱ}1} = 1 - \frac{k_{01}}{k_0} \tag{7-5}$$

第二类无形磨损

$$a_{\text{II}2} = \frac{c_0 - c_n}{c_0} = 1 - \frac{c_n}{c_0} \tag{7-6}$$

式中 $a_{\text{II}1}$，$a_{\text{II}2}$——第一类、第二类无形磨损程度；

$k_{01}$——考虑第一类无形磨损的设备再生产价值；

$c_0$，$c_n$——使用原有设备或新设备生产产品的单位成本。

（三）综合磨损

正如前面所述，设备的磨损具有二重性，即在其使用期内既有有形磨损，又有无形磨损，这两种磨损都引起了设备的贬值，但不同的是有形磨损严重的设备，往往不能工作，而无形磨损很严重的设备，依然可以使用，只不过是在经济上可能已经很不合算了。在设备更新的经济决策中，常要考虑设备的综合磨损的程度，即两种磨损同时作用于设备上的效果，通过对这项指标及其他经济指标的分析来确定设备的更新改造方案。

设备综合磨损的度量可用如下方法进行：

设备遭受的有形磨损程度为 $a_p$，设备遭受无形磨损程度为 $a_1$，由此可得设备的综合磨损程度为

$$a = (1-a_p)(1-a_1) \tag{7-7}$$

故设备遭受综合磨损后的净值为

$$k = (1-a)k_0 \tag{7-8}$$

## 二、设备磨损的补偿

在工程项目的生产经营期内，要维持生产经营的正常进行，就必须对设备的磨损进行补偿，由于设备所受的磨损形式不同，因此，其补偿方式也不尽相同，主要有修理、更换、更新和现代化改装四种形式，有形磨损的局部补偿为修理和更换零部件；无形磨损的补偿方式为现代化改装和更新设备，设备磨损形式与其补偿方式相互关系见图7-3。

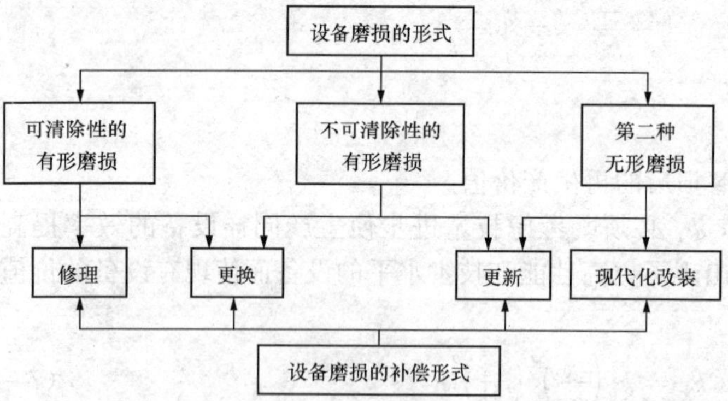


图7-3 设备磨损形式与补偿方式相互关系图

## 三、设备的寿命形态

（一）物理寿命

物理寿命又称为自然寿命或物质寿命，它是从设备投产使用起由于物质磨损，使设备老化、损坏，直至报废止所经历的时间长度。这种寿命主要取决于设备的质量、使用和维修的质量。一般来说，设备的质量越高、日常使用和维修工作做得越好，设备的物理寿命会越长。

（二）使用寿命

使用寿命是指设备从投入使用开始，直到由于老化不能使用为止所经历的时间。这种寿命既考虑设备的有形磨损，又要考虑其无形磨损，但由于这两种磨损的估计都比较困难，因此，在实务中其使用年限是根据国家的有关规定，并结合企业的具体情况来确定的。

（三）经济寿命

经济寿命是指根据设备使用费用所确定的寿命。它是从设备投产至由于经济效益不佳被淘汰所经历的时间长度。它是从经济角度看设备的最合理的使用期限，即指能使一台设备的年平均使用成本最低的年数。设备的使用成本是由两部分组成：

(1) 设备购置费的年分摊额。

(2) 设备的年运行费用（主要包括操作费、维修费、材料费及能源费），年运行费用是随着设备的使用年限的延长而增加的，尤其设备在其使用后期，由于性能劣化导致运行费用大幅度增加。同时，由于科学技术的不断发展，可能出现售价和使用费用更低的性能相似的新的替代设备。

（四）折旧寿命

折旧寿命是从折旧制度的角度考察设备的一项时间指标。它也称为设备的折旧年限，是指设备从投入使用到提满折旧为止的时间。一般情况下，设备的折旧寿命及折旧的计提方法及原则由我国的财务通则或财务制度及相关法规规定，比如我国财务制度规定固定资产不低于 10 年的折旧期，也即是说，设备的折旧寿命不低于 10 年，而有的设备则有明确的规定。折旧寿命一般小于物理寿命。相应的设备的折旧寿命可以用折旧计算的逆运算求得。

（五）技术寿命

技术寿命是指设备从投产起至由于新技术的出现使原有设备在物质寿命尚未结束前就丧失其使用价值而被淘汰所经历的时间。它是从技术的角度看设备最合理的使用期限，并由设备的无形磨损来决定。科学技术发展越快，设备的技术寿命越短。

（六）产品寿命

产品寿命是指在某些情况下，设备还处于良好的状态，由于市场不需要该设备所生产的产品，迫使设备提前退出使用，此时，从设备投入使用到退出使用的时间称为设备的产品寿命。

## 第二节 设备的经济寿命

对于设备的经济寿命，可以从不考虑资金时间因素和考虑资金的时间因素两个角度进行考查。

### 一、不考虑资金时间价值的经济寿命

设备的经济寿命的计算，首先要明确两个概念：

(1) 设备的购置费，包括在设备的购置中实际支付的买价、税金（如增值税）、支付的运杂包装费和安装成本等。

(2) 设备的运行成本，即设备在使用过程中发生的费用，包括能源费、保养费、修理费（包括大修理费）、停工损失及废次品损失等。

一般情况下，运行成本是逐年递增的，这种递增称为设备的劣化。设备的经济寿命是由设备的年均费用决定的，年均费用包括两个部分，即年资金费用和年经营费用（年运营费用），年资金费用就是固定资产价值的年减少额，实质上就是固定资产的年折旧额加上未收回资金的利息；年经营费用就是设备的运行成本。设备的经济寿命就是求设备年均费用最小的使用年份。

1. 用公式计算法计算设备的经济寿命

假设机器设备的年运行成本的劣化是线性增长的，每年运行成本增加额为 $\lambda$，若设备使用了 $T$ 年，则第 $T$ 年时的运行成本 $C_T$ 为

$$C_T = C_1 + (T-1)\lambda \tag{7-9}$$

式中 $C_1$——运行成本的初始值，即第一年的运行成本；

$T$——为设备的使用年数。

显然，$T$ 年内设备的运行成本的平均值将为

$$C_1 + \frac{T-1}{2}\lambda \tag{7-10}$$

除运行成本外，在设备的年均总费用中还有每年分摊的设备购置费用，称为资金恢复费用或年资金费用。其金额为

$$\frac{K_0 - V_L}{T} \tag{7-11}$$

式中 $K_0$——设备的原始价值；

$V_L$——设备的净残值。

由上述可知，设备的年资金费用是随着使用年限的增加而降低的，而设备的年运行成本则是递增的，设备的年均总费用为

$$AC = C_1 + \frac{T-1}{2}\lambda + \frac{K_0 - V_L}{T} \tag{7-12}$$

设备的经济寿命为其年均费用最小的年数，求年均费用的最小值。

令 $\frac{d(AC)}{dT}=0$，则设备的经济寿命为

$$T_{opt} = \sqrt{\frac{2(K_0 - V_L)}{\lambda}} \tag{7-13}$$

**【例 7-1】** 某设备的原始价值为 10 000 元，设备的净残值为 400 元，年运行成本的劣化值为 300 元/年，求其经济寿命。

**解** 根据公式有

$$T_{opt} = \sqrt{\frac{2(K_0 - V_L)}{\lambda}} = \sqrt{\frac{2(10\,000 - 400)}{300}} = 8(\text{年})$$

即设备的经济寿命为 8 年。

当设备年运行成本的劣化是不变的，即每年运行成本增加额 $\lambda$ 为零，此时，设备的年均总费用为

$$AC = C_1 + \frac{K_0 - V_L}{T} \tag{7-14}$$

设备的经济寿命即其年均费用最小的年份。由式（7-14）可见，其经济寿命是无穷大的，显然不符合设备运行的实际情况。因为随着有形磨损的增加，其维修费必然是递增的；同时，由于无形磨损，其生产效率及加工能力的降低必然带来生产成本的上升，所以，劣化值必然是递增的，只不过递增不一定是有规律的。

实际上在更多的情况下，设备的劣化并非是线性的，而是没有规律的。此时，就需根据现场的记录或对实际情况的预测，用列表法来判断设备的经济寿命。

2. 用列表法判断设备的经济寿命

**【例 7-2】** 某设备的原始价值为 10 000 元，物理寿命为 10 年，第 1 年的运行成本为 700 元，劣化值变化见表 7-1 中第（3）栏所示，年末残值见第（4）栏，试计算其经济寿命。

**表 7-1** **设备经济寿命计算表**

| 使用年限 | 运行成本 | 劣化值 | 年末残值 | 年均运行成本与劣化值 | 年均设备购置费 | 年均总费用 |
|---|---|---|---|---|---|---|
| (1) | (2) | (3) | (4) | $(5)=\frac{\sum[(2)+(3)]}{(1)}$ | $(6)=\frac{10\ 000-(4)}{(1)}$ | (7)=(5)+(6) |
| 1 | 700 | 0 | 7 200 | 700 | 2 800 | 3 500 |
| 2 | 700 | 100 | 5 300 | 750 | 2 350 | 3 100 |
| 3 | 700 | 150 | 3 500 | 783 | 2 167 | 2 950 |
| 4 | 700 | 250 | 2 200 | 825 | 1 950 | 2 775 |
| 5 | 700 | 400 | 1 100 | 880 | 1 780 | 2 660 |
| 6 | 700 | 600 | 900 | 950 | 1 517 | 2 467 |
| 7 | 700 | 850 | 700 | 1 036 | 1 329 | 2 365 |
| 8 | 700 | 1 150 | 500 | 1 138 | 1 188 | 2 326 |
| 9 | 700 | 1 500 | 300 | 1 256 | 1 078 | 2 334 |
| 10 | 700 | 2 000 | 100 | 1 400 | 990 | 2 390 |

**解** 经济寿命计算见表 7-1。显然，第 8 年设备的年均费用最小，为 2 326 元，所以设备的经济寿命为 8 年。

**二、考虑资金时间价值的经济寿命**

在国际上的项目分析与评价中，通常要考虑资金的时间价值，这样评价才能更准确，更符合客观实际。

1. 计算单利时设备的经济寿命

假若设备的年运行成本的劣化是线性增长的，第 1 年的运行成本为 $C_1$，每年运行成本增加额为 $\lambda$，若设备使用了 $T$ 年，则第 $T$ 年时的运行成本 $C_T$ 为

$$C_T = C_1 + (T-1)\lambda$$

显然，$T$ 年内设备的运行成本的平均值将为

$$C_1 + \frac{T-1}{2}\lambda$$

除运行成本外，在设备的年均费用中还有每年分摊的年资金费用。其金额为

$$\frac{K_0 - V_L}{T}$$

另外，还要考虑单利情况下，设备占有资金的利息

$$\frac{K_0 - V_L}{2}i$$

式中 $i$——银行利率。

设备的年总费用则为

$$AC = C_1 + \frac{T-1}{2}\lambda + \frac{K_0 - V_L}{T} + \frac{K_0 - V_L}{2}i$$

求 $AC$ 的最小值，利用导数的知识，上式对 $T$ 求导，并令其等于零，得

$$\frac{\mathrm{d}(AC)}{\mathrm{d}T}=\frac{\lambda}{2}-\frac{K_0-V_L}{T^2}=0$$

$$T_{\mathrm{opt}}=\sqrt{\frac{2(K_0-V_L)}{\lambda}}$$

其最小年均费用为

$$AC_{\min}=C_1+\frac{\sqrt{\frac{2(K_0-V_L)}{\lambda}}-1}{2}+\sqrt{\frac{(K_0-V_L)\lambda}{2}}+\frac{K_0-V_L}{2}i$$

若不考虑设备的残值，其经济寿命和最小年均费用为

$$T_{\mathrm{opt}}=\sqrt{\frac{2K_0}{\lambda}}$$

$$AC_{\min}=C_1+\sqrt{2K_0\lambda}+\frac{K_0 i-\lambda}{2}$$

**【例 7-3】** 设有一台设备，初始投资 8 000 元，残值为零，运行费用第一年为 2 000 元，以后每年递增 1 000 元，利率为 8%，试计算该设备的经济寿命及最小年均费用。

**解**

$$T_{\mathrm{opt}}=\sqrt{\frac{2K_0}{\lambda}}=\sqrt{\frac{2\times 8\ 000}{1\ 000}}=4(\text{年})$$

其最小年均费用为

$$AC_{\min}=2\ 000+\sqrt{2\times 8\ 000\times 1\ 000}+\frac{8\ 000\times 8\%-1\ 000}{2}=6\ 000-180=5\ 820(\text{元})$$

2. 计算复利时设备的经济寿命

考虑资金时间价值，并以复利计息，年总费用平均值不是算术平均值，而是指时间调整为平均，即先把各年的费用折算成现值，然后再将之看成是年金总额的现值，乘以资金回收系数，得到年金各年支付额，即为年均总费用的时间调整平均值。

$$AC=K_0(A/P,i,n)-V_L(A/F,i,n)+C_1+\left[\sum_{j=2}^{n}\lambda(P/F,i,j)\right](A/P,i,n) \quad (7-15)$$

式中　$\lambda$——劣化值增加额；

$(A/P,i,n)$——资金回收系数；

$(A/F,i,n)$——偿债基金系数；

$(P/F,i,j)$——一次支付现值系数。

在给定的基准折现率 $i$ 时，令 $AC$ 最小，此时对应的年限就是设备在考虑资金时间价值情况下的经济寿命。

**【例 7-4】** 某公司购入一台设备，总购置费用为 5 000 元，估计第一年的运营费用为 2 000 元，以后每年递增 100 元，其残值不计，年利率为 10%，试计算其经济寿命。

**解** 根据题意，利用公式（7-15），得

$$AC=K_0(A/P,i,n)-V_L(A/F,i,n)+C_1+\left[\sum_{j=2}^{n}\lambda(P/F,i,j)\right](A/P,i,n)$$

列表分别计算各年的年度总费用。由计算可知，第 12 年的年均总费用最小，为 3 137 元，即经济寿命为 12 年（计算过程略）。

由于在实务中，设备的劣化值的变化是比较复杂的，故设备的年均总费用计算的一般公式为

$$AC = K_0(A/P,i,n) - V_L(A/F,i,n) + \left[\sum_{j=1}^{n} W_j(P/F,i,j)\right](A/P,i,n)$$

或

$$AC = (K_0 - V_L)(A/P,i,n) + V_L i + \left[\sum_{j=1}^{n} W_j(P/F,i,j)\right](A/P,i,n)$$

式中 $W_j$——第 $j$ 年的运营费用；

$i$——基准收益率。

在实际工作中，大家一定要遵循资金时间价值计算的原理，对设备的年均总费用进行计算，上述的计算原理是将不同时期的费用流折算为年金，即设备的年均费用，年均费用最低的年份即为设备的经济寿命。

## 第三节 设备更新方案的经济分析

设备更新的原因很多，总体不外乎以下三种情况：

(1) 由于设备过时即无形磨损而必须进行的更新；

(2) 由于物质磨损导致设备的性能降低而需要加以更新；

(3) 由于原有设备的能力不足而需要用新的、能满足实际需要的、生产能力较大的设备来替代原有设备。

有的时候，考察的设备的继续使用年限不能确定，就要对设备使用年限的多种情况进行分析，称之为设备继续使用年限为未知的设备更新。

### 一、由于过时而发生的更新

过时，就是指因为设备的技术进步或加工工艺等的改进致使原有设备不能满足需要。设备过时就会导致设备无形磨损加剧，使现有设备贬值，因此需要以新的技术性能高、加工工艺先进的设备来更换原有的设备。在此情况下，主要对不同更新设备的经济指标进行分析，比较它们之间的优劣，还要对原有设备进行经济分析。在设备更新的分析中，对现有设备要注意的一个重要问题就是现有设备的最初购置费以及会计账面余值，从经济分析的角度看，它们属于沉没成本，将不予以考虑，只考虑现有设备的现行市场价值。

采用新设备更换原有设备的年均总费用为

$$AC_n = \frac{1}{\beta}\left[K + \sum_{m=1}^{n} C_m(P/F,i,m) - V_L(P/F,i,n)\right](A/P,i,n) \tag{7-16}$$

继续使用旧设备的年均费用为

$$AC_0 = \left[\sum_{m=1}^{n} c_m(P/F,i,m) + V_0 - V_{01}(P/F,i,n)\right](A/P,i,n) \tag{7-17}$$

以上两式中 $AC_n$，$AC_0$——新、旧设备的年均总费用；

$\beta$——设备的生产效率系数；

$K$——新设备的投资额；

$C_m$，$c_m$——新、旧设备的年运行成本；

$V_0$——旧设备现值；

$V_{01}$，$V_L$——旧、新设备的残值。

**【例 7-5】** 某单位 3 年前用 40 万元购买了一台设备，现市面上出现一种改进型的同类型设备，售价 35 万元，新、旧设备有关资料见表 7-2，旧设备还需使用 4 年，新设备经济寿命为 6 年，年利率为 15%，试分析是否需要更新设备。

**表 7-2　　新、旧设备运行状况表**

| 年份 | 旧设备 | | 新设备 | |
|---|---|---|---|---|
| | 运营费 | 残值 | 运营费 | 残值 |
| 0 | | 120 000 | | 350 000 |
| 1 | 34 000 | 70 000 | 2 000 | 300 000 |
| 2 | 39 000 | 40 000 | 10 000 | 270 000 |
| 3 | 46 000 | 25 000 | 12 000 | 240 000 |
| 4 | 56 000 | 10 000 | 15 000 | 200 000 |
| 5 | | | 20 000 | 170 000 |
| 6 | | | 26 000 | 150 000 |

**解**　由公式（7-17）和公式（7-16）可知

$$AC_0 = [120\,000 + 34\,000(P/F,15\%,1) + 39\,000(P/F,15\%,2) + 46\,000(P/F,15\%,3) + (56\,000 - 10\,000)(P/F,15\%,4)] \times (A/P,15\%,4) = 82\,524(\text{元})$$

$$AC_n = [350\,000 - 120\,000 - 200\,000(P/F,15\%,4)](A/P,15\%,4) + [2000(P/F,15\%,1) + 10\,000(P/F,15\%,2) + 12\,000(P/F,15\%,3) + 15\,000(P/F,15\%,4)](A/P,15\%,4) = 49\,531(\text{元})$$

显然，新设备的年均费用低于旧设备，现在应该进行更新了。

对更新设备的不同方案，可以通过计算其年均总费用，比较其大小，选择年均总费用低的为最佳更新方案。

## 二、由于性能降低而发生的更新

机器设备的性能随着磨损的产生不断降低，从而导致维修费用过高，运行费用增加，废品率上升及附加设备增加等。性能降低可以通过维修或更换零件、大修理来部分或全部恢复。但由于维修费用是递增的，为了提高经济效益，在一定时期就要考虑到用新的设备来替代旧的设备。为此，由于性能降低的更新有两个方案：一是新设备更新；二是大修。因此在更新方案决策时就要考虑大修理后设备年均总费用、更新设备的年均总费用和继续使用原有设备的年均总费用。

大修理后设备的年均总费用的计算公式为

$$AC_r = \frac{1}{\beta_r}\left[K_r + \sum_{m=1}^{n} C_m(P/F,i,m) - V_r(P/F,i,n)\right](A/P,i,n) \tag{7-18}$$

式中　$K_r$——大修理费用；

$AC_r$——大修理后设备的年均总费用；

$\beta_r$——更新后的生产效率系数；

$C_m$——更新后的年运行成本；

$V_r$——大修理设备的残值。

新设备的年均总费用根据公式（7-16）计算求得。

继续使用原有设备的年均总费用根据公式（7-17）计算求得。

通过对年均总费用比较，可知以上三个方案哪一个更优。另外应注意到，即使计算表明新设备比继续使用旧设备要更优，也不一定需要立即进行更新，还要比较旧设备继续使用以后年度的年均总费用，正确的更新时间应该是旧设备继续使用的某一年份的年均总费用大于新设备的年均总费用的当年。

**三、由于能力不足而发生的更新**

在工程实际中，有时尽管旧设备仍然完好、功能正常，但由于原有设备的能力不能满足工程的需要，就要购置新的高效设备来替换原有的设备；或者增加原型设备的数量，以保证生产能力满足工程项目建设的需要。所以，在设备更新方案的决策中，就要通过新型高效设备的年均总费用与旧有设备和增加的原型设备的年均总费用总和进行方案比较来决策。

新型高效设备的年均总费用为

$$AC_1=\frac{1}{\beta_1}\Big[K_1+\sum_{m=1}^{n}C_{1m}(P/F,i,m)-V_1(P/F,i,n)\Big](A/P,i,n) \tag{7-19}$$

式中 $AC_1$——年均总费用；

$K_1$——新设备的投资额；

$\beta_1$——设备的生产效率系数；

$C_{1m}$——新型高效设备的年运行成本；

$V_1$——新设备的残值。

旧设备的年均总费用分为两部分，一部分是新购置的原型设备的年均总费用，二是原有设备的年均总费用，二者之和为用原有设备满足工程需要的年均总费用。

原有设备的年均总费用计算公式为

$$AC_{01}=\frac{1}{\beta_0}\Big[K_{01}+\sum_{m=1}^{n}C_{0m}(P/F,i,m)-V_0(P/F,i,n)\Big](A/P,i,n) \tag{7-20}$$

新购置原型设备的年均总费用计算公式为

$$AC_{02}=\frac{1}{\beta_{02}}\Big[K_{02}+\sum_{m=1}^{n}C_{0m}(P/F,i,m)-V_0(P/F,i,n)\Big](A/P,i,n) \tag{7-21}$$

式中 $\beta_0$——原有设备的生产效率系数；

$K_{01}$——原有设备的现有残值；

$K_{02}$——原型设备的现价；

$C_{0m}$——原有设备的年运行成本；

$V_0$——原设备的残值。

比较 $AC_1$ 与 $AC_{01}$ 及 $AC_{02}$ 之和的大小，取其极小者。这是针对增加一台原型设备即可满足生产能力需要的情况，如果增加的台数产过一台，在计算年均总费用时，要注意相应增加新购原型设备的年均总费用。

**【例 7-6】** 某工程一年前购置了一台 7.457kW（10 马力）的马达，现在根据工程施工需要的总功率为 14.914kW（20 马力），故可以考虑两个方案。甲方案是再购置一台

7.457kW（10马力）的马达，乙方案是采购一台14.914kW（20马力）的马达，以取代原有马达。已知原马达原始费用为420元，原型马达现价为440元，14.914kW（20马力）的马达价格为780元，7.457kW（10马力）的马达年运行成本为536.82元，14.914kW（20马力）的马达年运行成本为1 031.33元，原马达的使用寿命为11年，新马达使用寿命为10年，残值均为原始价值的20%，利率为6%。

**解** 利用上述公式求解（计算过程略），可知甲方案的年均总费用为1 157.08元，乙方案的年均使用费是1 125.49元，可见乙方案比甲方案更优。

### 四、设备继续使用的年限为未知的更新

设备的继续使用年限未知，并非指设备的使用年限为无限期，而是指由于现实中的客观情况，不能确定现有的设备究竟还能使用多长时间，这时就要对设备使用年限的多种可能情况进行更新分析。

通过比较不同年限不同方案的年总费用的大小来进行决策。选择相应使用年限年总费用最小的方案作为更新方案。当然，也可以比较不同使用年限的年均总费用这一指标，选取其数值最小者作为相应年份的最佳方案。

**【例7-7】** 工程建设的某设备还有3年到其经济寿命期限，现在欲对其进行更新，共有四种方案，即原型更新、高效新设备替换、旧设备现代化改装和大修，各方案数据资料见表7-3，设备使用年限未定。试确定不同使用年限设备更新方案。已知基准收益率为10%。

**表7-3　各更新方案的数据资料**

| 备选方案 | 继续使用旧设备 | | 原型更新 | | 高效新型更新 | | 现代化改装 | | 大修 | |
|---|---|---|---|---|---|---|---|---|---|---|
| 初始费用 | 2 000 | | 15 000 | | 21 000 | | 12 000 | | 5 000 | |
| 使用年限 | 运营费 | 残值 | 运营费 | 残值 | 运营费 | 残值 | 运营费 | 残值 | 运营费 | 残值 |
| 1 | 4 000 | 1 200 | 1 000 | 12 200 | 600 | 18 000 | 1 600 | 9 000 | 2 700 | 300 |
| 2 | 5 200 | 600 | 1 200 | 9 500 | 800 | 15 200 | 1 800 | 6 700 | 3 300 | 1 800 |
| 3 | 6 400 | 300 | 1 600 | 7 000 | 1 100 | 13 200 | 2 000 | 4 700 | 3 900 | 600 |
| 4 | — | — | 2 000 | 5 000 | 1 400 | 11 200 | 2 300 | 3 000 | 5 000 | 300 |
| 5 | — | — | 2 400 | 3 500 | 1 700 | 10 000 | 2 600 | 1 700 | 6 000 | 100 |
| 6 | — | — | 2 800 | 2 000 | 2 000 | 9 000 | 3 100 | 1 000 | 7 000 | 100 |
| 7 | — | — | 3 400 | 1 000 | 2 300 | 8 000 | 3 800 | 700 | — | — |
| 8 | — | — | 4 600 | 500 | 2 600 | 7 000 | 4 700 | 200 | — | — |
| 9 | — | — | 5 600 | 300 | 2 900 | 6 500 | 5 700 | 200 | — | — |
| 10 | — | — | 6 800 | 100 | 3 300 | 6 000 | 6 800 | 200 | — | — |

注　表中空白表示第3年年末旧设备必须报废，大修后设备只能使用6年，第6年年末也必须报废。

**解** 因为不能确定具体的使用年限，所以首先应计算出各方案的年均总费用或总费用现值，然后比较相同使用年份的年均总费用或年总费用的现值，选择其极小者，即为对应年份应选择的方案。此题以不同方案的年均总费用作为考察指标。计算结果见表7-4。

表 7-4 计算结果

| 使用年限 | 继续使用旧设备 | 原型更新 | 高效新型更新 | 现代化改装 | 大修 |
|---|---|---|---|---|---|
| 1 | 5 000 | 5 300 | 5 700 | 5 800 | 5 200 |
| 2 | 5 438 | 5 214 | 5 557 | 5 419 | 5 010 |
| 3 | 5 837 | 5 165 | 5 274 | 5 193 | 5 091 |
| 4 | 0 | 5 065 | 5 155 | 5 037 | 5 149 |
| 5 | 0 | 4 956 | 4 969 | 4 900 | 5 326 |
| 6 | 0 | 4 916 | 4 843 | 4 779 | 5 544 |
| 7 | 0 | 4 883 | 4 775 | 4 718 | 0 |
| 8 | 0 | 4 910 | 4 743 | 4 767 | 0 |
| 9 | 0 | 4 980 | 4 695 | 7 837 | 0 |
| 10 | 0 | 5 108 | 4 680 | 4 961 | 0 |

从表 7-4 中可知，第 1 年，继续使用旧设备的年均总费用最低；第 2、3 年，大修的年均总费用最低；第 4～7 年，现代化改装方案的年均总费用最低；8 年以上，高效新型设备的年均总费用最低。因此，在方案进行决策时，如果使用年限仅为 1 年，那么显然选择继续使用旧设备；若使用年限为 2～3 年，应选择原有设备的大修后继续使用；若使用年限在4～7 年之间，应选择现代化改装这一方案；如果使用年限在 8 年以上，就必须选择以高效新型设备来替换旧设备。

这样决策，就能保证设备不仅在技术、功能上能满足生产需要，而且在经济上也是有效益的，能够提高企业的经济效益。当然，也可以用年总费用的现值作为考察的指标，其结果也是一致的，有兴趣的同学不妨试着计算一下。

## 第四节 设备租赁与设备购置方案的比选

### 一、设备的租赁

设备租赁是指出租人和承租人之间订立契约，由出租人应承租人的要求租赁其所需的设备，在一定时期内供其使用，并按期由承租人向出租人支付租金。

### 二、设备租赁的形式

（一）融资租赁

融资租赁又称财务租赁，是一种融资与融物相结合的租赁方式，主要解决企业对大型、贵重的设备或长期资产的长期需要，故有时也称之为资本租赁，融资租赁是现代设备租赁的主要方式。

1. 融资租赁的主要特点

（1）一般由承租人向出租人提出正式申请，由出租人融通资金引进租户所需设备，然后租给用户使用。

（2）租期较长。融资租赁的租期一般为租赁财产寿命的一半以上。

（3）租赁合同比较稳定。在融资租赁期内，承租人必须连续支付租金，非经双方同意，中途不得退租，这样既能保证承租人长期使用资产，又能保证出租人在基本租期内收回投资并获得一定利润。

(4) 租赁期满后，可选择将设备作价转让给承租人，出租人回收、延长租期续租三种方式处理租赁财产。

(5) 在租赁期间，出租人一般不提供维修和保养设备方面的服务。

2. 融资租赁的形式

(1) 售后租回。售后租回指企业将某资产卖给出租人，再将其租回使用。资产的售价大致等同于市价。其好处是企业出售资产可得到一笔资金，同时仍可使用设备，利于项目建设及资金筹集。

(2) 直接租赁。直接租赁是指承租人直接向出租人租入所需要的资产，并付租金，其出租人主要是制造厂商、租赁公司等。

(3) 杠杆租赁。杠杆租赁涉及三方，即承租人、出租人和资金出借者三方。与其他租赁不同的是，出租人只出购买资产所需的部分资金作为投资，其他不足部分以该资产作为担保向资金出借方借入，所以，它既是出租人又是借款人，既是资产所有权人，又是债务人。

融资租赁租入的设备属于固定资产，可以计提折旧并计入企业的成本，但租赁费不直接计入企业的成本，而由企业在税后支付，租赁费中的利息和手续费可在支付时计入企业的成本，作为纳税所得额中准予扣除的项目。

(二) 经营租赁

经营租赁又称营业租赁，是一种传统的设备租赁方式。通常为短期租赁。它是指由出租方根据承租方的需要，与承租方订立租赁合同，在合同期内将设备有偿交给承租方，承租方按合同规定，向出租方支付租赁费的一种租赁业务。

经营租赁经常用于通用设备的短期租赁，其特点是：

(1) 承租企业可随时向出租人提出租赁资产的要求。

(2) 租赁期短，不涉及长期而固定的义务且租赁费可以计入企业的成本，可减少企业的所得税。

(3) 租赁合同比较灵活，在合理限制条件范围内，可以解除租赁契约。

(4) 租赁期满，租赁资产一般归还给出租人。

(5) 出租人提供专门服务，如设备的保养、维修、保险等。

**三、设备租赁的特点**

设备租赁与设备购买相比，具有以下特点：

(1) 在企业资金短缺的情况下，可以引进先进的设备，加速技术改造的步伐。

(2) 可以减少或避免设备由于无形磨损而造成陈旧过时的风险。

(3) 设备租金可在所得税前扣除，能享受税金上的优惠。

(4) 租金总额一般要超过设备的购买价，资金成本较高。

**四、设备租赁的现金流量及与购置方案的比较**

对于设备的使用者来讲，是采用购置设备的决策还是租赁设备的决策，取决于这两个方案在经济上的比较。其比较原则和方法与一般的互斥投资方案比选的方法并无实质上的差别。设备租赁由于租金可在税前扣除，所以与购置设备方案的比较在现金流上主要区别于所得税和租赁费以及设备购置费上。

采用设备租赁方案，没有资金恢复费用，其租赁费直接进入成本，现金流量由租赁费、经营费用（设备的运行费）、税金优惠额、销售收入构成，其净现金流量为

$$
\begin{aligned}
\text{净现金流量} = &\text{销售收入} - \text{经营成本} - \text{租赁费用} - \text{所得税税率} \\
&\times(\text{销售收入} - \text{经营成本} - \text{租赁费用})
\end{aligned} \tag{7-22}
$$

在相同条件下，设备购置方案的净现金流为

$$
\begin{aligned}
\text{净现金流量} = &\text{销售收入} - \text{经营成本} - \text{设备购置费} - \text{所得税税率} \\
&\times(\text{销售收入} - \text{经营成本} - \text{折旧})
\end{aligned} \tag{7-23}
$$

由式（7-22）、式（7-23）可见，当租赁费等于资金恢复费用（折旧费）时，区别仅在于税金上的差别。

对于租赁与购置方案的比选，可以采用年费用法、净现值法等。

**【例 7-8】** 某建筑公司的某设备损坏，现有两种方案，一是购置，购置费为 10 000 元，预计使用 10 年，残值为零；二是租赁，年租金为 1 600 元，设备每年的运行费为 1 200 元，所得税率为 33%，利率为 10%，以直线法计提折旧，企业应采用哪种方案？

**解** 运用年均费用法进行比较，现金流量如图 7-4 所示。

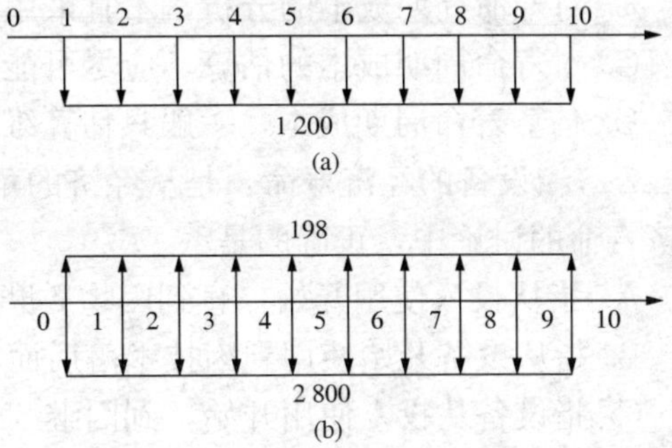


图 7-4 现金流量图

(a) 购置方案的现金流量图；(b) 租赁方案的现金流量图

企业若采用购置方案，年折旧费为

$$10\ 000 \div 10 = 1\ 000(\text{元})$$

计入总成本，而租赁方案每年 1 600 计入总成本，因此后者每年的税金少付金额为

$$(1\ 600 - 1\ 000) \times 33\% = 198(\text{元})$$

$$\text{设备购置的年均费用} = 10\ 000 \times 0.162\ 8 + 1\ 200 = 2\ 828(\text{元})$$

$$\text{设备租赁的年均费用} = 2\ 800 - 198 = 2\ 602(\text{元})$$

显然，租赁方案的年均费用小于购置方案，在设备的经济效益相同的情况下，选择设备租赁方案作更新设备的最佳方案。

## 思考及练习题

7-1 何谓设备的有形磨损、无形磨损？它们造成的后果有何不同？

7-2 设备磨损的补偿方式有哪些？

7-3 对同一种设备一般情况下的物理寿命、技术寿命、折旧寿命、经济寿命，按时间的长短给予排序，并简述理由。

7-4 设备租赁方案的净现金流量可表示为（　　）。

A. 净现金流量＝销售收入－经营成本－所得税税率×（销售收入－经营成本－租赁费用）

B. 净现金流量＝销售收入－租赁费用－某设备×（销售收入－经营成本－租赁费用）

C. 净现金流量＝销售收入－经营成本－租赁费用－与销售相关的税金－所得税税率×（销售收入－经营成本－租赁费用－与销售相关的税金）

D. 净现金流量＝销售收入－经营成本－租赁费用－所得税税率×（销售收入－经营成本－租赁费用）

7-5 某设备目前实际价值为 30 000 元，有关统计资料见表 7-5。

表7-5 设备年经营成本及年末残值表

| 继续使用年限 | 1 | 2 | 3 | 4 | 5 | 6 | 7 |
|---|---|---|---|---|---|---|---|
| 年经营成本 | 5 000 | 6 000 | 7 000 | 9 000 | 11 500 | 14 000 | 17 000 |
| 年末残值 | 15 000 | 7 500 | 3 750 | 1 875 | 1 000 | 1 000 | 1 000 |

采用静态方法和动态方法，计算该设备的经济寿命分别为（　　）

A. 3年和4年　　B. 4年和5年　　C. 4年和6年　　D. 5年和6年

7-6　对寿命周期成本分析的理解，正确的是（　　）。

A. 在寿命周期成本分析中不考虑“资金的时间价值”

B. 对寿命周期成本的分析，不宜采用固定效率法

C. 对寿命周期成本的估算，应尽可能在系统开发初期进行

D. 估算寿命周期成本，一般只估算维持费

7-7　设备的经济寿命，是从经济的角度来看设备最合理的使用期限。下列关于设备的经济寿命的讨论中，正确的是（　　）。

A. 指从投入使用开始，直到因物质磨损而不能继续使用，报废为止所经历的时间

B. 指从设备开始使用到因技术落后而被淘汰所延续的时间

C. 指设备从投入使用开始，到因继续使用经济上不合理而被更新所经历的时间

D. 设备使用年限越长，每年所分摊的设备购置费（年资本费或资金恢复费用）越少

E. 主要有设备的无形磨损决定

7-8　下列关于设备租赁的有关表述中，正确的是（　　）。

A. 承租人在租赁期间享有设备的所有权，租赁期过后，所有权即丧失

B. 指承租人不能将租赁设备用于担保

C. 承租人在租赁期间所交的租金总额一般比直接购置设备的费用要低

D. 设备租金可在所得税前扣除

E. 承租人可避免设备陈旧、技术落后的风险

7-9　对于承租人来说，设备租赁与设备购买相比的优越性在于（　　）。

A. 承租人可以将设备用于担保、抵押贷款

B. 承租人在租赁期间所交的租金总额一般比直接购置设备的费用要低

C. 可享受设备试用的优惠，加快设备更新，减少或避免设备陈旧、技术落后的风险

D. 承租人可以承担较小的风险

E. 设备租金可在所得税前扣除，能享受税金上的利益

7-10　某设备原始价值为8 000元，可使用5年，其他数据见表7-6。试求：

(1) 不考虑资金的时间价值时设备的经济寿命；

(2) 考虑资金的时间价值（$i=10\%$）时，其经济寿命又如何？

表7-6 某设备其他数据

| 设备使用寿命 | 1 | 2 | 3 | 4 | 5 |
|---|---|---|---|---|---|
| 经营成本初始值 | 600 | 600 | 600 | 600 | 600 |
| 经营成本劣化值 | — | 200 | 400 | 600 | 800 |
| 年末残值 | 5 500 | 4 500 | 3 500 | 2 500 | 100 |

7-11 某厂压缩机的购置价格为 6 000 元，第 1 年的使用费用为 1 000 元，以后每年以 300 元定额递减。设备使用一年后残值为 3 600 元，以后每年以 400 元定额递减，压缩机的最大使用年限为 8 年，若利率为 10%。试求压缩机的经济寿命。

7-12 某机器购价为 25 000 元，第 1 年末残值为 15 000 元，而后每年以 1 500 元定额递减；第 1 年的经营成本为 8 000 元，以后每年递增 4 000 元，若利率为 10%，试求其经济寿命。

7-13 某公司拟更换一台旧设备，新设备可使产量增加，成本节约，更新后第 1 年收入增加额为 2 000 元；直接工资的节约为 9 000 元；间接工资的节约为 1 300 元；材料损耗减少 280 元；维修费节约为 400 元，但新设备动力消耗比旧设备多 330 元，假设新设备的预计使用年限为 15 年，使用过程中线性劣化，新设备价值为 76 000 元，估计 15 年后残值为 3 000 元。旧设备现在出售价格为 2 500 元；旧设备一年后出售价格为 2 000 元。当年利率 $i=10\%$时，试判断用新设备更换旧设备是否经济。

扫一扫

拓展资源

# 第八章 国民经济评价

建筑业是国民经济的重要物质生产部门，它与整个国家的经济发展和人民生活的改善有着密切的关系。在市场经济条件下，大部分工程项目财务评价结论可以满足投资决策的要求，但站在国家的角度上，项目还需进行国民经济评价，以站在全社会的角度判别项目配置经济资源的合理性。

## 第一节 费用与效益的识别

### 一、识别费用与效益的原则

1. 基本原则

国民经济分析以实现社会资源的最优配置从而使国民收入最大化为目标，凡是增加国民收入的就是国民经济效益，凡是减少国民收入的就是国民经济费用。

2. 边界原则

财务分析从项目自身的利益出发，其系统分析的边界是项目。凡是流入项目的资金，就是财务效益，如销售收入；凡是流出项目的资金，就是财务费用，如投资支出、经营成本和税金。国民经济分析则从国民经济的整体利益出发，其系统分析的边界是整个国家。国民经济分析不仅要识别项目自身的内部效果，而且需要识别项目对国民经济其他部门和单位产生的外部效果。

3. 资源变动原则

在计算财务收益和费用时，依据的是货币的变动。凡是流入项目的货币是直接效益，凡是流出项目的货币是直接费用。国民经济分析以实现资源最优配置从而保证国民收入最大增长为目标。由于经济资源的稀缺性，就意味着一个项目的资源投入会减少这些资源在国民经济其他方面的可用量，从而减少了其他方面的国民收入，从这种意义上说，该项目对资源的使用产生了国民经济费用。凡是减少社会资源的项目投入都产生国民经济费用，凡是增加社会资源的项目产出都产生国民经济收益。

### 二、国民经济效益与费用

国民经济效益分为直接效益和间接效益，国民经济费用分为直接费用和间接费用。直接效益和直接费用可称为内部效果，间接效益和间接费用可称为外部效果。

（一）直接效益与直接费用

直接效益是指由项目产出物直接产生，并在项目范围内计算的经济效益。一般表现为增加项目产出物或服务的数量以增加国内市场的供应量，其效益就是所满足的国内需求；项目产出物或服务替代相同或类似企业的产出物或服务，使被替代企业减产从而减少国家有用资源的耗费或损失，其效益就是被替代企业释放出来的资源；项目产出物或服务增加了出口量，其效益就是增加的外汇收入；项目产出物或服务减少了进口量，即替代了进口货物，其效益为所节约的外汇支出。

直接费用是指项目使用投入物所产生的，并在项目范围内计算的经济费用。一般表现为国内其他部门为本项目提供投入物，而扩大其他部门的生产规模，其费用为增加生产所耗用的资源费用；项目投入物本来用于其他项目，由于改用于拟建项目而减少的对其他项目或最终消费投入物的供应，其费用为其他项目或最终消费因此而放弃的效益；项目的投入物来自国外，即增加进口，其费用为增加的外汇支出；项目的投入物本来可以用于出口，为满足项目需求而减少了进口，其费用为减少出口所减少的外汇收入。在国民经济评价中，建设项目的直接费用和效益的识别和度量通常是在财务评价的基础上进行。一般来说需要对财务费用和效益进行调整，在财务评价中被排除的某些费用和效益可能需要补充进来，而另一些在财务评价中已经考虑的费用和效益则可能重新根据其对经济整体的性质进行归类或调整。

（二）间接效益与间接费用

间接效益与间接费用是指项目对国民经济作出的贡献或国民经济为项目付出的代价，在直接效益与直接费用中未得到反映的那部分效益和费用。通常把与项目相关的间接效益外部效益和间接费用外部费用统称为外部效果。经济评价外部效果应考虑环境及生态影响效果，技术扩散效果和产业关联效果。

1. 环境及生态影响效果

环境及生态影响效果主要是指工业项目排除“三废”造成的环境污染和生态的破坏，是一种间接费用。环境污染和生态平衡被破坏，从项目本身讲，所造成的损失并不计入成本，而从全社会的角度讲，这种破坏是全社会福利的损失，是实施该项目的成本，因此，在进行国民经济评价时，必须把这些在对项目做财务评价时不会考虑到的成本计算在内。

2. 技术扩散效果

通常包括技术培训和技术推广等，这是一种比较明显的技术外部效果，是一种间接效益。投资兴建一个技术先进的项目，会培养和造就大量的工程技术人员、管理人员或技术性较强的操作工人，由于人员流动和技术外流，最终会给整个社会经济的发展带来好处。由于这种效益通常是隐蔽、滞后的，因而难以识别和计量，实际中大多只做定性的描述。

3. 产业关联效果

产业关联效果包括对上游企业和下游企业的关联效果。对下游企业的关联效果主要是指生产初级产品的项目对以其产出物为原料的经济部门产生的效果。对上游企业的关联效果是指一个项目的建设会刺激那些为该项目提供原材料或半成品的经济部门的发展。例如项目所需的原材料原来在国内没有生产，由于新项目的建设产生了国内需求，刺激了原材料工业的发展。如果其价格低于进口价格，显然对国民经济是有利的。项目范围内主要为本项目服务的商业、教育、文化、卫生、住宅等生活福利设施的投资应计为项目的费用。这些生活设施所产生的效益可视为已经体现在项目的产出效益中，一般不必单独核算。

## 三、转移支付

项目的某些财务收益和支出，从国民经济角度看，并不真正反映经济整体的有用资源的投入和产出的变化，没有造成资源的实际增加或减少，只是表现为资源的使用权力从社会的一个实体转移到另一个实体手中，是国民经济内部的“转移支付”，不能计做项目的国民经济效益或费用。主要包括：国家和地方政府的税收，仅是从项目转移到政府；国内银行借款利息，仅是从项目转移到金融机构；国家或地方政府给予项目的补贴，仅是从政府转移到项目。如果以项目的财务评价为基础进行国民经济评价时，应从财务效益和费用中剔除其中的转移支付部分。

### 四、效益与费用的识别应注意问题

经济费用和效益识别应注意的问题在经济分析中，应对建设项目的经济费用和效益尽可能全面地进行识别，并应注意以下几点：

（1）经济分析应对项目涉及的社会成员的有关费用和效益尽可能进行全面识别和计算，以便全面分析项目投资及运营活动耗用资源的真实价值，以及项目为社会福利的实际增加所作出的贡献。

在分析中应该注意：

1）分析项目的近期影响，以及项目可能带来的中期、远期影响；

2）分析与项目主要目标直接联系的直接费用和效益，以及各种间接费用和效益；

3）分析具有物资载体的有形费用和效益，以及各种无形费用和效益；

4）分析项目的投入和产出中作为最终消费品所产生的最终费用和效益，以及各种中间费用和效益；

5）分析体现在项目实体本身的内部费用和效益，以及项目引起的其他组织、机构或个人发生的各种外部费用和效益。

（2）项目经济费用与效益识别的时间范围应足以包含项目所产生的全部重要费用和效益，而不应根据财务核算的相关规定进行人为决定。如财务分析的计算期可根据投资各方的合作期进行计算，而经济分析不受此限制。

（3）项目外部效果的识别应防止漏算或重复计算。为简化计算，对于项目的投入或产出可能产生的第二级及更多的乘数波及效应，在经济分析中一般不予考虑。

## 第二节　国民经济评价指标与报表

### 一、国民经济评价指标

国民经济评价以盈利能力为主，评价指标包括经济内部收益率和经济净现值。

1. 经济净现值（*ENPV*）

经济净现值是反映项目对国民经济净贡献的绝对指标。它是指用社会折现率将项目计算期内各年的净收益流量折算到建设期初的现值之和。

$$ENPV=\sum_{t=0}^{n}(B-C)_t(1+i_s)^{-t}$$

式中　$B$——国民经济效益流量；

$C$——国民经济费用流量；

$(B-C)_t$——第 $t$ 年的国民经济净效益流量；

$i_s$——社会折现率；

$n$——计算期。

评价标准：工程项目经济净现值等于或大于零，表示国家拟建项目付出代价后，可以得到符合社会折现率的社会盈余，或除了得到符合社会折现率的社会盈余外，还可以得到以现值计算的超额社会盈余，这时就认为项目是可以考虑接受的。

2. 经济内部收益率（*EIRR*）

$$\sum_{t=0}^{n}(B-C)_t(1+EIRR)^{-t}=0$$

评价标准：经济内部收益率等于或大于社会折现率，表明项目对国民经济的净贡献达到或超过了要求的水平，这时就认为项目是可以接受的。

按分析效益费用的口径不同，可分为整个项目的经济内部收益率和经济净现值，国内投资经济内部收益率和经济净现值。如果项目没有国外投资和国外借款，全投资指标与国内投资指标相同；如果项目有国外资金流入与流出，应以国内投资的经济内部收益率和经济净现值作为项目国民经济评价的指标。

**二、国民经济效益费用报表**

国民经济效益费用报表有两种，一是项目国民经济效益费用流量表；二是国内投资国民经济效益费用流量表。国民经济效益费用流量表一般在项目财务评价基础上进行调整编制，有些项目也可以直接编制。

在财务评价基础上编制国民经济效益费用流量表应注意以下问题：

（1）剔除转移支付，将财务现金流量表中列支的销售税金及附加、所得税、特种基金、国内借款利息作为转移支付剔除。

（2）计算外部效益与外部费用，并保持效益费用计算口径的统一。

（3）应收、应付款及现金并没有实际耗用国民经济资源，在国民经济评价中应将其从流动资金中剔除。

（4）国民经济评价各项销售收入和费用支出中的外汇部分，应用影子汇率进行调整，计算外汇价值。从国外引入的资金和向国外支付的投资收益、贷款本息，也应用影子汇率进行调整。国内投资国民经济效益费用流量表见表 8-1。

**表 8-1　　国内投资国民经济效益费用流量表**　　单位：万元

| 序号 | 项目 | 计算期 | | | | | | | | |
|---|---|---|---|---|---|---|---|---|---|---|
| | | 1 | 2 | 3 | 4 | 5 | 6 | 7 | 8 | 9 |
| 1 | 效益流量 | — | — | 2 766 | 2 766 | 2 766 | 2 766 | 2 766 | 2 766 | 3 662 |
| 1.1 | 销售收入 | — | — | 2 610 | 2 610 | 2 610 | 2 610 | 2 610 | 2 610 | 2 610 |
| 1.2 | 回收固定资产余值 | — | — | — | — | — | — | — | — | 374 |
| 1.3 | 回收流动资金 | — | — | — | — | — | — | — | — | 522 |
| 1.4 | 项目间接效益 | — | — | 156 | 156 | 156 | 156 | 156 | 156 | 156 |
| 2 | 费用流量 | 2 145 | 3 250 | 1 747 | 1 718 | 1 689 | 1 660 | 1 631 | 1 602 | 1 602 |
| 2.1 | 建设投资中国内资金 | 2 145 | 3 250 | — | — | — | — | — | — | — |
| 2.2 | 流动资金中国内资金 | — | — | — | — | — | — | — | — | — |
| 2.3 | 经营费用 | — | — | 972 | 972 | 972 | 972 | 972 | 972 | 972 |
| 2.4 | 流到国外的资金 | — | — | 726 | 697 | 668 | 639 | 610 | 581 | 581 |

续表

| 序号 | 项　　目 | 计算期 | | | | | | | | |
|---|---|---|---|---|---|---|---|---|---|---|
| | | 1 | 2 | 3 | 4 | 5 | 6 | 7 | 8 | 9 |
| 2.4.1 | 国外借款本金偿还 | — | — | 581 | 581 | 581 | 581 | 581 | 581 | 581 |
| 2.4.2 | 国外借款利息支付 | — | — | 145 | 116 | 87 | 58 | 29 | — | — |
| 2.4.3 | 其他 | — | — | — | — | — | — | — | — | — |
| 2.5 | 项目间接费用 | — | — | 49 | 49 | 49 | 49 | 49 | 49 | 49 |
| 3 | 国内投资净效益流量(1−2) | −2 145 | −3 250 | 1 019 | 1 048 | 1 077 | 1 106 | 1 134 | 1 164 | 2 060 |

计算指标：国内投资经济内部收益率：10.7%。

国内投资经济净现值：138 万元。

项目国民经济效益费用流量表见表 8-2。

**表 8-2　项目国民经济效益费用流量表**　单位：万元

| 序号 | 项　　目 | 计算期 | | | | | | | | |
|---|---|---|---|---|---|---|---|---|---|---|
| | | 1 | 2 | 3 | 4 | 5 | 6 | 7 | 8 | 9 |
| 1 | 效益流量 | — | — | 2 766 | 2 766 | 2 766 | 2 766 | 2 766 | 2 766 | 3 662 |
| 1.1 | 销售收入 | — | — | 2 610 | 2 610 | 2 610 | 2 610 | 2 610 | 2 610 | 2 610 |
| 1.2 | 回收固定资产余值 | — | — | — | — | — | — | — | — | 374 |
| 1.3 | 回收流动资金 | — | — | — | — | — | — | — | — | 522 |
| 1.4 | 项目间接效益 | — | — | 156 | 156 | 156 | 156 | 156 | 156 | 156 |
| 2 | 费用流量 | 3 300 | 6 494 | 1 021 | 1 021 | 1 021 | 1 021 | 1 021 | 1 021 | 1 021 |
| 2.1 | 建设投资 | 3 300 | 5 000 | — | — | — | — | — | — | — |
| 2.2 | 流动资金 | — | 522 | — | — | — | — | — | — | — |
| 2.3 | 经营费用 | — | 972 | 972 | 972 | 972 | 972 | 972 | 972 | 972 |
| 2.4 | 项目间接费用 | — | — | 49 | 49 | 49 | 49 | 49 | 49 | 49 |
| 3 | 净效益流量 | −3 300 | −6 494 | 1 745 | 1 745 | 1 745 | 1 745 | 1 745 | 1 745 | 2 641 |

计算指标：项目经济内部收益率：6.8%。

项目经济净现值：−966 万元。

## 第三节　费用与效益的估算

经济费用效益分析应采用反映资源真实经济价值的计算价格，来估算项目费用和效益，用以纠正投入物与产出物因市场失灵和政策干预失当所造成的财务现金流量计算的偏差。

（1）经济费用和效益计算的原则。项目投资所引发的经济费用或效益的计算，应在利益相关者分析的基础上，研究在特定的社会经济背景条件下相关利益主体获得的收益及付出的代价，计算项目相关的费用和效益。

1）支付意愿原则。

2）受偿意愿原则。

3）机会成本原则。

4）实价计算原则。

（2）具有市场价格的投入物或产出物经济价值的确定对于具有市场价格的货物或服务，其费用或效益的计算应该遵循下列原则：

1）该货物或服务处于竞争性市场环境中，市场价格能够反映支付意愿或机会成本，应采用市场价格作为计算项目投入物或产出物经济价值的依据。

2）如果项目的投入物或产出物的规模很大，项目的实施将足以影响其市场价格，导致“有项目”和“无项目”两种情况下市场价格不一致，理论上应考虑拟建项目对该物品均衡市场价格的影响。在项目评价实践中，可以取二者的平均值作为测算该物品经济价值的依据。

3）对于可外贸货物，其投入物或产出物价格应基于国际市场价格进行推算，其价格取值应反映国际市场竞争的实际情况。

（3）不具有市场价格的产出物经济价值的确定当项目的产出物不具有市场价格，或市场价格难以真实反映其经济价值时，应采用下列方法对项目的产品或服务的经济价值进行测算：

1）按照消费者支付意愿的原则，通过其他相关市场价格信号，按照“揭示偏好”的方法，寻找揭示这些影响的隐含价值，对其效果进行间接估算。

2）采用意愿调查评估的方法，按照“表达偏好”的原则进行间接估算。

## 思考及练习题

8-1 单项选择题

（1）下列说法错误的是（ ）。

A. 国民经济评价是项目决策的重要依据

B. 国民经济评价可以对项目进行优化

C. 当前应强调从国民经济的角度评价和考察项目，支持一切对国民经济有贡献的项目

D. 正确运用国民经济评价方法，可以有效地将企业利益，地区利益与全社会和国家整体利益有机地结合和平衡

（2）下列说法不正确的是（ ）。

A. 项目直接效益大多在财务评价中能够得以反映

B. 间接费用一般在项目财务评价中没有得到反映

C. 间接效益会在财务评价中得到反映

D. 直接费用一般表现为投入项目的各种物料、人工、资金技术以及自然资源而带来的社会资源的消耗

（3）下列说法不正确的是（ ）。

A. 各种税金、补贴和国内银行利息这些国内不同社会成员之间的相互支付称为“转移支付”

B. 国民经济效益和费用不应包括“转移支付”

C. 工资也是社会内不同成员之间的相互支付，也是“转移支付”

D. 工资不能衡量劳动力费用

(4) 下列属于转移支付的有（　　）。

A. 拆迁费　　B. 青苗补偿费　　C. 耕地占用税　　D. 土地补偿费

(5) 项目的国民经济评价结果主要通过编制的（　　）来表述。

A. 国民经济评价报表

B. 根据报表计算的某些评价指标

C. 国民经济评价表和根据报表计算的某些评价指标

D. 以上都不正确

(6) 项目国民经济评价只进行（　　）分析。

A. 国民经济盈利能力　　B. 偿债能力

C. 不确定性　　D. 以上都不对

(7) 国民经济盈利能力的评价指标是（　　）。

A. 经济内部收益率　　B. 经济净现值

C. 经济内部收益率和经济净现值　　D. 投资回收期

(8)（　　）是项目国民经济评价的主要指标。

A. 经济净现值　　B. 经济内部收益率

C. 财务内部收益率　　D. 财务净现值

(9) 经济净现值越大，表明项目所带来的以绝对数值表示的经济效益（　　）。

A. 越小　　B. 越大　　C. 没有关系　　D. 都不对

(10) 项目经济盈利能力分析有（　　）口径。

A. 全部投资　　B. 国内投资与国外投资

C. 国外投资　　D. 国内投资与全部投资

8-2　多项选择题

(1) 以下（　　）都是能说明国民经济评价概念的词语。

A. 按照合理配置资源的原则

B. 采用影子价格、影子汇率和社会折现率等参数

C. 从国家整体角度考察项目的效益和费用

D. 评价对国外借款的清偿能力

E. 计算项目对国民经济净贡献，评价项目的经济合理性

(2) 下列（　　）方面项目对社会的影响可能没有被正确地反映。

A. 国家对于项目实施的征税及财务补贴

B. 市场价格的扭曲

C. 项目的外部效益和费用

D. 项目的直接效益和费用

E. 以上都不对

(3) 在现行经济体制下，一般需要进行国民经济评价的项目是（　　）。

A. 国家参与投资的大型项目

B. 大型交通基础设施建设项目

C. 较大的水利水电项目

D. 市场定价的竞争性项目

E. 国家控制的战略性资源开发项目

(4) 下列（ ）项目需要进行国民经济评价。

A. 国家及地方政府参与投资的项目

B. 主要产出物和投入物的市场价格严重扭曲，不能反映其真实价值的项目

C. 动用社会资源和自然资源较多的大型外商投资项目

D. 证券交易项目

E. 国家给予财政补贴或者减免税费的项目

(5) 国民经济评价采用了（ ）经济评价理论。

A. 费用—效益分析方法

B. "有无对比"方法

C. 影子价格理论方法

D. 资本金流量分析方法

E. 总量效益最大化

(6) 国民经济评价与财务评价的区别在于（ ）。

A. 两种评价的角度和基本出发点不同

B. 项目的费用和效益的含义和范围划分不同

C. 使用的价格体系不同

D. 财务评价只有盈利性分析，国民经济评价还包括清偿能力分析

E. 使用的基本理论不同

(7) 下列说法不正确的是（ ）。

A. 项目的效益是项目对国民经济所作的贡献

B. 项目的费用是国民经济为项目所提供的资金

C. 效益包括直接效益和间接效益

D. 间接效益不能在直接效益中得到反映

E. 项目的间接效益和间接费用又统称为外部作用

(8) 环境影响包括（ ）。

A. 噪声污染 B. 光污染 C. 水污染 D. 绿化影响

E. 以上都不对

(9) 项目的转移支付主要包括（ ）。

A. 项目向政府缴纳的税费

B. 政府给予项目的补贴

C. 项目向国外银行支付的贷款利息

D. 项目从国内银行获得的存款利息

E. 工资

(10) 现率取值的高低将影响（ ）。

A. 经济可行性判断的结果

B. 项目的选优

C. 方案的比选

D. 投资规模

E. 以上都不对

扫一扫

拓展资源

# 第九章　社　会　评　价

近几十年来，世界各国的工业化、现代化发展道路产生巨大负面后果，不可再生资源的过度消耗、环境污染、生态破坏等都给人与自然的协调和可持续发展提出了严峻的挑战，人们开始关注项目对社会的影响以及社会条件在项目实施中的作用。一些社会科学家就此提出了“以人为中心的发展观念”，认为发展的目的不是发展物质而是发展人类。人们开始尝试分析项目对实现国家或地方各项社会发展目标所作的贡献和影响，以及项目与当地社会环境的相互影响。

目前在我国经济发展中，出现了一些结构性和体制性的矛盾和问题，如钢铁、有色金属等行业出现的过度投资导致的产能过剩问题、部分高消耗以及高污染项目屡禁不止、个别行业重大安全事故频发等。应该说在项目建设过程中开展项目社会评价给人们提供了新的思路和方法。进行社会评价有利于国民经济发展目标与社会发展目标协调一致，防止单纯追求项目的财务效益；有利于项目与所在地区利益协调一致，减少社会矛盾和纠纷，防止可能产生不利的社会影响和后果，促进社会稳定；有利于避免或减少项目建设和运营的社会风险，提高投资效益。

## 第一节　评　价　内　容

### 一、社会评价概述

（一）社会评价的概念

投资项目社会评价是指分析评价项目为实现国家和地方的各项社会发展目标所作的贡献与影响，以及项目与社会的相互适应性，包括项目社会风险的一种系统调查研究与分析评价。项目对各项社会发展目标的贡献，是指由于项目的实施给社会创造的效益。项目对社会发展目标的影响，包括自然影响与社会影响。前者如对自然与生态环境的影响，对自然资源的影响，这些对自然的影响一般是对人民生活的间接影响。后者如对人口、劳动形式、劳动组织、社会就业、社会政治、人民的生活收入、生活质量的影响等。影响也包括近期影响与远期影响，明显的影响与潜在的影响，一般在较短时间内不易察觉。

（二）社会评价的原则

我国各类项目进行社会评价应共同遵循的原则主要有如下几点：

（1）认真贯彻我国社会主义现代化建设有关社会发展的方针、政策，遵循有关法律及规章。

（2）以国民经济与社会发展战略和计划期国家制定的国民经济与社会发展计划的社会发展目标为依据；以近期目标为重点，兼顾远期各项社会发展目标，并考虑项目与当地社会环境的关系，力求分析评价能全面反映项目投资引发的各项社会效益与影响以及当地社区及人民对项目的不同反应，促进项目与当地社区、人民相互适应，共同发展。

（3）依据客观规律，从实际出发，实事求是，采用科学适用的评价方法。

(4) 可比的原则。在进行有关对比和方案比选时，无论定量还是定性分析，均应注意可比性。

(5) 按目标的重要程度进行排序的原则。每个项目按其功能都有主要目标，项目对实现各项社会发展目标的重要程度，依项目建设的目标结合国家的政策而定。评价应根据其重要程度进行排序，作为综合评价的基础。

(6) 以人为本的原则。在考虑国家及地方利益的前提下，本着对人民负责与对国家负责的一致性，应对项目的利益与当地人民的利益同等重视，尽力做到两者兼顾，并在涉及人民切身利益的问题上，把人民利益摆在首位。深入了解人民的意见与要求，积极采取措施，提高人民参与项目活动的水平，以保证项目与当地社会协调发展。

### (三) 社会评价的特点

(1) 目标的多元性。

(2) 评价工作的周期较长。

(3) 定量分析困难。

(4) 行业和项目特殊要求明显。

(5) 间接效益与间接影响多。

### (四) 社会评价的目的和任务

#### 1. 社会评价的主要目的

投资项目的社会评价工作贯穿于项目周期全过程的各个阶段。投资项目社会评价的主要目的是判断项目的社会可行性，评价工程项目的投资建设和运营活动对社会发展目标所作出的贡献。

在宏观层面上，投资项目社会评价的目的主要包括：

(1) 实现经济和社会的稳定、持续和协调发展；

(2) 满足人们的基本需求；

(3) 保证不同地区之间的公平协调发展；

(4) 充分利用地方资源、人力、技术和知识，增强地方的参与；

(5) 减少或避免项目建设和运行可能引发的社会问题。

在项目层面上，投资项目社会评价的目的主要包括：

(1) 制定一个能够切实完成项目目标的机制和组织模式；

(2) 保证项目收益在项目所在地区不同利益相关者之间的公平分配；

(3) 预测潜在风险，分析减小不可预见的不良社会后果和影响的对策措施；

(4) 提出为实现各种社会目标而需要对项目设计方案进行改进的建议；

(5) 通过采用参与式途径来增强项目所在地区民众有效参与项目建设和管理，以维持项目效果可持续性的途径；

(6) 防止或尽量减少项目对地区社会文化造成的损毁。

#### 2. 社会评价的具体任务

(1) 识别关键利益相关者，包括项目影响群体和项目目标群体中的关键利益相关者，制定适当的框架机制使他们能够有效地参与到项目的方案选择、制定、实施、监测和评估等活动中去，尤其要为贫困和弱势群体的参与制定恰当的机制。

(2) 确保目标受益人群能够理解并接受项目所设定的目标及项目实施所带来的社会变

化，使项目的内容和方案设计能够考虑到弱势群体、不同民族及其他社会差异问题。

（3）评估建设项目的社会影响，并在确认有负面影响的情况下，提出减轻由项目活动产生的负面影响的行动方案，并使行动方案的实施措施和手段符合当地的社会习俗。

（4）加强目标群体在社区参与、冲突解决和服务提供等方面的能力。

### （五）社会评价的作用

（1）促进经济社会协调发展。

（2）减少社会矛盾，提高项目社会效益。

（3）规避社会风险，为建设项目多目标的实现创造条件。

## 二、社会评价的主要内容

### （一）需要进行社会评价的项目范围

任何建设项目都与人和社会有着密切的联系，因而从理论上讲，建设项目的社会评价适合于各类投资项目的评价。然而，项目的社会评价难度大、要求高，并且需要一定的资金和时间投入，因此也不是任何项目都有必要进行社会评价。一般而言，社会评价主要是针对那些对当地居民受益较大的社会公益性项目、对人民群众生活影响较大的基础设施项目、容易引起社会矛盾和风险的项目、扶贫项目。主要包括以下四个方面：

（1）评价项目对社会经济的贡献，涉及就业收益、技术进步收益、节约时间的社会效益、促进地区经济和部门经济发展、促进国民经济发展、提高产品国际竞争力等。

（2）评价项目对资源利用的影响，涉及国土开发利用效益、节约能源耕地和水资源、自然资源综合利用、对防止自然灾害的影响等。

（3）评价项目对文化教育的影响，涉及对当地人民生活的影响，对当地教育事业、文化事业的影响，对社区基础设施及社会福利的影响等。

（4）项目对社会环境的影响，涉及对国防的影响，对当地政府和管理机构的影响、对当地民族团结、宗教信仰、人民风俗的影响等。

这些项目一般包括引发大规模征地拆迁和移民安置的项目，如交通、水利、采矿和油田项目，以及具有明确的社会发展目标的项目，如扶贫项目、区域性发展项目和社会服务项目（如教育、文化和公共卫生项目等）。而且这些项目可能由政府直接投资建设，也可能由政府通过特许经营等方式委托企业进行投资建设，或政府与企业合作建设。对于具有较强商业盈利能力的项目，也可能完全由企业进行投资建设。

### （二）社会评价应该关注的区域及人群范围

#### 1. 区域范围

为了有针对性地开展社会评价工作，需要通过项目建设地点及项目影响区域范围的分析，确定社会评价需要关注的空间区域范围。由于项目之间的区别很大，无法给出判断社会评价空间范围的通用方法。例如，有些项目只在单一地点进行建设，而有些项目可能覆盖多个省市；有些项目预期只会产生很小的社会影响，而有些项目带来的变化将随时间推移越来越大或覆盖越来越多的区域。因此，必须根据项目的具体情况研究其可能影响的区域范围。

#### 2. 人群范围

在项目影响区域内居住的人群受到项目影响的方式和程度不可能完全相同，有些人可能没有受到任何影响，有些人虽然受到影响，但影响程度并不大，而有些人则可能受到很大的影响。同时，在所有受到影响的人群中，所受影响的性质又有不同，有些人可能因项目受到不利影响，而有些人却因项目而受益。社会评价应谨慎考虑建设项目对社会和人口影响的分析评价范围，以便恰当评价拟建项目社会影响在年龄、性别、收入水平、民族等方面的差异。

（三）项目决策不同阶段的社会评价

1. 项目建议书阶段的初步社会评价

初步社会评价的目的是识别对项目方案制定或实施具有重要影响的社会因素，并确定是否需要在项目可行性研究阶段进行详细社会分析。一般包括对关键利益相关者的识别，分析项目实施对不同利益相关者可能产生的社会影响（包括正面影响和负面影响），项目实施可能遇到的社会风险，判断是否需要进行详细的社会分析和评价，如有必要应确定详细社会分析和评价应重点关注的具体内容。

2. 可行性研究阶段的详细社会分析与评价

详细社会评价的主要目的是为项目方案制定和实施提供有关社会组织和文化习俗方面的信息，为制定消除和减缓负面社会影响的行动方案提供详尽的社会经济数据，以确保项目方案优化分析的质量和实施的成功。在建设项目的社会评价中，收集和分析与社会发展相关的信息是一个相互作用和参与的过程。项目地区人群的社会文化和人口统计特征、他们的生产活动和社会组织状况，以及项目内容与他们的需求兼容的程度等，是影响项目能否成功的至关重要因素。详细社会分析的内容应根据初步社会评价的结论和建议进行确定，但通常情况下应侧重于以下几个方面：

（1）进行详细的利益相关者分析，评价各利益相关者受项目影响的度以及他们对项目的影响力。

（2）当地社会组织结构分析，包括当地的正式和非正式社会组织类型、风俗习惯、不同群体之间的关系、社会动员机制、沟通协调机制、道德规范、价值观念和信仰体系等，分析其对项目方案制定和实施的影响和作用，以及克服当地社会组织结构障碍的途径和建议。

（3）在调查分析的基础上，制定利益相关者参与项目方案制定、实施和管理的框架和途径。

（4）制定详细的负面社会影响减缓计划及行动方案。

（5）根据项目的具体目标，项目地区的社会发展目标和项目目标群体及项目影响群体的社会经济条件等因素，确定社会评价的监测指标和监测方法，对这些指标的现状进行基线调查，为项目实施阶段的社会问题监测评估提供依据。

## 第二节 评 价 方 法

### 一、社会评价的主要方法

项目投资活动涉及的社会因素、社会影响和社会风险不可能用统一的指标、量纲和判据进行评价，因此社会评价应根据项目的具体情况采用灵活的评价方法。社会评价方法的种类有以下几种。

1. 定性分析方法和定量分析方法

社会评价通常采用定量分析与定性分析相结合、参数评价与经验判断相结合的方法，其中定性分析在社会评价中占有重要地位。

2. 快速社会评价法和详细社会评价法

在项目前期准备阶段，可采用的社会评价方法主要有快速社会评价法和详细社会评价法。

## 二、常用的分析评价方法

### （一）有无对比分析法

有无对比分析法是指对有项目情况和无项目情况的社会影响对比分析。有项目情况减去同一时刻的无项目情况，就是由于项目建设引起的社会影响。

### （二）利益相关者分析法

利益相关者的划分一般是按有关各方与项目的关系及其对项目的影响程度与性质或其受项目影响的程度与性质决定的。

1. 项目利益相关者

（1）项目受益人。

（2）项目受害人。

（3）项目受影响人。

（4）其他利益相关者，包括项目的建设单位、设计单位、咨询单位、与项目有关的政府部门与非政府组织。

2. 利益相关者分析的主要内容

（1）根据项目单位的要求和项目的主要目标，确定项目所包括的主要利益相关者。

（2）明确各利益相关者的利益所在以及与项目的关系。

（3）分析各个利益相关者之间的相互关系。

（4）分析各利益相关者参与项目的设计、实施的各种可能方式。

3. 利益相关者分析的一般步骤

（1）构造项目各相关者列表。

（2）评价各利益相关者对项目成功与否所起作用的重要程度。

（3）根据项目目标，对项目各利益相关者的重要性作出评价。

（4）根据以上各步的分析结果，提出在项目实施过程中对各利益相关者应采取的措施。

### （三）排序打分法

所谓排序和打分就是把所研究或分析的对象按一定的顺序排列起来。排序和打分两者之间的区别在于排序是用序数；而打分使用基数对所研究或分析的对象进行排列。应用排序和打分法可以分析外部因素，如资金和技术的引进等对项目目标群体的影响，也可分析内部因素，如目标群体的价值观、对项目的期望等，及其对项目实施的影响。

应用这种方法时，一般应遵循以下原则：

（1）确认排序的对象满足所研究问题和环境的需要。

（2）与有知识的人员共同决定选择哪些对象进行排序并对所选择对象的相关性进行讨论。

（3）列出打分的指标。

（4）请参加打分的利益相关者对不同的问题进行打分、排序，例如1代表最好，2代表次好等。

（5）分析打分者对不同的因素给予不同分值的原因。

(6) 探讨更多的打分指标。

(7) 寻求让不同的利益相关者对一些相同的问题进行打分和排序。

(8) 将不同因素排序与不同利益相关者的利益联系起来。

(四) 财富排序法

财富排序法是在较短的时间内分析村级社区社会分层状况的一种工具。其具体分析步骤为:

(1) 分析人员应与当地主要的信息提供者一道列出所分析村庄的所有住户，把所有住户的名称分别写在不同的卡片上。

(2) 找一些对所有住户都熟悉的人并让每位根据各户的财富将写有住户名称的卡片分成若干堆，或者请一些对所有住户都熟悉的人根据各自对财富的判别标准给所有的住户打分排序。不同人由于所采用的财富判别标准不同会把住户分成不同的堆数，或有不同的打分排序。

(3) 根据不同的信息提供者在排序时所采用的排序标准和排序的结果分析项目地区社会分层状况。

这种方法多应用于扶贫取向型的项目中。

(五) 综合分析评价法

分析项目的社会可行性时通常要考虑项目的多个社会因素及目标的实现程度。对这种多个目标的评价决策问题，通常选用多目标决策科学方法，如德尔菲法、矩阵分析法、层次分析法、模糊综合评价法、数据包络分析法等。

社会评价综合分析结论不能单独应用，必须与项目社会适应性分析结合起来考虑。项目与社区的互适性分析，研究如何采取措施使项目与社会相互适应，以取得较好的投资效果。所以，综合分析评价得出项目社会评价的总分后，在方案比较中，除了要看总分高低，还要看各方案措施实施的难易和所需费用的高低以及风险的大小情况，才能得出各方案社会可行性的优劣。有些项目可能因方案社会风险大或受损群众数量较大，又难以减轻而改变方案。对于项目社会评价来说，多目标分析综合评价方法得出的结果，往往只能作为一种分析总结的参考数据，不能据以决策。

社会调查的主要方法有以下几种。

1. 文献调查法

文献调查法也称为二手资料查阅法，就是通过收集有关的文献资料，摘取其中对社会评价有用的社会信息。

2. 问卷调查法

问卷调查是一种以书面提问方式调查社会信息的方法，它属标准化调查，即要求所有被调查者按统一的格式回答同样的问题。问卷中的问题可以采取开放或封闭或半开放半封闭式的形式。开放式问题对答案不提供具体内容，完全让被调查者用自己的语言回答问题；封闭式问题就是调查者先规定问题的几个答案，再让被调查者选定自己认为适当的答案；在实践中，用得最多的往往是半开放、半封闭式的问题，即对某问题调查者先给出几种答案，让被调查者选择，然后要求其回答选择答案的理由。问卷设计好之后，应先在小范围内进行检验，以便在问卷发出之前，能发现其中的不足之处。通常应检验以下几方面:

(1) 问题的用语。如用词是否恰当、准确，是否所有的被调查者对问题的理解可能都相同。

（2）句子的结构。各个句子是否都适当，是否做到了言简意赅。

（3）问题的方式。问题的方式是否合适，如开放式的问题易于回答吗，封闭式问题的答案规定得适当吗。

（4）会不会出现被调查者拒绝回答的问题。

（5）会不会出现答案全部相同的问题。

（6）完成问卷的时间大概多长，被调查者在最后会不会感到厌倦。

（7）是否全部需要调查的内容都能通过问卷收集到。

3. 访谈法

访谈法又称访问调查法，就是调查人员主要通过与被调查者以口头交谈的方式了解社会信息的方法。按被访问者的人数，访谈法分为个别访谈法和集体访谈法。

（1）个别访谈法。对项目参与者、项目的利益相关者及一些重要信息提供者的个别访谈，个别访谈法通常分为三种类型：

1）非正式的会话式访谈（又称非结构化访谈），重点问题访谈和标准化访谈（又称结构化访谈）。非正式的会话式访谈往往不局限于事先预定的问题和问题的先后排列顺序，可以涉及较宽的领域，有利于充分发挥访问者和被访问者的主动性和创造性，因而能调查到原调查方案中没预料到的信息。

2）重点问题访谈通常是把将要访谈的重点内容用表格或清单列出。

3）标准化访谈就是按照格式、内容相同的问卷所进行的访谈。

在实际调查工作中，这三种访谈方式常常可以相互配合使用。一般是先进行非正式访谈，然后辅以重点问题访谈或标准化访谈。

（2）集体访谈法。集体访谈法就是召集被调查者开会讨论和交流，以收集社会信息。这是一种更省时、更高效的访谈法。它不仅能做到调查者和被调查者之间的交流，也能做到被调查者之间的交流。但一些涉及保密性、隐私性问题不宜在集体访谈中调查。

## 思考及练习题

9-1 社会评价与建设项目的环境影响分析、经济影响分析相比，存在较大差别，其主要特点是（ ）。

A. 目标的多元性　　B. 评价工作的周期较长　　C. 定量分析困难

D. 行业和项目特殊要求明显　　E. 间接效益与间接影响多

9-2 社会评价的作用有（ ）。

A. 促进经济社会协调发展

B. 减少社会矛盾，提高项目收益

C. 为利益相关者提供数据参考

D. 规避社会风险，为建设项目多目标的实现创造条件

E. 实现社会效益最大化

9-3 对项目经济的效益进行考察和评价，就是项目的经济评价；对项目的社会影响的考察就形成（ ）。

A. 社会评价　　B. 环境评价　　C. 财务评价　　D. 国民经济评价

9-4 对投资项目进行社会评价所依据的是社会发展目标，考察投资项目建设和运营后对实现社会发展目标的作用和影响，这反映出社会评价的（　　）。

A. 宏观性和长期性

B. 目标的多样性和复杂性

C. 评价指标和评价标准的差异性

D. 减少项目建设和运营的社会风险，提高投资效益

9-5 社会评价相对于财务评价和国民经济评价，具有以下几个特点：（　　）。

A. 宏观性和长期性

B. 目标的多样性和复杂性

C. 目标的综合特性

D. 评价指标和评价标准的共同性

E. 评价指标和评价标准的差异性

9-6 社会评价适用于（　　）的项目。

A. 社会因素较为复杂

B. 社会影响较为久远

C. 社会风险较大

D. 社会发展较快地区

E. 社会矛盾较为突出

9-7 社会评价适用于（　　）。

A. 文化、教育和公共卫生项目

B. 具有明确社会发展目标的项目

C. 区域发展项目

D. 社会服务项目

9-8 社会评价的作用（　　）。

A. 有利于国民经济发展目标与社会发展目标协调一致，防止单纯追求项目的经济效益

B. 有利于项目与所在地区利益协调一致，减少社会矛盾和纠纷

C. 有利于防止可能产生的不利的社会影响和后果，促进社会稳定

D. 有利于避免或减少项目建设和运营的社会风险，提高投资效益

E. 促进经济、社会和环境的协调发展

9-9 社会评价从（　　）出发，研究内容包括项目社会影响分析、项目与所在地区的互适性分析和社会风险分析三个方面的内容。

A. 按目标的重要程度进行排序的原则

B. 以人为本的原则

C. “有无”对比的原则

D. 社会评价人员必须以公正、客观、求是的态度从事社会评价工作

扫一扫

拓展资源

# 第十章　环境影响经济评价

环境影响评价也称为“环境评价”或“环评”。环境影响评价制度作为我国环境保护的一项基本制度，在协调发展社会经济与保护环境的关系方面起到了十分重要的作用。但在实施过程中，也暴露了一些存在的问题，其中最重要的就是环境影响经济评价工作较为薄弱，甚至没有开展。传统的项目可行性研究对于环境影响很多只是定性描述，环境影响很难纳入常规项目经济分析，对环境影响没有价值计量，不能真正反映项目是否可行，从而影响了环境影响评价制度作用的发挥。因此，要完善环境影响评价制度，应该加强环境影响的经济评价工作。对建设项目可能造成的经济损失进行定量分析，使主管部门对工程项目的审批更加客观、准确。

## 第一节　环境影响评价概述

1969 年美国首先提出环境影响评价的概念，并作为法律制度予以执行，随后其他发达国家也陆续推行。1979 年，我国在《中华人民共和国环境保护法（试行）》中规定，在新建、改建和扩建工程时，必须执行环境影响报告书审批制度；1980 年北京市在全国率先开始实行“建设工程环境影响报告书审批制度”。国内有关部门颁布了许多有关的管理办法和技术规定，将环境影响评价制度纳入基本建设管理程序。

### 一、环境影响评价的概念

1. 环境概念

环境是指影响人类生存和发展的各种天然的和经过人工改造的自然因素的总体，包括大气、水、海岸、土地、矿藏、森林、草原、野生生物、自然遗迹、人文遗迹、自然保护区、风景名胜区、城市和乡村等。

2. 环境影响评价的概念

环境影响评价是指对规划和建设项目实施后可能造成的环境影响进行分析、预测和评估，提出预防或者减轻不良环境影响的对策和措施，进行跟踪监测的方法与制度。

### 二、对建设项目的环境影响评价实行分类管理

国家根据建设项目对环境的影响程度，对建设项目的环境影响评价实行分类管理。

建设单位应当按照下列规定组织编制环境影响报告书、环境影响报告表或者填报环境影响登记表（以下统称环境影响评价文件）：

（1）可能造成重大环境影响的，应当编制环境影响报告书，对产生的环境影响进行全面评价。

（2）可能造成轻度环境影响的，应当编制环境影响报告表，对产生的环境影响进行分析或者专项评价。

（3）对环境影响很小、不需要进行环境影响评价的，应当填报环境影响登记表。

建设项目的环境影响评价分类管理名录，由国务院环境保护行政主管部门制定并公布。

### 三、环境影响报告书的基本内容

建设项目的环境影响报告书应当包括下列内容：

（1）建设项目概况。

（2）建设项目周围环境现状。

（3）建设项目对环境可能造成影响的分析、预测和评估。

（4）建设项目环境保护措施及其技术、经济论证。

（5）建设项目对环境影响的经济损益分析。

（6）对建设项目实施环境监测的建议。

（7）环境影响评价的结论。

涉及水土保持的建设项目，还必须经由水行政主管部门审查同意的水土保持方案。

**四、建设项目环境影响评价机构**

接受委托为建设项目环境影响评价提供技术服务的机构，应当经国务院环境保护行政主管部门考核审查合格后，颁发建设项目环境影响评价资质证书，按照资质证书规定的等级和评价范围，从事环境影响评价服务，并对评价结论负责。环境资质分为甲乙两个等级，取得甲级资质的环评机构可以在环评证书评价范围内承担各级环境保护行政主管部门负责审批的建设项目环境影响报告书和环境影响报告表的编制。取得乙级环评资质的环评机构，可以在环评证书规定的评价范围内承担省级以下环境保护行政主管部门负责审批的建设项目环境影响报告书和报告表的编制。环评证书在各国范围内有效，有效期为 4 年。

**五、建设项目环境影响评价文件的审批管理**

建设项目的环境影响评价文件，由建设单位按照国务院的规定报有审批权的环境保护行政主管部门审批；建设项目有行业主管部门的，其环境影响报告书或者环境影响报告表应当经行业主管部门预审后，报有审批权的环境保护行政主管部门审批。

审批部门应当自收到环境影响向报告书之日起 60 日内，收到环境影响报告表之日起 30 日内，收到环境影响登记表之日起 15 日内，分别作出审批决定并书面通知建设单位。

建设项目的环境影响评价文件经批准后，建设项目的性质、规模、地点、采用的生产工艺或者防治污染、防止生态破坏的措施发生重大变动的，建设单位应当重新报批建设项目的环境影响评价文件。

建设项目的环境影响评价文件自批准之日起超过 5 年，方决定该项目开工建设的，其环境影响向评价文件应当报原审批部门重新审核；原审批部门应当自收到建设项目环境影响评价文件之日起 10 日内，将审核意见书面通知建设单位。

建设项目的环境影响评价文件未经法律规定的审批部门审查或者审查后未予批准的，该项目审批部门不得批准其建设，建设单位不得开工建设。建设项目建设过程中，建设单位应当同时实施环境影响报告书、环境影响报告表以及环境影响评价文件审批部门审批意见中提出的环境保护对策措施。

**六、环境影响评价的主要工作内容**

环境影响评价工作程序分为三个阶段。

1. 第一阶段为准备阶段

主要工作内容如下：

（1）研究有关文件。包括国家和地方的法律法规、发展规划和环境功能区划、技术导则和相关标准、建设项目依据、可行性研究资料及其他有关技术资料。

（2）进行初步的工程分析，明确项目建设项目的工程组成，根据工艺流程确定排污环节和主要污染物，同时进行建设项目影响区域的环境现状调查。

（3）识别建设项目的环境影响因素，筛选主要的环境影响因子，明确评价重点。

（4）确定各单项环境影响评价的范围和评价工作等级。编制评价大纲或工作方案。

2. 第二阶段为正式工作阶段

主要工作内容如下：

（1）做进一步工程分析，进行充分的环境现状调查、监测并开展环境质量现状评价。

（2）根据污染源强和环境现状资料进行建设项目的环境影响预测，评价建设项目的环境影响，并开展公众意见调查。

（3）提出减少环境污染和生态影响的环境管理措施和工程措施。

3. 第三阶段为报告书编制阶段

其主要工作为汇总、分析第二阶段工作所得到的各种资料、数据，从环保角度确定项目的可行性，给出评价结论和提出进一步的减缓环境影响的建议，最终完成环境影响报告书（表）的编制。

特别指出：如对所选项目地址给出否定结论，则对新地址的评价应重新进行。地址的优选，须对各地址分别进行预测和评价。环境影响评价工作程序图如图 10-1 所示。

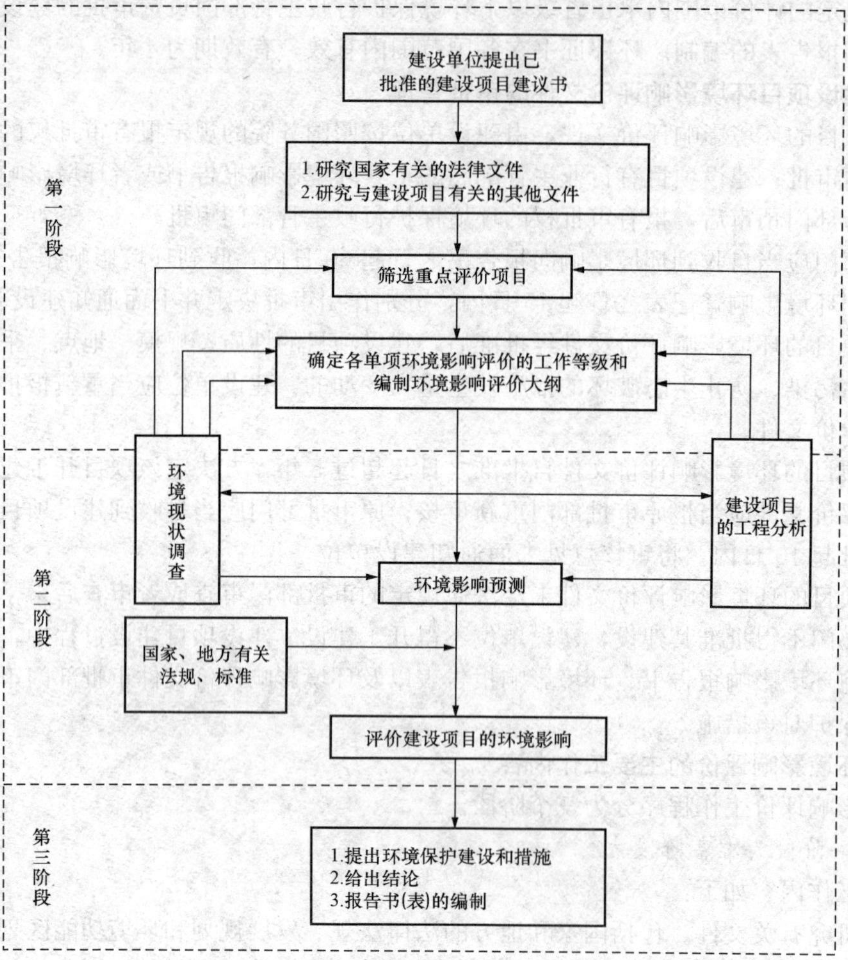


图 10-1　环境影响评价工作程序图

## 第二节 环境影响经济评价

### 一、建设项目环境影响经济评价内涵

一般建设项目的经济可行性分析，主要关注的是项目自身的收益与损失，很少关心该项目对环境的影响，站在个人利益最大化的角度，企业会无视环境资源的价值。因此，无论项目对环境产生正影响还是负影响都难以纳入项目的经济分析中，从而影响项目环境的经济决策。然而，处于社会公益的角度去研究建设项目的社会经济可行性，不仅仅要考虑经济收益问题，还要考虑社会经济发展和环境资源利用的可持续性问题。这就必须要求我们全面地了解项目对于社会经济的实际价值，预测项目建成后的社会经济后果和环境影响后果，以避免实施可能引起自然环境系统退化的项目。当环境资源稀缺时，还需要对多个项目的国民重要性进行比较和排序，对环境影响（包括正影响和负影响）程度进行量化，并赋予货币价值。

建设项目环境影响经济评价，即估算某一项目、规划或政策所引起的环境影响的经济价值，并将环境影响的经济价值纳入项目、规划或政策的经济费用效益分析中去，以判断这些环境影响对该项目、规划或政策的可行性会产生多大影响。对负面的环境影响估算出的是费用，对正面的环境影响估算出的是环境效益。

### 二、环境影响经济评价的程序

环境影响经济评价是一种过程，这种过程重点在决策和开发建设活动开始前，体现出环境影响经济评价的预防功能。决策后或开发建设活动开始，通过实施环境监测计划和持续性研究，环境影响经济评价还在延续，不断验证其评价结论，并反馈给决策者和开发者，进一步修改和完善其决策和开发建设活动。环境影响经济评价是一个循环的和补充的过程。环境影响评价的过程包括一系列的步骤，这些步骤按顺序进行，各个步骤之间存在着相互作用和反馈机制。在实际工作中，环境影响经济评价的工作过程可以有所不同，而且各步骤的顺序也可能变化。

环境影响经济评价的步骤如下：

第一步：影响的筛选。环境影响被筛选将内部的、小的以及能被控制影响剔除，留下能够量化或货币化的影响。

第二步：影响的量化。

环境影响的量化，应该在环评的前面阶段已经完成。但是：

（1）环境影响的量化方式，不一定适合于进行下一步的价值评估。如对健康的影响，可能被量化为健康风险水平的变化，而不是死亡率、发病率的变化。

（2）在许多情况下，环评报告只给出项目排放影响因子（$SO_2$，tsp，cod）的数量，而不是这些因子对受体影响的大小。

第三步：评估环境影响价值。采用环境经济学的环境经济损益分析方法，对量化后的环境功能损害后果进行货币化的估价，即对建设项目的环境费用或环境效益进行估价。

第四步：环境影响价值纳入项目经济分析，以此来判断项目的环境影响在多大程度上影响了项目的可行性。

（1）指标计算：（经济）净现值，（经济）内部收益率，贴现率等。

(2) 敏感性分析。

在考察项目对环境影响的敏感性时，可以考虑分析的指标或参数有：

1）贴现率。

2）环境影响的价值（上限、下限）。

3）市场边界（受影响人群的规模大小）。

4）环境影响持续的时间（超出项目计算期时）。

5）环境计划执行情况（好、坏）。

**三、环境价值的定义**

1. 环境总价值的概念

(1) 环境的总价值：包括环境的使用价值和非使用价值。

(2) 环境的使用价值：指的是环境被生产者或消费者使用时所表现出的价值。环境的使用价值通常包括直接使用价值、间接使用价值和选择价值。

(3) 环境的非使用价值：指的是人们虽然不使用某一环境物品，但该环境物品仍具有的价值。根据不同动机，环境的非使用价值又可分为遗赠价值和存在价值。

环境总价值＝环境的使用价值＋环境的非使用价值

＝环境的直接使用价值＋环境的间接使用价值＋环境的选择价值

＋环境的非使用价值

2. 环境价值的度量

环境价值的量度一般有三个：最大支付意愿；消费者剩余；最低补偿意愿。

价值＝支付意愿＝价格×消费量＋消费者剩余

3. 不同环境影响经济评价方法的选择

可以把环境影响分为四大类：生产力、健康、舒适性和选择价值。

例如，土壤侵蚀明显对农业生产率有着潜在影响；森林砍伐不仅会影响到生产率（森林产品和服务价值的减少），而且会影响舒适性（风景、当地气候条件）和选择价值（森林生物和物种）；空气污染对生产率（防护措施的费用、对树木和作物的影响及建筑物的腐蚀），健康和舒适性（灰尘和能见度）都会有影响；生物多样性的减少影响到选择价值，同时也减少了舒适性（对野生生物的爱好者），甚至影响生产率（如减少旅游或研究机构所支付的费用）。具体的环境影响可见表 10-1。

**表 10-1　环境影响造成的经济损失示例**

| 影响 | 损害（健康、生产力、舒适性） | |
| --- | --- | --- |
| 污染 | 大气 | |
| | 呼吸道疾病 | 工作日的损失，医疗费用 |
| | 植物的影响 | 农作物产量下降 |
| | 材料受到污染 | 清洁费用，更频繁的粉刷 |
| | 美感的退化 | 能见度降低、臭味导致财产贬值 |
| | 水 | |
| | 水中的病原菌或有毒物质 | 工作日损失，医疗费用，备用供水的 |
| | 对渔业的影响 | 成本产量降低 |
| | 影响接触水的娱乐 | 旅游收入降低 |
| | 噪声 | 降低财产的价值 |

续表

| 影　响 | 损害（健康、生产力、舒适性） | |
|---|---|---|
| 生态系统退化 | 地下水<br>污染<br>地下水位的降低 | 备用供水的成本<br>地面沉降，构筑物损坏 |

针对不同的影响，需要采用不同的方法进行价值评估。

（1）当环境变化对生产力产生影响时，首选的方法就是直接市场评价法，它能够对因环境变化而导致对生产的物理影响（如酸雨造成的作物减产）赋予一个市场价值。如果这些物理影响会引致采用一些防护性措施时，也可以采用防护支出法、机会成本法以及重置成本法。

（2）对健康影响（包括安全）而言，由于人力资本法和疾病费用法是基于收入的减少以及直接的医疗费用进行估算的，所得的数值是环境质量变化价值的最低限值。防护行为（如气喘病人迁移以避免空气污染）和防护支出（如采取私人水处理措施防止污染对健康的影响）也可以用来评估健康影响。目前，越来越多的对健康影响的研究都采用权变评价法，它度量人们对避免或者减小伤害或者风险以及经济损失的支付意愿以及人们对生命价值的认同。

（3）对于舒适性的影响，旅行费用法和内涵房地产价值达分别基于到达某地的旅行费用以及因环境原因造成的房地产价值的差别来进行评估。权变评价法也可以用于探讨人们对舒适性的偏好。

对不同环境影响所采用的经济评价方法的选择可参见表 10 - 2。

**表 10 - 2　对不同环境影响所采用的经济评价方法**

| 环境影响 | 评价方法选择 |
|---|---|
| 生产力 | 直接市场评价法<br>防护支出法<br>重置成本法<br>机会成本法 |
| 健康影响 | 人力资本法<br>疾病费用法<br>防护支出法<br>权变评价法 |
| 舒适性 | 旅行费用法<br>内涵房地产价值法<br>权变评价法 |
| 选择价值 | 调查评价法 |

## 四、几种环境价值评估方法

（1）旅行费用法。

1）适用范围。一般用来评估户外游憩地的环境价值。

2）基本思想。到该地旅游要付出代价，这一代价即旅行费用。旅行费用越高，来该地游玩的人数越少；反之亦然。所以，旅行费用成了旅游地环境服务价格的替代物，据此，可以求出人们在消费该旅游地环境服务时获得的消费者剩余。旅游门票为零时，该消费者剩余，就是这一景观的游憩价值。

3）基本公式。

旅游价值＝旅游费用支出＋旅行时间价值＋其他花费

**【例 10 - 1】**　人们到某风景名胜区旅游，旅游费用支出包括人均交通费 30 元、餐饮费 50 元、门票 25 元、游船消费 35 元、住宿 100 元，旅行时间一般为两天，游客人均收入平均水平约 80 元/天，人均购买宣传资料、纪念品的费用约 50 元/人次，2011 年接待游客约

120 万人次，用旅行费用法评估该风景名胜区的其旅游价值为多少万元？

旅游价值＝旅游费用支出＋旅行时间价值＋其他花费

＝(30＋50＋25＋35＋100＋80×2＋50)×120＝54 000（万元）

（2）隐含价值法。

1）适用范围。用于评估大气质量改善的环境价值，也可用于评估大气污染、水污染、环境舒适性和生态系统环境服务功能等的环境价值。

2）基本思想。环境因素会影响房地产的价格。市场中形成的房地产价格，包含了人们对其环境因素的评估。通过回归分析，可以分析出人们对环境因素的估价。一般而言，隐含价格法对环境质量的估价需要建立隐含价格方程和建立环境质量需求方程。

（3）调查评价法。

1）适用范围。可用于评估几乎所有的环境对象。

2）基本思想。通过构建模拟市场来揭示人们对环境物品的支付意愿，从而评价环境价值的方法。它通过人们在模拟市场中的行为，而不是在现实市场中的行为来进行价值评估，通常不发生实际的货币支付。

3）应用关键。要构建一个合理的环境物品交易机制，包括准确描述环境物品的性质和数量、环境物品的供给机制、购买环境物品的支付手段等，尽量做到模拟市场真实可信，并能被人们所理解。如果不能准确描述环境物品的性质和数量，就有可能出现部分整体偏差，即所要评估的是一个小环境物品，而被调查者可能给出的是对一个包括这个小的环境物品和大的环境物品的支付意愿。如果不能准确描述环境物品的供给机制，许多人可能成为“免费乘客”而低估自己的支付意愿，造成策略偏差。

（4）成果参照法。

1）基本思想。把旅行费用法、隐含价格法、调查评价法的实际评价结果作为参照对象，用于评价一个新的环境物品，该法相当于类比分析法。

2）特点。最大的特点是节省时间、费用。它是环境影响经济评价中最常用的方法之一。

（5）市场价值法。

市场价值法即生产率法是将环境看成为生产要素，环境质量的变化导致生产率和生产成本的变化，从而导致产量和利润的变化，而产量和利润是可以用市场价格来计量的。市场价值法就是利用计量因环境质量变化引起的产量和利润的变化来计量环境质量变化的经济效益或经济损失，是一种直接和应用广泛的方法，如用于因污染造成农产品减产的评价。通常用下述方程计算

$$L_1 = \sum_{i=1}^{i} P_i \Delta R_i$$

式中　$L_1$——环境污染或破坏造成产品损失的价值；

$P_i$——$i$ 种产品市场价格；

$\Delta R_i$——$i$ 种产品污染或生态破坏减少的产量。

（6）医疗费用法。

1）适用范围。用于评估环境污染引起的健康影响（疾病）的经济价值。

2）基本思想。如果环境污染引起某种疾病（发病率）的增加，治疗该疾病的费用，可以作为人们避免该环境影响所具有的支付意愿的底限值。

3）缺陷。它无视疾病给人们带来的痛苦。人们避免疾病，一方面是为了避免医疗费用，另一方面是为了避免疾病带来的痛苦。医疗费用法没有捕捉到健康影响的这一方面。

（7）人力资本法。

1）适用范围。用于评估环境污染的健康影响（收入损失、死亡）。它把人作为生产财富的资本，用一个人生产财富的多少来定义这个人的价值。由于劳动力的边际产量等于工资，所以用工资表示一个人的边际价值，用一个人工资的总和（经贴现）表示这个人的总价值。

2）基本思想。环境污染引起误工、收入能力降低、某种疾病死亡率的增加，由此引起的收入减少，可以作为人们为避免该环境影响所具有的支付意愿的底限值。

标准的人力资本法采取如下作法：

①只计算工资收入，不计非工资收入，因为劳动力只创造工资。

②无工资收入者，价值取为零。

③采用税前工资。

④工资不反映劳动力边际产量时采用影子工资。

⑤严格的人力资本法从工资收入中还要减去个人的消费，从早逝造成的工资丧失中还要减去医药费的节省。

⑥贴现未来工资收入时，采用社会贴现率。

（8）恢复与防护费用法。

一种环境资源的破坏可以用恢复到原来状态所需要的费用来作为该环境资源被破坏带来的经济损失或它的最低经济价值。实际上，环境退化、生态破坏往往很难恢复到原来功能，所以恢复费用也只是它的最低损失费用。一种环境资源的破坏也可以用防护它不受破坏所需的费用，作为该环境资源被破坏带来的经济损失。例如，评估公路噪声的危害，可以用建立噪声隔离墙所需的费用来衡量。

计算方程如下

$$L_3 = \sum_{i=1}^{i} C_i$$

式中　$L_3$——防护或恢复前的污染损失；

$C_i$——$i$ 项防护或恢复费用。

（9）影子工程法。

适用范围：用于评价水污染造成的损失、森林生态功能价值等。环境资源受到破坏之后，用人工建造一个工程来代替原来的环境功能所需的费用来估计破坏该环境资源的经济损失。

例如，某处地下水受到污染而失去饮用水功能，可以用重新建造一个饮用水源所需要的费用来评估该地下水资源受到破坏的经济损失。假如这种复制行为确会发生，则该费用一定小于该环境的价值，只能作为该价值的最低估计值。假如这种行为可能不会发生，则该费用可能大于或小于环境价值。

（10）反向评估。

反向评估不是直接评估环境影响的价值，而是根据项目的内部收益率或净现值反推，推算出项目的环境成本不超过多少时，该项目才是可行的（数据严重不足时，可考虑用）。如根据可研报告，项目成本是 120 万元，收益是 150 万元，则环境成本不超出 30 万元时，项目可行。要判断的是，识别出环境影响的价值是否大于 30 万元。

（11）机会成本法。

机会成本是指一定的资源用在生产某产品时，所放弃的对另一种产品生产的价值。或者说，机会成本是指利用一定的资源获得某种收入时所放弃的另一种收入。如一块土地，可以种植小麦或建仓库，为种植小麦而放弃建仓库成为种植小麦的机会成本。计算方程如下

$$L_2 = \sum_{i=1}^{i} S_i W_i$$

式中　$L_2$——资源损失机会成本的价值；

$S_i$——$i$ 种资源单位机会成本；

$W_i$——$i$ 资源损失的数量。

（12）生产力损失法。

1）适用范围。估算环境破坏造成的生产力损失。

2）计算。用环境破坏造成的产量损失，乘以该产品的市场价格来表示。

如酸雨使玉米减产 10%～15%，减产量乘以当年玉米价格可作为酸雨的农业危害的损失。

## 思考及练习题

10-1　不定向选择题

（1）环境影响评价，是指对规划和建设项目实施后可能造成的环境影响进行（　　），提出预防或者减轻不良环境影响的对策和措施，进行跟踪监测的方法与制度。

A. 检测　　B. 分析　　C. 防止　　D. 预测　　E. 评估

（2）对建设项目的环境可能造成轻度环境影响的，应当编制（　　），对产生的环境影响进行分析或者专项评价。

A. 环境影响报告书　　B. 环境影响报告单

C. 环境影响登记表　　D. 环境影响报告表

（3）建设单位应当按照下列规定组织编制环境影响评价文件（　　）。

A. 可能造成重大环境影响的，应当编制环境影响报告书，对产生的环境影响进行全面评价

B. 可能造成轻度环境影响的，应当编制环境影响报告表，对产生的环境影响进行分或者专项评价

C. 可能造成中度环境影响的，应当编制环境影响报告表，对产生的环境影响进行分或者专项评价

D. 可能造成较强环境影响的，应当编制环境影响报告书，对产生的环境影响进行全面评价

E. 对环境影响很小、不需要进行环境影响评价的，应当填报环境影响登记表

（4）建设项目的环境影响报告书应当包括下列内容（　　）。

A. 建设项目环境保护措施及其技术、经济论证

B. 建设项目对环境影响的经济损益分析

C. 对建设项目实施环境监测的建议

D. 建设项目的经济前景分析

E. 环境影响评价的结论

(5) 涉及水土保持的建设项目除按要求编制建设项目的环境影响报告书外，还必须取得经由水行政主管部门审查同意的（ ）。

A. 水土保持方案　　B. 水土安全规划

C. 水利用方案　　D. 水土利用标准

(6) 接受委托为建设项目环境影响评价提供技术服务的机构，应当经（ ）考核审查合格后，颁发资质证书。

A. 国务院建设行政主管部门　　B. 国务院发展与改革委员会

C. 省级环境保护行政主管部门　　D. 国务院环境保护行政主管部门

(7) 为建设项目环境影响评价提供技术服务的机构，不得与（ ）存在任何利益关系。

A. 工程项目建设单位

B. 负责审批建设项目环境影响评价文件的环境保护行政主管部门或者其他有关审批部门

C. 委托为建设项目环境影响评价提供技术服务的机构

D. 工程项目的监理单位

(8) 建设项目环境影响评价文件的审批部门应当自（ ），分别作出审批决定并书面通知建设单位。

A. 收到评价文件 60 日内

B. 收到环境影响报告书之日起 60 日内

C. 收到环境影响报告表之日起 30 日内

D. 收到环境影响登记表之日起 15 日内

E. 收到评价文件 15 日内

(9) 建设项目的环境影响评价文件经批准后，建设项目的性质、规模、地点、采用的生产工艺或者防治污染、防止生态破坏的措施发生重大变动的，建设单位应当（ ）建设项目的环境影响评价文件。

A. 修改　　B. 实质性修改　　C. 重新评估　　D. 重新报批

(10) 建设项目的环境影响评价文件未经法律规定的审批部门审查或者审查后未予批准的，该项目（ ）。

A. 审批部门不得批准其建设　　B. 不得进行实质性建设

C. 建设单位不得开工建设　　D. 可以进行局部建设

E. 审批部门应当严格审批

(11) 对环境价值的含义描述错误的是（ ）。

A. 环境的使用价值通常包括直接使用价值、非使用价值和选择价值

B. 选择价值是人们虽然现在不使用某一环境，但人们希望保留它，这样，将来就有可能使用它，也即保留了人们选择使用它的机会，环境所具有的这种价值就是环境的选择价值

C. 环境的非使用价值是指人们虽然不使用某一环境物品，但该环境物品仍具有的价值

D. 根据不同动机，环境的非使用价值又可分为遗赠价值和存在价值

（12）环境资源的总经济价值分为（　　）。

A. 成本价值　　B. 有用性价值　C. 内在价值　　D. 再生价值

（13）费用效益分析中，考察项目对环境影响的敏感性时，考虑分析的指标或参数有（　　）。

A. 贴现率，环境影响的价值（上限、下限）

B. 市场边界（受影响人群的规模大小）

C. 环境影响持续的时间（超出项目计算期时）

D. 环境计划执行情况（好、坏）

（14）理论上，环境影响经济损益分析的步骤包括（　　）。

A. 筛选环境影响

B. 量化环境影响

C. 评估环境影响的货币化价值

D. 将货币化的环境影响价值纳入项目的经济分析，以判断项目的这些环境影响将在多大程度上影响项目、规划或政策的可行性

10-2　简答题

（1）建设项目环境影响评价工作程序是什么？

（2）环境影响经济评价步骤包括哪些？

（3）简述旅行费用法的主要应用范围及其基本思想。

（4）简述环境的总价值、环境的使用价值、选择价值、环境的非使用价值的关系。

扫一扫

拓展资源

# 第十一章 项目后评价

众所周知，建设项目的决策及实施是一项复杂的系统工程，涉及面宽，技术复杂，在广泛调查研究的基础上，通过定量、定性的计算、分析及综合评价，才能做出科学的投资决策。目前我国现行的立项决策制度尚缺少信息反馈机制。在基本建设程序的立项决策阶段，项目建议书、可行性研究及设计任务书中的项目评价，都属于在项目实施前所作的预评价，而且投资估算都存在相当的误差，因为决策的项目缺少检验，存在的缺陷不能得到及时的修正。项目决策的好坏，缺乏经常的固定的信息反馈渠道。因此对决策阶段的预评价急需建成后的实践来进行检验，用项目建成后营运的实际数据，对建设项目是否达到原定目标做出科学判定，找出预评价中存在的问题。项目投资后评价的重要意义在于验证项目最初决策的科学性和合理性，总结其中的经验教训，从而为提高决策水平打下基础。随着我国经济体制改革，尤其是建设工程体制改革的深入与发展，市场经济对建设工程行为的拉动与约束日益强化，建立完善的我国建设工程项目后评价体系已成为深化建设工程体制改革进程中所面临的一个急迫而又崭新的课题。

## 第一节 项目后评价概述

中国项目建设程序是从项目业主管理的角度划分的，包括：项目建议书阶段→可行性研究阶段→设计阶段→项目实施准备阶段→施工阶段→竣工验收（完工）阶段→项目总结评价阶段。其中可行性研究是在项目建设前进行的，对项目可行性研究的判断是否正确，项目的实际效益如何，就需要在项目竣工验收投入生产使用后根据实际数据资料再进行评估来检验，这种再评价就是项目后评价。

### 一、项目后评价的定义

关于项目后评价的定义，目前国内外理论与实际工作者尚有不同的理解。本书工程项目后评价是指在项目建成投产后进行综合研究、衡量和分析项目的实际情况及其与预测、计划情况的差距，确定有关项目预测和判断是否正确，并分析其成败原因，从项目完成过程中吸取经验，为提高未来项目的预测、准备、决策、管理、控制提供科学依据。

项目后评价是工程项目实施阶段管理的延伸。工程项目竣工验收或通过销售交付使用，只是工程建设完成的标志，而不是工程项目管理的终结。建设项目竣工投产后，一般经过1至2年生产运营后，要进行一次系统的项目后评价，项目后评价不仅对项目有论证和评价作用，还包括监督控制、总结经验、反馈信息、提高未来项目投资管理水平等作用。

### 二、项目后评价的特点

项目后评价不同于项目决策前的可行性研究和项目评价（即项目前评价），其具有有以下特点。

1. 现实性

项目后评价分析研究的是项目实际情况，对项目建设、投产、运营的状况、存在的问题进行总结、分析、研究和评价。它依据的数据资料是现实发生的真实数据，总结的是现实存在的经验教训，提出的是实际可行的对策措施。而项目可行性研究和项目前评价分析研究的是项目未来的状况，所用的数据都是预测数据。

2. 公正性

项目后评价必须保证公正性，这是一条很重要的原则，公正性表示在实施项目后评价时，应抱有实事求是的态度，在发现问题、分析原因和作出结论时避免出现避重就轻的情况发生，始终保持客观、负责的态度对待评价工作，做到一碗水端平，客观地作出评价。

3. 全面性

项目后评价是对项目实践的全面评价，它不仅对项目的预测、筹备、决策、设计、施工、生产运营等全过程进行的系统评价。还对项目投资的经济效益、社会效益、环境效益以及项目综合管理等全方位进行系统评价；不仅要总结项目决策、建设和营运中成功的经验，更要发现问题，找出差距，分析研究成因，提出对策建议。

4. 反馈性

项目可行性研究和前评价的目的在于为计划部门投资决策提供依据，而后评价的目的在于通过对现有项目的准备过程、建设过程和运营过程的回顾总结、分析研究，其结果需要反馈到决策部门，作为新项目的立项和评估的基础以及调整投资计划和政策的依据，这是后评价的最终目标。因此，后评价结论的反馈机制，成为后评价成败的关键环节之一。国外一些国家建立了“项目管理信息系统”，通过项目周期各阶段的信息交流和反馈，系统地为后评价提供资料和向决策机构提供后评价的反馈信息。

5. 探索性

项目后评价是在分析工程项目现状的基础上，及时发现问题、研究问题，并探索项目未来的发展方向和发展趋势，因而要求项目后评价人员具有较高的素质和创造性，把握影响项目效益的主要因素，并提出切实可行的改进措施。

6. 合作性

项目可行性研究和项目前评价一般只通过评价单位与投资主体间的合作，由专职的评价人员就可以提出评价报告，而后评价需要更多方面的合作，如专职技术经济人员，项目经理，企业经营管理人员，投资项目主管部门等各方融洽合作，项目后评价工作才能顺利进行。

## 三、项目后评价的目的

（1）及时反馈信息，调整相关政策、计划、进度，改进或完善在建项目；

（2）增强项目实施的社会透明度和管理部门的责任心，提高投资管理水平；

（3）通过经验教训的反馈，调整和完善投资政策和发展规划，提高决策水平，改进未来的投资计划和项目的管理，提高投资效益。

## 四、我国的项目后评价

我国项目后评价一般分为四个阶段。

1. 项目自评阶段

由项目的业主会同其执行管理机构按照国家计委或国家开发银行的要求编写项目的自我评价报告，上报行业主管部门和国家计委或国家开发银行。

2. 行业或地方初审阶段

由行业或省级主管部门对项目自评报告进行初步审查，提出意见，一并上报。

3. 正式后评价阶段

由相对独立的后评价机构组织专家对项目进行后评价，通过资料收集、现场调查和分析讨论，提出项目的后评价报告。

4. 成果反馈阶段

在项目后评价报告的编写过程中要广泛征求各方面意见，在报告完成之后要以召开座谈会等形式进行发布，同时散发成果报告。

## 五、项目后评价的种类

1. 项目正式的后评价

后评价应该是在项目完工以后，生产运营达到设计能力之际进行。然而，在实际工作中，由于种种原因，后评价的时点是可以选择的。一般来讲，从项目开工之后由监督部门所进行的各种评价，都属于后评价的范畴，这种后评价可以延伸到项目寿命期末。根据评价时点不同，后评价又可以分为跟踪评价、实施效果评价和影响评价，见表 11-1。

**表 11-1　项目后评价的种类**

| | |
|---|---|
| 项目跟踪评价 | 跟踪评价也称中间评价，项目跟踪评价是指项目开工以后到项目竣工验收之前任何一个时点所进行的评价 |
| 项目实施效果评价 | 项目实施效果评价是指项目竣工一段时间之后所进行的评价，就是通常所称的项目后评价，世界银行和亚洲开发银行称为 PPAR：project performance audit report |
| 项目影响评价 | 影响评价又称为项目效益评价，它是指在项目效益得到充分正常发挥后（一般投资完成 5～10 年后）直到项目报废为止的整个运营阶段中任何一个时点，对项目所产生影响进行的评价 |

2. 后评价项目的自我评价与独立后评价

建设项目后评价按照后评价工作实施者的不同，分为咨询单位进行的独立后评价和建设单位的自评价。

（1）项目的自我评价是业主处在项目层次上对项目的实施进行的总结，是按项目后评价要求，收集资料、自我检查、对比分析、找出原因、提出建议，以总结项目经验教训为目的的一种技术经济活动。

（2）项目后评价应由独立或相对独立的机构去完成，因此也称为项目的独立后评价。项目的独立后评价要保证评价的客观公正性，同时要及时将评价的结果报告委托单位。项目独立后评价的任务是在分析项目完工报告或项目自我评价报告或项目竣工验收报告的基础上，通过实地考察和调研，评价项目执行情况及其成果。

## 六、项目后评价的成果——后评价报告

项目后评价报告主要由四部分组成，即报告概述、主报告、附件和附表。

1. 报告概述

报告概述部分包括封面及其内页、目录、前言、项目基础数据、报告摘要。

报告封面要注明编号、密级、项目后评价者名称、日期等。世界银行、亚洲开发银行要

求涉外投资项目需在报告内页中说明汇率、英文缩写、权重指标等。

报告摘要一般包括以下几部分内容：

（1）项目目标和范围。

（2）项目投资和融资。

（3）项目的实施过程。

（4）项目的运营和财务状况。

（5）项目的机构和管理。

（6）项目环境和社会影响。

（7）项目的财务和经济评价。

（8）项目的可持续性。

（9）项目后评价结论。

（10）主要经验教训。

2. 主报告

主报告部分有：项目背景、实施评价、效果评价、结论和建议。

（1）项目背景说明项目的目标和目的、项目建设内容、工期、资金来源与安排、项目后评价的有关情况（包括项目后评价的任务来源和要求、项目自我评价报告完成时间，后评价时间安排、执行者、后评价的依据、方法、时点等）。

（2）项目实施评价说明项目的设计、合同、组织管理、投资和融资、项目进度及其他情况，对照可行性研究评估找出重要变化，分析变化对项目效益影响的原因，讨论和评价这些因素及影响。

（3）效果评价对项目运营和管理、项目财务状况、经济效益、环境和社会效果、可持续发展等几方面进行分析、评价项目的实际成果和作用。

（4）结论、建议是项目独立后评价的最后一个部分。它包括项目的综合评价、评价结论、经验教训及建议对策等。

3. 附件

附件包括项目自我评价报告、借款国的评价报告摘要、联合融资者的评价意见，项目后评价专家组意见和其他相关文件和资料、地图等。

4. 附表

附表包括：

（1）项目综合评价汇总表（即项目成功度综合评价表）。

（2）项目后评价逻辑框架图。

（3）银行贷款/信贷相关表。

（4）项目进度表。

（5）项目实施的主要指标表。

（6）项目运营的主要指标表。

（7）项目主要效益指标对比表。

（8）项目财务现金流量表。

（9）项目经济效益费用流量表。

（10）协议执行情况表。

(11) 对照银行业务手册的违约情况表。

## 第二节 评价内容与方法

### 一、项目后评价的范围与内容

#### (一) 项目前期工作的后评价

建设项目前期工作是指从项目的酝酿到开工建设以前进行的各项工作。它是项目建设中的一个重要组成部分，是项目寿命的起点，决定了后续工作是否开展，如何开展及建设地点、建设规模、建设周期等一系列重大问题。因此项目前期工作后评价是项目后评价的重要组成部分。项目前期工作的后评价主要包括以下几个方面。

1. 项目决策后评价

对项目前期决策阶段后评价的重点是对项目可行性研究报告、项目评价报告和项目批复批准文件的评价，即根据项目的实际产出、效果，影响分析评价项目的决策内容，检查项目的决策程序，分析决策成败的原因，探讨决策的方法和模式，总结经验教训。

主要评价内容包括：可行性研究报告编制人资格，可行性研究工作的委托，可行性研究编制的依据、内容、深度、精度；项目建议书、选址意见书及批复；建设程序；决策程序、方式、方法等。

2. 项目筹备工作后评价

主要评价内容包括：筹建机构、人员、工作程序、制度等情况；资金筹集渠道、方式、资金结构、资金成本等；征地拆迁工作；勘测设计单位资格，委托方式及委托合同；勘察设计依据、标准、规范，勘察资料和设计方案等；项目所需的物资采购方式、采购成本、数量质量保证等；委托施工单位资质，委托方式，工程合同目标等；项目配套工作等。

3. 项目选址评价

厂址的工程地质、水文地质、自然和人文环境情况；用地情况；区域经济、产业经济布局情况；原材料供应市场、产品销售市场；水电气路等外部条件等。

#### (二) 项目建设后评价

项目建设阶段是指项目从开工到竣工的整个过程。在这个较长过程中，投资集中发生和使用，因而使项目潜伏着较大的投资风险，同时这个阶段的工作好坏又直接影响未来项目运行的安全性、可靠性、稳定性及运行效益，所以项目建设后评价是项目后评价中十分重要的一个环节。建设阶段后评价主要包括以下方面。

1. 施工项目管理后评价

评价内容主要包括：项目管理班子、工作职责、程序、制度等情况；开工证照办理，施工场地平整与清理，施工人员招募与培训，施工机械完好情况、工程材料、工程设备采购等施工准备情况；施工组织设计与进度计划编制及执行；延期开工、中止施工等工期控制情况；质量保证体系、质量责任制的建立及实施，返工、重建、修理等质量控制情况；节能降耗、劳动安全与卫生保护等投资控制情况。

2. 工程项目监理后评价

评价的主要内容有：监理人资质，委托方式及委托合同；监理人分工准备审查，开工令签发，施工组织设计及进度计划审查、监督执行，停工复工等工期控制；监理人质量保证体系的审查及监督执行，材料检验，中间与隐蔽工程验收，竣工验收、试车等质量控制；工程量审核，经济索赔审核，支付凭证签发等投资控制；合同目标实现情况等。

（三）项目营运后评价

项目营运阶段是指项目从投产到项目后评价时的整个过程。项目营运阶段既是对规划方案的实际验证过程，更是回收投资、获取回报、实现投资目标的过程。

运营后评价包括以下几个方面。

1. 生产准备工作后评价

评价的主要内容有：机构设置、岗位责任、定员定岗、人员培训考核；经营决策机制、激励机制、约束机制等管理制度建设；生产营运所需流动资金筹集及使用情况；原材料、零部件等采购，外协条件的组织落实等。

2. 项目营运后评价

评价的主要内容包括：管理素质与经营管理理念，经营管理策略及实施，管理艺术及效果等经营管理水平情况，技术的适用性，人员技术结构，机械设备技术含量，技术操作规程，技术引进、消化吸收和开发能力等技术素质；产品方案的加工制作适用性、市场适用性，产品质量稳定可靠性，销售渠道与方式等；产品制造和销售情况等。

3. 项目营运效益后评价

项目的效益后评价以项目投产后实际取得的效益为基础，重新测算项目的各项经济数据，并与项目前期评估时预测的相关指标进行对比，以评价和分析其偏差及其原因。项目效益后评价的主要内容与项目前评估无大的差别，主要分析指标还是内部收益率、净现值和贷款偿还期等项目盈利能力和清偿能力的指标，只不过项目效益后评价对已发生的财务现金流量和经济流量采用实际值，并按统计学原理加以处理，而且对后评价时点以后的现金流量需要作出新的预测。

（四）项目综合后评价

项目综合后评价就是综合上述评定项目立项时所预定目标的实现程度，并在此基础上预测项目实施对区域和国民经济、生态环境、社会发展进步等的影响。它是项目后评价的主要任务之一。项目综合后评价的内容有以下几个方面。

1. 目标后评价

在项目后评价中，项目目标后评价的主要任务是对照项目的可行性研究和评估中关于项目目标的论述找出变化。如果项目的计划目标未能有效实现，就要进一步分析未能实现的原因，并提出补救措施。目标评价的另一项任务，是对项目原定目标的正确性、合理性及科学性进行分析评价；如果经实际验证，有些项目目标制定的不正确、不合理或不科学，不符合实际情况、不能真实反映项目实施过程中的情况，则通过项目后评价要做出适时调整，为续建和新建的项目提供参考和借鉴，同时可根据分析为宏观发展方针、价估政策、投资及金融政策的调整和完善提供参考依据。为今后项目管理服务。

2. 项目可持续性后评价

项目可持续性后评价是指项目后评价之后，项目的既定目标是否可以继续；即项目是否可以顺利地持续实施；项目的后续发展能否实现良性循环，越来越好；项目是否具有重复性，即项目是否在未来以同样的方式建设同类工程。项目可持续评价要从政策因素、组织管理因素、技术因素、财务因素、市场因素、社会文化因素、环境和生态因素、资源因素以及其他外部因素等方面来分析。

3. 项目影响后评价

项目影响后评价包括经济影响后评价、环境影响后评价和社会影响后评价。评价的主要包括以下内容：项目对区域经济、国民经济的影响，包括资源配置、产业结构的调整、能源开发和综合利用、技术进步、生产力布局结构等经济影响评价；项目实施后对大气、水、土地、生态等环境影响评价；项目对社会、文化、教育、卫生的影响；对就业、扶贫、分配的影响；对居民生活条件和生活质量的影响；对妇女、民族团结、风俗习惯和宗教信仰等影响的综合影响后评价。

项目后评价的范围：依据项目周期的划分，包括项目前期决策、工程准备、建设实施、竣工投产等方面的评价。

项目后评价的内容包括：

（1）项目目标后评价。

（2）项目实施过程后评价。

（3）项目效益后评价。

（4）项目影响后评价。

（5）项目持续性后评价。

## 二、项目后评价的方法

项目后评价的方法由于评价方法的不当致使评价不能满足决策者的要求已经成为后评价中最主要的问题。据调查表明，目前后评价并不很成功，因为很多公司的管理者对评价结果缺少信心。项目后评价方法是通用的，对于企业类投资项目的后评价要求来说，最迫切的问题不是去构建一个新的评价方法，而是在许多现成的评价方法中找出一个适合项目本身特性的方法，或是作适当改进后推广应用。后评价的方法总体上应该是定量分析与定性分析相结合的方法。

我国项目后评价的方法主要参考项目评估的评价方法和国际上通用的后评价方法，国家计委和国家开发银行已经颁布了有关规定，并在不断完善。项目后评价的方法与项目前评价方法基本相同，国际通用的后评价方法有统计预测法、对比分析法、逻辑框架法（LFA）、利益群体分析法、成功度评价方法。

### （一）统计预测法

统计预测法是以统计学原理和预测学原理为基础的。对项目已经发生事实的总结和对项目未来发展前景作出预测的项目后评价方法。

统计是一种从数量方面认识事物的科学方法，包括统计资料的搜集、整理、分析三个阶段。

（1）统计资料的搜集（又称统计调查）是根据研究目的和要求，采用科学的调查方法，有策划、有组织地搜集被研究对象的原始资料的工作过程，它是统计工作的基础。

（2）统计资料整理是根据研究的任务，对统计调查阶段获得的大量原始资料进行加工汇总，使其系统化、条理化、科学化，以得出反映事物总体综合特征资料的工作过程。

（3）统计分析是根据研究的目的和要求，采用各种分析方法，对研究对象进行解剖、对比、分析和综合研究，以揭示事物的内在联系、发展变化的规律和矛盾，找出原因，提出解决问题的办法的过程。

预测技术已广泛应用于项目的可行性研究评估及项目后评价的实践中，特别在项目效益评价方面普遍采用了预测学常用的模式，如趋势外推法、参照对比法、专家调查预测法等。

（二）对比分析法

项目后评价方法的一条基本原则是比较评价法，包括前后对比法和有无对比法。对比的目的是要找出变化和差距。为提出问题和分析原因找到重点。

1. 前后对比法

前后对比法（Before and After Comparison）是指将项目实施之前与项目完成之后的情况加以对比，以确定项目效益的一种方法。在项目后评价中则是指将项目前期的可行性研究和评估的预测结论，以及初步设计时的技术经济指标，与项目的实际运行结果及在评价时所做的新的预测相比较。用以发现变化和分析原因。用于揭示项目计划、决策和实施存在的问题。采用前后对比法要注意前后数据的可比性。

2. 有无对比法

有无对比法（With and Without Comparison）是指将项目实际发生的情况与若无项目可能发生的情况进行对比，以度量项目的真实效益、影响和作用。对比的重点是要分清项目作用的影响与项目以外作用的影响。这种对比用于项目的效益评价和影响评价，是项目后评价的一个重要方法。

（三）逻辑框架法（目标树）

逻辑框架法（Logical Framework Approach，LFA）是美国国际开发署（USAID）在1970年所开发的一种项目设计、计划和评价工具。近年来，许多发达国家和国际金融组织广泛采用逻辑框架法进行建设项目后评估工作。逻辑框架法的基本原理是：用一张矩形的框图，将建设项目的目标、目的、产出、投入等内容相关并且必须同步考虑的动态因素组合起来，分析项目目标和实现目标的条件之间的逻辑关系，评估项目目标的实现程度，找出影响项目目标实现的因素。项目后评估的逻辑框架法基本格式见表11-2。

**表11-2　项目后评估的逻辑框架法基本格式**

| 目标层次 | 验证对比指标 | | | 原因分析 | | 可持续性 |
|---|---|---|---|---|---|---|
| | 项目原定指标 | 实际实现指标 | 差别或变化 | 主要内部原因 | 主要外部条件 | |
| 宏观目标（影响） | 原定目标 | 实现目标 | 对比 | 分析 | 目的和目标间的条件 | 影响的持续性 |
| 项目目的（作用） | 原定目的 | 实现目的 | 对比 | 分析 | 产出与目的间的条件 | 作用的持续性 |
| 项目产出（实施结果） | 计划产出定量指标 | 实际产出定量指标 | 对比 | 分析 | 投入与产出间的条件 | 产出的持续性 |
| 项目投入（建设条件） | 计划投入定量指标 | 实际投入定量指标 | 对比 | 分析 | 项目的原始条件 | 投入的持续性 |

逻辑框架分析方法将项目的目标分成4个层次。

1. 目标

通常是指企业最高层的目标，即企业在某个时期要实现的总体目标。目标的确定和评价指标的选择往往由企业最高层来完成。

2. 目的

目的指为什么要实施这个目标体系，即总体目标会给企业带来什么样的效果和作用。

3. 产出

这里的“产出”是指项目“干了些什么”，即项目的建设内容或直接产出物。一般要提供可计量的直接结果，要直截了当地指出项目所完成的实际工程（如港口、铁路、城市服务设施等）。

4. 投入和活动

该层次是指项目的实施过程及内容，包括人、财、物等的投入。所计划的投入活动要详细到可以运作的程度，要做到可行性和可信度的结合。

以上四个方面的层次，都要求要有具体的评价指标。这样，企业总体目标的各种内在逻辑关系可以利用LFA来体现。通过分析目标管理诸多因素之间的逻辑关系，可以实现从设计，实施到最终效果的企业目标的系统评价。

依据这个基本原理，必须明确不同层次目标之间的因果关系，对各层次目标做出清晰的定义。因此，要应用LFA进行企业目标评价，目标体系必须满足以下要求：

（1）量化的目标；

（2）不同层次的目标与最终目标之间的联系；

（3）确定目标成败的衡量指标；

（4）目标体系的主要内容；

（5）计划和设计目标时的主要假设条件；

（6）检查目标实施进度的办法；

（7）目标实现所要求的资源投入。

表11-3为某建设监理项目后评价逻辑框架表。

**表11-3　某建设监理项目后评价逻辑框架表**

| 项目描述 | 可客观验证的指标 | | | 原因分析 | | 可持续性及经验教训 |
|---|---|---|---|---|---|---|
| | 原定指标 | 实现指标 | 差别或变化 | 内部原因 | 外部原因 | |
| 项目宏观目标 | 为提高某地区建筑质量努力工作，树立良好的行业形象 | 工程质量得到确保，改变了本工程建设单位认为监理可有可无的观点 | 建设目标基本实现 | 公司及项目负责人对项目的重视与精心准备是项目获得成功的关键 | 国家对建筑质量的重视和对监管力度的增加，社会对工程咨询行业的需求在与日俱增 | 本项目监理的成功为开展类似项目监理积累了经验 |
| 项目直接目的 | 完成合同规定的质量、进度、项目协调的任务，获直接超过150万元目标的经济效益，树立良好的企业形象 | 质量全部合格，没出现大的安全事故，但工期延迟6个月，最终获204.46万元的收入，建设方、政府监督部门、小业主都比较满意。赢得了施工单位的尊重 | 工期延迟6个月，监理收入增加54.46万元 | 公司领导大力支持和积极参与，科学规范的管理，认真负责的工作态度和专业的服务质量 | 增加了建设内容和建设项目，工程造价因市场变动而增加，监理行业市场逐步规范化 | 加强品牌意识，树立品牌资产观念，加强人才培养，提高从业人员的素质，加强企业自身建设，提高服务意识 |

续表

| 项目描述 | 可客观验证的指标 | | | 原因分析 | | 可持续性及经验教训 |
|---|---|---|---|---|---|---|
| | 原定指标 | 实现指标 | 差别或变化 | 内部原因 | 外部原因 | |
| 产出/建设内容 | 完成9幢13层小高层住宅，一座3层商业中心，沿街2层商业门面的监理任务，成本费用利润率达到企业的平均水平 | 按合同保质保量完成9幢13层小高层住宅，一座3层商业中心，沿街2层商业门面的监理任务，增加了小区内室外园林景观监理任务，成本费用利润率达到25% | 增加了室外工程的监理任务，通过有效管理减少了不必要的开销 | 认真负责的工作态度得到建设方的认可和信赖，日常学习和丰富的知识储备，增加了竞争筹码 | 和建设业主良好的工作关系，帮助项目成功和获得额外合同，小业主对工程质量和环境要求的提高，要求监理水平必须相应提高 | 增强和建设单位间的信任关系，坚持高质量的完成任务，加强内部管理，及时更新监理人员的知识 |
| 投入/活动 | 需投入7个监理工作人员，投入计算机及配套设施等办公设备，建设期1年11个月 | 共投入8个监理人员和1个实习生，办公设备满足要求，工期2年5个月 | 增加了人员投入，工期被延长 | 增加人员是因为1名监理工程师辞职，工期延误：开始时监理人员协调不到位，合同内容把握不准 | 建设延期原因；市场价格变动导致工程款不能按时支付，施工单位人员投入不足，交叉施工接口衔接不好，产生扯皮推诿现象，施工合同内容有异议，拖延施工进度 | 为公司培养了4个监理员，为开展此类项目打下基础 |

### （四）利益群体分析法

1. 利益群体的概念

利益群体是指与项目有直接或间接的利害关系，并对项目的成功与否有直接或间接影响的所有有关各方，如项目的收益人、受害人与项目有关的政府组织和非政府组织等。

2. 利益群体分析法的步骤

利益群体分析法首先要确定项目利益群体一览表，然后评估利益群体对项目成功所起的重要作用并根据项目目标对其重要性作出评价，最后提出在实施过程中对各利益群体应采取的步骤。

### （五）成功度评价法

成功度评价是依靠评价专家或专家组的经验，综合后评价各项指标的评价结果，对项目的成功程度作出定性的结论，也就是通常所称的打分的方法。成功度评价是以用逻辑框架法分析的项目目标的实现程度和经济效益分析的评价结论为基础，以项目的目标和效益为核心所进行的全面系统的评价。

1. 项目成功度的标准

项目评价的成功度可分为五个等级：

(1) 完全成功。项目的各项目标都已全面实现或超额完成；相对成本而言，项目取得巨大的效益和影响。

(2) 成功。项目的大部分目标已经实现，相对成本而言，项目达到了预期的效益和影响。

(3) 部分成功。项目实现了原定的部分目标；相对成本而言，项目只取得了一定的效益和影响。

(4) 不成功。项目实现的目标非常有限；相对成本而言，项目几乎没有产生什么正效益和影响。

(5) 失败。项目的目标是不现实的，无法实现；相对成本而言，项目不得不终止。

2. 项目成功度的测定步骤和方法

(1) 测定相关程度。进行项目综合评价时，评价人员首先要根据具体项目的类型和特点，确定综合评价指标及其与项目相关的程度，把它们分为"重要"、"次重要"和"不重要"三类。对"不重要"的指标就不用测定，只需测定重要和次重要的项目内容，一般的项目实际需测定的指标在10项左右。

(2) 确定权重。在测定各项指标时，采用权重制和打分制相结合的方法，先给每项指标确定权重。

(3) 逐项打分。再根据实际执行情况逐项打分，即按上述评定标准的第(2)~第(5)的四级别分别用A，B，C，D表示或打上具体分数。

(4) 综合。通过指标重要性权重分析和单项成功度结论的综合，可得到整个项目的成功度指标，用A，B，C，D表示，填在表的最底一行（总成功度）的成功度栏内。

在具体操作时，项目评价组成员每人填好一张表后，对各项指标的取舍和等级进行内部讨论，或经必要的数据处理，形成评价组的成功度表，再把结论写入评价报告。

3. 成功度评价表

项目成功度评价表格是根据后评价任务的目的和性质决定的，包括评价项目及其权重和评价结论。国际上各个组织和机构的表格设计各不相同，表11-4为英国海外开发署1995年的统一表格，在评定具体项目的成功度时，并不一定要测定表中所有的指标。

**表11-4** **成功度评价表**

| 项目实施评价指标 | 相关重要性 | 成功度 | 项目实施评价指标 | 相关重要性 | 成功度 |
|---|---|---|---|---|---|
| 经济适应性 | | | 技术成功度 | | |
| 扩大生产能力 | | | 进　度 | | |
| 管理水平 | | | 预算成本控制 | | |
| 对贫困的影响 | | | 项目辅助条件 | | |
| 人力资源：教育 | | | 成本—效果分析 | | |
| 人力资源：健康 | | | 财务回报率 | | |

续表

| 项目实施评价指标 | 相关重要性 | 成功度 | 项目实施评价指标 | 相关重要性 | 成功度 |
|---|---|---|---|---|---|
| 人力资源：儿童 | | | 经济回报率 | | |
| 环境影响 | | | 财务持续性 | | |
| 对妇女的影响 | | | 机构持续性 | | |
| 社会影响 | | | 项目的总持续性 | | |
| 机构制度的影响 | | | 总成功度 | | |

项目成功度评价表格是根据后评价任务的目的和性质决定的，包括评价项目及其权重和评价结论。不同的组织和机构的表格设计各不相同在评定具体项目的成功度时，并不一定要测定表中所有的指标。

成功度评价法的缺陷在于成功度评价方法主要是定性分析。其有些指标具有模糊和非定量化的特点，对其只能进行定性的分析与评价。由于个人的文化水平、知识结构、社会经历和能力大小的差异，人们对各项影响因素的褒贬程度也不相同。以致很难确定这些因素的具体评判值，很难对这些模糊信息资料进行量化处理和综合评价，即使做出了评价，也是片面的、静止的评价。

## 三、投资项目后评价案例研究

### （一）基础资料

投资新建交通设施厂，具体包括：厂房 3780m²、办公楼 528m²、职工宿舍 713m²、预留建筑用地约 5000m²，设计生产能力为 3 万 t/年的二波板及三波板（护栏产品）生产线。该项目的决策要点主要有：

（1）护栏材料成品占交通安全工程成本比例较大，以往依靠对外采购，质量进度均无法保证，甚至影响公司信誉。

（2）未来 10 年省内高速公路建设项目较多，护栏材料目标市场巨大，销售前景较好。

（3）可依靠总公司钢材批量采购平台，发挥规模效应，减低生产成本。

（4）通过钢结构加工业务完善总公司产业结构，延长产业链。

（5）作为交通工程产品研发的平台。

新建交通设施项目总投资见表 11-5。

**表 11-5　　新建交通设施项目总投资**

| 项目 | 预算金额（元） | 实际金额（元） | 实际与预算的差异（元） |
|---|---|---|---|
| 购置固定资产 | 2 919 500 | 3 145 000 | 225 500 |
| 供配电及安装工程 | 240 000 | 710 000 | 470 000 |
| 不可预见费用 | 200 000 | 0 | −200 000 |
| 项目总投资 | 3 359 500 | 3 855 000 | 495 500 |

项目总投资 385.5 万元全部由项目建设方的自有资金解决。

项目进度见表 11-6。

表 11-6 项目进度

| 项目 | 日期 |
| --- | --- |
| 场地三通一平基础施工 | 2013年5月4日～7月1日 |
| 厂房钢结构及主体设备安装 | 2013年7月2日～8月1日 |
| 试运行 | 2013年8月1～10日 |
| 正式投产 | 2013年8月10日起 |

项目主要效益指标见表 11-7。

表 11-7 项目主要效益指标

| 指标 | 可研分析值 | 后评价值 | 差额 |
| --- | --- | --- | --- |
| 固定资产投资（万元） | 335.95 | 385.5 | 49.55 |
| 年折旧（万元/年） | 64.5 | 77.1 | 12.6 |
| 厂房租金（万元/年） | 51.36 | 96 | 44.64 |
| 静态回收期（年） | 4.58 | 5 | 0.42 |
| 动态回收期（年） | 5.94 | 6.55 | 0.61 |
| 投资利润率（%） | 11.4 | 13.5 | 2.1 |
| 财务净现值（万元） | 170.39 | 282.15 | 111.76 |
| 产量盈亏平衡点（t） | 3578 | 11 068 | 7490 |

（二）评价结果及分析

1. 项目成功度评价

项目成功度评价见表 11-8。

表 11-8 项目成功度评价

| 评定项目指标 | 项目相关性 | 评定依据 | 评定等级 |
| --- | --- | --- | --- |
| 决策及其程序 | 重要 | 主体申请，并获上级单位和主体董事会审批同意，决策程序合规 | A |
| 项目目标及市场 | 重要 | 新建和养护高速公路护栏材料需求量及份额，实际与预测有偏差 | B |
| 设计与技术装备水平 | 重要 | 项目产品技术水平得到市场认可 | A |
| 资源和建设条件 | 重要 | 厂房由自建改为租赁，很大变动 | C |
| 资金来源和融资 | 重要 | 资金来源和数额得到充分保障 | A |
| 项目进度及其控制 | 重要 | 项目进度控制很紧凑。及时开工 | A |
| 项目质量及其控制 | 重要 | 项目完成质量基本达到要求 | B |
| 项目投资及其控制 | 重要 | 项目投资额变动幅度约15% | B |
| 项目财务效益 | 重要 | 基本效益指标符合预测，但盈亏平衡产量提高，抗风险能力降低 | B |

续表

| 评定项目指标 | 项目相关性 | 评定依据 | 评定等级 |
| --- | --- | --- | --- |
| 项目可持续性 | 重要 | 未来三年的市场状况，竞争环境及资源分析基本满足项目的持续发展 | B |
| 总评 | | 所有评定指标的评定等级综合 | B |

**注** 1. 项目相关重要性分为：重要、次重要、不重要。

2. 评定等级分为：A—成功、B—基本成功、C—部分成功、D—不成功、E—失败。

2. 评价结果

（1）主要效益指标中盈亏平衡产量稍有提高、投资回收期稍有延长、投资利润率和财务净现值均稍优于可研分析值。

（2）在与项目相关性为重要的 10 项项目评定指标中，4 项评定为成功、5 项评定为基本成功、1 项评定为部分成功，综合评定项目为基本成功。

3. 主要经验

在产品质量和满足业务需求方面比较成功：对护栏材料需求做了充分准备，原材料采购、生产设备厂房建设、批量生产许可申请等同时就绪；护栏产品质量优良，供应及时还满足了部分业主的紧急采购需求，提升了公司信誉；全面评估的基础上，提前与周边镀锌厂建立合作伙伴关系，节约降低成本。总之，交通设施厂的投产运行，延伸了公司产业链，增加了利润来源。

4. 主要教训

固定资产购置和设备投资超预算，主要在于可研阶段研究不深入，对厂房和设备功能需求认识不足；由于对钢材市场走势判断不准，导致原材料采购价格较高，影响项目收益水平。因此，类似项目的投资需重点关注几方面：加强项目前期工作中风险控制分析，建立原材料价格风险控制机制，尽量规避价格波动风险，为项目正常运作设置预警；加强项目投资实现的固定资产权属的完善，不管是自己投资建设还是租赁使用，都要确保厂区、办公楼、宿舍等质量与安全；加强项目分析中市场预测和市场开拓方案策划，最大限度地实现规模效益。

## 思考及练习题

11-1 项目后评价的特点是什么？

11-2 项目后评价的种类是什么？

11-3 项目后评价的基本程序包括哪些？

11-4 项目后评价的方法有哪些？

11-5 如何进行项目成功度评价？

# 附录 复利系数表

**附表 1**

## 1%的复利系数表

| 年份 | 一次支付 | | 等额系列 | | | |
|---|---|---|---|---|---|---|
| | 终值系数 | 现值系数 | 年金终值系数 | 年金现值系数 | 资本回收系数 | 偿债基金系数 |
| *n* | *F/P,i,n* | *P/F,i,n* | *F/A,i,n* | *P/A,i,n* | *A/P,i,n* | *A/F,i,n* |
| 1 | 1.010 0 | 0.990 1 | 1.000 0 | 0.990 1 | 1.010 0 | 1.000 0 |
| 2 | 1.020 1 | 0.980 3 | 2.010 0 | 1.970 4 | 0.507 5 | 0.497 5 |
| 3 | 1.030 3 | 0.970 6 | 3.030 1 | 2.941 0 | 0.430 0 | 0.330 0 |
| 4 | 1.040 6 | 0.961 0 | 4.060 4 | 3.902 0 | 0.256 3 | 0.246 3 |
| 5 | 1.051 0 | 0.951 5 | 5.101 0 | 4.853 4 | 0.206 0 | 0.196 0 |
| 6 | 1.061 5 | 0.942 0 | 6.152 0 | 5.795 5 | 0.172 5 | 0.162 5 |
| 7 | 1.072 1 | 0.932 7 | 7.213 5 | 6.728 2 | 0.148 6 | 0.138 6 |
| 8 | 1.082 9 | 0.923 5 | 8.285 7 | 7.651 7 | 0.130 7 | 0.120 7 |
| 9 | 1.093 7 | 0.914 3 | 9.368 5 | 8.566 0 | 0.116 7 | 0.106 8 |
| 10 | 1.104 6 | 0.905 3 | 10.462 2 | 9.471 3 | 0.105 6 | 0.095 6 |
| 11 | 1.115 7 | 0.896 3 | 11.566 8 | 10.367 6 | 0.096 5 | 0.086 5 |
| 12 | 1.126 8 | 0.887 4 | 12.682 5 | 11.255 1 | 0.088 8 | 0.078 8 |
| 13 | 1.138 1 | 0.878 7 | 13.809 3 | 12.133 7 | 0.082 4 | 0.072 4 |
| 14 | 1.149 5 | 0.870 0 | 14.974 4 | 13.003 7 | 0.076 9 | 0.066 9 |
| 15 | 1.161 0 | 0.861 3 | 16.096 9 | 13.865 1 | 0.072 1 | 0.062 1 |
| 16 | 1.172 6 | 0.852 8 | 17.257 9 | 14.717 9 | 0.067 9 | 0.057 9 |
| 17 | 1.184 3 | 0.844 4 | 18.430 4 | 15.562 3 | 0.063 4 | 0.054 3 |
| 18 | 1.196 1 | 0.836 0 | 19.614 7 | 16.398 3 | 0.061 0 | 0.051 0 |
| 19 | 1.208 1 | 0.827 7 | 20.810 9 | 17.226 0 | 0.058 1 | 0.048 1 |
| 20 | 1.220 2 | 0.819 5 | 22.019 0 | 18.045 6 | 0.055 4 | 0.045 4 |
| 21 | 1.232 4 | 0.811 4 | 23.239 2 | 18.857 0 | 0.053 0 | 0.043 0 |
| 22 | 1.244 7 | 0.803 4 | 24.471 6 | 19.660 4 | 0.050 9 | 0.040 9 |
| 23 | 1.257 2 | 0.795 4 | 25.716 3 | 20.455 8 | 0.048 9 | 0.038 9 |
| 24 | 1.269 7 | 0.787 6 | 26.973 5 | 21.243 4 | 0.047 1 | 0.037 1 |
| 25 | 1.282 4 | 0.779 8 | 28.243 2 | 22.023 2 | 0.045 4 | 0.035 4 |
| 26 | 1.295 3 | 0.772 0 | 29.525 6 | 22.795 2 | 0.043 9 | 0.033 9 |
| 27 | 1.308 2 | 0.764 4 | 30.820 9 | 23.559 6 | 0.042 4 | 0.032 4 |
| 28 | 1.321 3 | 0.756 8 | 32.129 1 | 24.316 4 | 0.041 1 | 0.031 1 |
| 29 | 1.334 5 | 0.749 3 | 33.450 4 | 25.065 8 | 0.039 9 | 0.029 9 |
| 30 | 1.347 8 | 0.741 9 | 34.784 9 | 25.807 7 | 0.038 7 | 0.028 7 |
| 31 | 1.361 3 | 0.734 6 | 36.132 7 | 26.542 3 | 0.037 7 | 0.027 7 |
| 32 | 1.374 9 | 0.727 3 | 37.494 1 | 27.269 6 | 0.036 7 | 0.026 7 |
| 33 | 1.388 7 | 0.720 1 | 38.869 0 | 27.989 7 | 0.035 7 | 0.025 7 |
| 34 | 1.402 6 | 0.713 0 | 40.257 7 | 28.702 7 | 0.034 8 | 0.024 8 |
| 35 | 1.416 6 | 0.705 9 | 41.660 3 | 29.408 6 | 0.034 0 | 0.024 0 |

**附表 2** **3%的复利系数表**

| 年份 | 一次支付 | | 等额系列 | | | |
|---|---|---|---|---|---|---|
| | 终值系数 | 现值系数 | 年金终值系数 | 年金现值系数 | 资本回收系数 | 偿债基金系数 |
| $n$ | $F/P,i,n$ | $P/F,i,n$ | $F/A,i,n$ | $P/A,i,n$ | $A/P,i,n$ | $A/F,i,n$ |
| 1 | 1.030 0 | 0.970 9 | 1.000 0 | 0.970 9 | 1.030 0 | 1.000 0 |
| 2 | 1.060 9 | 0.942 6 | 2.030 0 | 1.913 5 | 0.522 6 | 0.492 6 |
| 3 | 1.092 7 | 0.915 1 | 3.090 9 | 2.828 6 | 0.353 5 | 0.323 5 |
| 4 | 1.125 5 | 0.888 5 | 4.183 6 | 3.717 1 | 0.269 0 | 0.239 0 |
| 5 | 1.159 3 | 0.862 6 | 5.309 1 | 4.579 7 | 0.218 4 | 0.188 4 |
| 6 | 1.194 1 | 0.837 5 | 6.468 4 | 5.417 2 | 0.184 6 | 0.154 6 |
| 7 | 1.229 9 | 0.813 1 | 7.662 5 | 6.230 3 | 0.160 5 | 0.130 5 |
| 8 | 1.266 8 | 0.789 4 | 8.892 3 | 7.019 7 | 0.142 5 | 0.112 5 |
| 9 | 1.304 8 | 0.766 4 | 10.159 1 | 7.786 1 | 0.128 4 | 0.098 4 |
| 10 | 1.343 9 | 0.744 1 | 11.463 9 | 8.530 2 | 0.117 2 | 0.087 2 |
| 11 | 1.384 2 | 0.722 4 | 12.807 8 | 9.252 6 | 0.108 1 | 0.078 1 |
| 12 | 1.425 8 | 0.701 4 | 14.192 0 | 9.954 0 | 0.100 5 | 0.070 5 |
| 13 | 1.468 5 | 0.681 0 | 15.617 8 | 10.635 0 | 0.094 0 | 0.064 0 |
| 14 | 1.512 6 | 0.661 1 | 17.086 3 | 11.296 1 | 0.088 5 | 0.058 5 |
| 15 | 1.558 0 | 0.641 9 | 18.598 9 | 11.937 9 | 0.083 8 | 0.053 8 |
| 16 | 1.604 7 | 0.623 2 | 20.156 9 | 12.561 1 | 0.079 6 | 0.049 6 |
| 17 | 1.652 8 | 0.605 0 | 21.761 6 | 13.166 1 | 0.076 0 | 0.046 0 |
| 18 | 1.702 4 | 0.587 4 | 23.414 4 | 13.753 5 | 0.072 7 | 0.042 7 |
| 19 | 1.753 5 | 0.570 3 | 25.116 9 | 14.323 8 | 0.069 8 | 0.039 8 |
| 20 | 1.806 1 | 0.553 7 | 26.870 4 | 14.877 5 | 0.067 2 | 0.037 2 |
| 21 | 1.860 3 | 0.537 5 | 28.676 5 | 15.415 0 | 0.064 9 | 0.034 9 |
| 22 | 1.916 1 | 0.521 9 | 30.536 8 | 15.936 9 | 0.062 7 | 0.032 7 |
| 23 | 1.973 6 | 0.506 7 | 32.452 9 | 16.443 6 | 0.060 8 | 0.030 8 |
| 24 | 2.032 8 | 0.491 9 | 34.426 5 | 16.935 5 | 0.059 0 | 0.029 0 |
| 25 | 2.093 8 | 0.477 6 | 36.459 3 | 17.413 1 | 0.057 4 | 0.027 4 |
| 26 | 2.156 6 | 0.463 7 | 38.553 0 | 17.876 8 | 0.055 9 | 0.025 9 |
| 27 | 2.221 3 | 0.450 2 | 40.709 6 | 18.327 0 | 0.054 6 | 0.024 6 |
| 28 | 2.287 9 | 0.437 1 | 42.930 9 | 18.764 1 | 0.053 3 | 0.023 3 |
| 29 | 2.356 6 | 0.424 3 | 45.218 9 | 19.188 5 | 0.052 1 | 0.022 1 |
| 30 | 2.427 3 | 0.412 0 | 47.575 4 | 19.600 4 | 0.051 0 | 0.021 0 |
| 31 | 2.500 1 | 0.400 0 | 50.002 7 | 20.000 4 | 0.050 0 | 0.020 0 |
| 32 | 2.575 1 | 0.388 3 | 52.502 8 | 20.388 8 | 0.049 0 | 0.019 0 |
| 33 | 2.652 3 | 0.377 0 | 55.077 8 | 20.765 8 | 0.048 2 | 0.018 2 |
| 34 | 2.731 9 | 0.366 0 | 57.730 2 | 21.131 8 | 0.047 3 | 0.017 3 |
| 35 | 2.813 9 | 0.355 4 | 60.462 1 | 21.487 2 | 0.046 5 | 0.016 5 |

**附表 3** **4%的复利系数表**

| 年份 | 一次支付 | | 等额系列 | | | |
|---|---|---|---|---|---|---|
| | 终值系数 | 现值系数 | 年金终值系数 | 年金现值系数 | 资本回收系数 | 偿债基金系数 |
| $n$ | $F/P,i,n$ | $P/F,i,n$ | $F/A,i,n$ | $P/A,i,n$ | $A/P,i,n$ | $A/F,i,n$ |
| 1 | 1.040 0 | 0.961 5 | 1.000 0 | 0.961 5 | 1.040 0 | 1.000 0 |
| 2 | 1.081 6 | 0.924 6 | 2.040 0 | 1.886 1 | 0.530 2 | 0.490 2 |
| 3 | 1.124 9 | 0.889 0 | 3.121 6 | 2.775 1 | 0.360 3 | 0.320 3 |
| 4 | 1.169 9 | 0.854 8 | 4.246 5 | 3.619 9 | 0.275 5 | 0.235 5 |
| 5 | 1.216 7 | 0.821 9 | 5.416 3 | 4.451 8 | 0.224 6 | 0.184 6 |
| 6 | 1.265 3 | 0.790 3 | 6.633 0 | 5.242 1 | 0.190 8 | 0.150 8 |
| 7 | 1.315 9 | 0.759 9 | 7.898 3 | 6.002 1 | 0.166 6 | 0.126 6 |
| 8 | 1.368 9 | 0.730 7 | 9.214 2 | 6.738 2 | 0.148 5 | 0.108 5 |
| 9 | 1.423 3 | 0.702 6 | 10.582 8 | 7.435 1 | 0.134 5 | 0.094 5 |
| 10 | 1.480 2 | 0.675 6 | 12.006 1 | 8.110 9 | 0.123 3 | 0.083 3 |
| 11 | 1.539 5 | 0.649 6 | 13.486 4 | 8.760 5 | 0.114 1 | 0.074 1 |
| 12 | 1.601 0 | 0.624 6 | 15.025 8 | 9.385 1 | 0.106 6 | 0.066 6 |
| 13 | 1.665 1 | 0.600 6 | 16.626 8 | 9.985 7 | 0.100 1 | 0.060 1 |
| 14 | 1.731 7 | 0.577 5 | 18.291 9 | 10.563 1 | 0.094 7 | 0.054 7 |
| 15 | 1.800 9 | 0.555 3 | 20.023 6 | 11.118 4 | 0.089 9 | 0.049 9 |
| 16 | 1.873 0 | 0.533 9 | 21.824 5 | 11.652 3 | 0.085 8 | 0.045 8 |
| 17 | 1.947 9 | 0.513 4 | 23.697 5 | 12.165 7 | 0.082 2 | 0.042 2 |
| 18 | 2.025 8 | 0.493 6 | 25.645 4 | 12.659 3 | 0.079 0 | 0.039 0 |
| 19 | 2.106 8 | 0.474 6 | 27.671 2 | 13.133 9 | 0.076 1 | 0.036 1 |
| 20 | 2.191 1 | 0.456 4 | 29.778 1 | 13.509 3 | 0.073 6 | 0.033 6 |
| 21 | 2.278 8 | 0.438 8 | 31.969 2 | 14.029 2 | 0.071 3 | 0.031 3 |
| 22 | 2.379 9 | 0.422 0 | 34.248 0 | 14.451 1 | 0.069 2 | 0.029 2 |
| 23 | 2.464 7 | 0.405 7 | 36.617 9 | 14.856 9 | 0.067 3 | 0.027 3 |
| 24 | 2.563 3 | 0.390 1 | 39.082 6 | 15.247 0 | 0.065 6 | 0.025 6 |
| 25 | 2.665 8 | 0.375 1 | 41.645 9 | 15.622 1 | 0.064 0 | 0.024 0 |
| 26 | 2.772 5 | 0.360 7 | 44.311 7 | 15.982 8 | 0.062 6 | 0.022 6 |
| 27 | 2.883 4 | 0.346 8 | 47.084 2 | 16.329 6 | 0.061 2 | 0.021 2 |
| 28 | 2.998 7 | 0.333 5 | 49.967 6 | 16.663 1 | 0.060 0 | 0.020 0 |
| 29 | 3.118 7 | 0.320 7 | 52.966 3 | 16.987 3 | 0.058 9 | 0.018 9 |
| 30 | 3.243 4 | 0.308 3 | 56.084 9 | 17.292 0 | 0.057 8 | 0.017 8 |
| 31 | 3.373 1 | 0.296 5 | 59.328 3 | 17.588 5 | 0.056 9 | 0.016 9 |
| 32 | 3.508 1 | 0.285 1 | 62.701 5 | 17.873 6 | 0.055 9 | 0.015 9 |
| 33 | 3.648 4 | 0.274 1 | 66.209 5 | 18.147 6 | 0.055 1 | 0.015 1 |
| 34 | 3.794 3 | 0.263 6 | 69.857 9 | 18.411 2 | 0.054 3 | 0.014 3 |
| 35 | 3.946 1 | 0.253 4 | 73.652 2 | 18.664 6 | 0.053 6 | 0.013 6 |

**附表 4　　5%的复利系数表**

| 年份 | 一次支付 | | 等额系列 | | | |
|---|---|---|---|---|---|---|
| | 终值系数 | 现值系数 | 年金终值系数 | 年金现值系数 | 资本回收系数 | 偿债基金系数 |
| $n$ | $F/P,i,n$ | $P/F,i,n$ | $F/A,i,n$ | $P/A,i,n$ | $A/P,i,n$ | $A/F,i,n$ |
| 1 | 1.050 0 | 0.952 4 | 1.000 0 | 0.952 4 | 1.050 0 | 1.000 0 |
| 2 | 1.102 5 | 0.907 0 | 2.050 0 | 1.859 4 | 0.537 8 | 0.487 8 |
| 3 | 1.157 6 | 0.863 8 | 3.152 5 | 2.723 2 | 0.367 2 | 0.317 2 |
| 4 | 1.215 5 | 0.822 7 | 4.310 1 | 3.546 0 | 0.282 0 | 0.232 0 |
| 5 | 1.276 3 | 0.783 5 | 5.525 6 | 4.329 5 | 0.231 0 | 0.181 0 |
| 6 | 1.340 1 | 0.746 2 | 6.801 9 | 5.075 7 | 0.197 0 | 0.147 0 |
| 7 | 1.407 1 | 0.710 7 | 8.142 0 | 5.786 4 | 0.172 8 | 0.122 8 |
| 8 | 1.477 5 | 0.676 8 | 9.549 1 | 6.463 2 | 0.154 7 | 0.104 7 |
| 9 | 1.551 3 | 0.644 6 | 11.026 6 | 7.107 8 | 0.140 7 | 0.090 7 |
| 10 | 1.628 9 | 0.613 9 | 12.577 9 | 7.721 7 | 0.129 5 | 0.079 5 |
| 11 | 1.710 3 | 0.584 7 | 14.206 8 | 8.306 4 | 0.120 4 | 0.070 4 |
| 12 | 1.795 9 | 0.556 8 | 15.917 1 | 8.863 3 | 0.112 8 | 0.062 8 |
| 13 | 1.885 6 | 0.530 3 | 17.713 0 | 9.393 6 | 0.106 5 | 0.056 5 |
| 14 | 1.979 9 | 0.505 1 | 19.598 6 | 9.898 6 | 0.101 0 | 0.051 0 |
| 15 | 2.078 9 | 0.481 0 | 21.578 6 | 10.379 7 | 0.096 3 | 0.046 3 |
| 16 | 2.182 9 | 0.458 1 | 23.657 5 | 10.837 8 | 0.092 3 | 0.042 3 |
| 17 | 2.292 0 | 0.436 3 | 25.840 4 | 11.274 1 | 0.088 7 | 0.038 7 |
| 18 | 2.406 6 | 0.415 5 | 28.132 4 | 11.689 6 | 0.085 5 | 0.035 5 |
| 19 | 2.527 0 | 0.395 7 | 30.539 0 | 12.085 3 | 0.082 7 | 0.032 7 |
| 20 | 2.653 3 | 0.376 9 | 33.066 0 | 12.462 2 | 0.080 2 | 0.030 2 |
| 21 | 2.786 0 | 0.358 9 | 35.719 3 | 12.821 2 | 0.078 0 | 0.028 0 |
| 22 | 2.925 3 | 0.341 8 | 38.505 2 | 13.163 0 | 0.076 0 | 0.026 0 |
| 23 | 3.071 5 | 0.325 6 | 41.430 5 | 13.488 6 | 0.074 1 | 0.024 1 |
| 24 | 3.225 1 | 0.310 1 | 44.502 0 | 13.798 6 | 0.072 5 | 0.022 5 |
| 25 | 3.386 4 | 0.295 3 | 47.727 1 | 14.093 9 | 0.071 0 | 0.021 0 |
| 26 | 3.555 7 | 0.281 2 | 51.113 5 | 14.375 2 | 0.069 6 | 0.019 6 |
| 27 | 3.733 5 | 0.267 8 | 54.669 1 | 14.634 0 | 0.068 3 | 0.018 3 |
| 28 | 3.920 1 | 0.255 1 | 58.402 6 | 14.898 1 | 0.067 1 | 0.017 1 |
| 29 | 4.116 1 | 0.242 9 | 62.322 7 | 15.141 1 | 0.066 0 | 0.016 0 |
| 30 | 4.321 9 | 0.231 4 | 66.438 8 | 15.372 5 | 0.065 1 | 0.015 1 |
| 31 | 4.538 0 | 0.220 4 | 70.760 8 | 15.592 8 | 0.064 1 | 0.014 1 |
| 32 | 4.764 9 | 0.209 9 | 75.298 8 | 15.802 7 | 0.063 3 | 0.013 3 |
| 33 | 5.003 2 | 0.199 9 | 80.063 8 | 16.002 5 | 0.062 5 | 0.012 5 |
| 34 | 5.253 3 | 0.190 4 | 85.067 0 | 16.192 8 | 0.061 8 | 0.011 8 |
| 35 | 5.516 0 | 0.181 3 | 90.320 3 | 16.374 2 | 0.061 1 | 0.011 1 |

**附表5** **6%的复利系数表**

| 年份 | 一次支付 | | 等额系列 | | | |
|---|---|---|---|---|---|---|
| | 终值系数 | 现值系数 | 年金终值系数 | 年金现值系数 | 资本回收系数 | 偿债基金系数 |
| $n$ | $F/P,i,n$ | $P/F,i,n$ | $F/A,i,n$ | $P/A,i,n$ | $A/P,i,n$ | $A/F,i,n$ |
| 1 | 1.060 0 | 0.943 4 | 1.000 0 | 0.943 4 | 1.060 0 | 1.000 0 |
| 2 | 1.123 6 | 0.890 0 | 2.060 0 | 1.833 4 | 0.545 4 | 0.485 4 |
| 3 | 1.191 0 | 0.839 6 | 3.183 6 | 2.673 0 | 0.374 1 | 0.314 1 |
| 4 | 1.262 5 | 0.729 1 | 4.374 6 | 3.465 1 | 0.288 6 | 0.228 6 |
| 5 | 1.338 2 | 0.747 3 | 5.637 1 | 4.212 4 | 0.237 4 | 0.177 4 |
| 6 | 1.418 5 | 0.705 0 | 6.975 3 | 4.917 3 | 0.203 4 | 0.143 4 |
| 7 | 1.503 6 | 0.665 1 | 8.393 8 | 5.582 4 | 0.179 1 | 0.119 1 |
| 8 | 1.593 8 | 0.627 4 | 9.897 5 | 6.209 8 | 0.161 0 | 0.101 0 |
| 9 | 1.689 5 | 0.591 9 | 11.491 3 | 6.801 7 | 0.147 0 | 0.087 0 |
| 10 | 1.790 8 | 0.558 4 | 13.180 8 | 7.360 1 | 0.135 9 | 0.075 9 |
| 11 | 1.898 3 | 0.526 8 | 14.971 6 | 7.886 8 | 0.126 8 | 0.066 8 |
| 12 | 2.012 2 | 0.497 0 | 16.869 9 | 8.383 9 | 0.119 3 | 0.059 3 |
| 13 | 2.132 9 | 0.468 8 | 18.882 1 | 8.852 7 | 0.113 0 | 0.053 0 |
| 14 | 2.260 9 | 0.442 3 | 21.015 1 | 9.295 0 | 0.107 6 | 0.047 6 |
| 15 | 2.396 6 | 0.417 3 | 23.276 0 | 9.712 2 | 0.103 0 | 0.043 0 |
| 16 | 2.540 4 | 0.393 6 | 25.672 5 | 10.105 9 | 0.099 0 | 0.039 0 |
| 17 | 2.692 8 | 0.371 4 | 28.212 9 | 10.477 3 | 0.095 4 | 0.035 4 |
| 18 | 2.854 3 | 0.350 3 | 30.905 7 | 10.827 6 | 0.092 4 | 0.032 4 |
| 19 | 3.025 6 | 0.330 5 | 33.760 0 | 11.158 1 | 0.089 6 | 0.029 6 |
| 20 | 3.207 1 | 0.311 8 | 36.785 6 | 11.469 9 | 0.087 2 | 0.027 2 |
| 21 | 3.499 6 | 0.294 2 | 39.992 7 | 11.764 1 | 0.085 0 | 0.025 0 |
| 22 | 3.603 5 | 0.277 5 | 43.392 3 | 12.041 6 | 0.083 0 | 0.023 1 |
| 23 | 3.819 7 | 0.261 8 | 46.995 8 | 12.303 4 | 0.081 3 | 0.021 3 |
| 24 | 4.048 9 | 0.247 0 | 50.815 6 | 12.550 4 | 0.079 7 | 0.019 7 |
| 25 | 4.291 9 | 0.233 0 | 54.864 5 | 12.783 4 | 0.078 2 | 0.018 2 |
| 26 | 4.549 4 | 0.219 8 | 59.156 4 | 13.003 2 | 0.076 9 | 0.016 9 |
| 27 | 4.822 3 | 0.207 4 | 63.705 8 | 13.210 5 | 0.075 7 | 0.015 7 |
| 28 | 5.111 7 | 0.195 6 | 68.528 1 | 13.406 2 | 0.074 6 | 0.014 6 |
| 29 | 5.418 4 | 0.184 6 | 73.639 8 | 13.590 7 | 0.073 6 | 0.013 6 |
| 30 | 5.743 5 | 0.174 1 | 79.058 2 | 13.764 8 | 0.072 6 | 0.012 6 |
| 31 | 6.088 1 | 0.164 3 | 84.801 7 | 13.929 1 | 0.071 8 | 0.011 8 |
| 32 | 6.453 4 | 0.155 0 | 90.889 8 | 14.084 0 | 0.071 0 | 0.011 0 |
| 33 | 6.840 6 | 0.146 2 | 97.343 2 | 14.230 2 | 0.070 3 | 0.010 3 |
| 34 | 7.251 0 | 0.137 9 | 104.183 8 | 14.368 1 | 0.069 6 | 0.009 6 |
| 35 | 7.686 1 | 0.130 1 | 111.434 8 | 14.498 2 | 0.069 0 | 0.009 0 |

**附表 6　7%的复利系数表**

| 年份 | 一次支付 | | 等额系列 | | | |
|---|---|---|---|---|---|---|
| | 终值系数 | 现值系数 | 年金终值系数 | 年金现值系数 | 资本回收系数 | 偿债基金系数 |
| $n$ | $F/P,i,n$ | $P/F,i,n$ | $F/A,i,n$ | $P/A,i,n$ | $A/P,i,n$ | $A/F,i,n$ |
| 1 | 1.070 0 | 0.934 6 | 1.000 0 | 0.934 6 | 1.070 0 | 1.000 0 |
| 2 | 1.144 9 | 0.873 4 | 2.070 0 | 1.808 0 | 0.553 1 | 0.483 1 |
| 3 | 1.225 0 | 0.816 3 | 3.214 9 | 2.624 3 | 0.381 1 | 0.311 1 |
| 4 | 1.310 8 | 0.762 9 | 4.439 9 | 3.387 2 | 0.295 2 | 0.225 2 |
| 5 | 1.402 6 | 0.713 0 | 5.750 7 | 4.100 2 | 0.243 9 | 0.173 9 |
| 6 | 1.500 7 | 0.666 3 | 7.153 3 | 4.766 5 | 0.209 8 | 0.139 8 |
| 7 | 1.605 8 | 0.622 7 | 8.645 0 | 5.389 3 | 0.185 6 | 0.115 6 |
| 8 | 1.718 2 | 0.582 0 | 10.259 8 | 5.971 3 | 0.167 5 | 0.097 5 |
| 9 | 1.838 5 | 0.543 9 | 11.978 0 | 6.515 2 | 0.153 5 | 0.083 5 |
| 10 | 1.967 2 | 0.508 3 | 13.816 4 | 7.023 6 | 0.142 4 | 0.072 4 |
| 11 | 2.104 9 | 0.475 1 | 15.783 6 | 7.498 7 | 0.133 4 | 0.063 4 |
| 12 | 2.252 2 | 0.444 0 | 17.888 5 | 7.942 7 | 0.125 9 | 0.055 9 |
| 13 | 2.409 8 | 0.415 0 | 20.140 6 | 8.357 7 | 0.119 7 | 0.049 7 |
| 14 | 2.578 5 | 0.387 8 | 22.550 5 | 8.745 5 | 0.114 3 | 0.044 3 |
| 15 | 2.759 0 | 0.362 4 | 25.129 0 | 9.107 9 | 0.109 8 | 0.039 8 |
| 16 | 2.952 2 | 0.338 7 | 27.888 1 | 9.446 6 | 0.105 9 | 0.035 9 |
| 17 | 3.158 8 | 0.316 6 | 30.840 2 | 9.763 2 | 0.102 4 | 0.032 4 |
| 18 | 3.379 9 | 0.295 9 | 33.999 0 | 10.059 1 | 0.099 4 | 0.029 4 |
| 19 | 3.616 5 | 0.276 5 | 37.379 0 | 10.335 6 | 0.096 8 | 0.026 8 |
| 20 | 3.869 7 | 0.258 4 | 40.995 5 | 10.594 0 | 0.094 4 | 0.024 4 |
| 21 | 4.140 6 | 0.241 5 | 44.865 2 | 10.835 5 | 0.092 3 | 0.022 3 |
| 22 | 4.430 4 | 0.225 7 | 49.005 7 | 11.061 2 | 0.090 4 | 0.020 4 |
| 23 | 4.740 5 | 0.210 9 | 53.436 1 | 11.272 2 | 0.088 7 | 0.018 7 |
| 24 | 5.072 4 | 0.197 1 | 58.176 7 | 11.469 3 | 0.087 2 | 0.017 2 |
| 25 | 5.427 4 | 0.184 2 | 63.249 0 | 11.653 6 | 0.085 8 | 0.015 8 |
| 26 | 5.807 4 | 0.172 2 | 68.676 5 | 11.825 8 | 0.084 6 | 0.014 6 |
| 27 | 6.213 9 | 0.160 9 | 74.483 8 | 11.986 7 | 0.083 4 | 0.013 4 |
| 28 | 6.648 8 | 0.150 4 | 80.697 7 | 12.137 1 | 0.082 4 | 0.012 4 |
| 29 | 7.114 3 | 0.140 6 | 87.346 5 | 12.277 7 | 0.081 4 | 0.011 4 |
| 30 | 7.612 3 | 0.131 4 | 94.460 8 | 12.409 0 | 0.080 6 | 0.010 6 |
| 31 | 8.145 1 | 0.122 8 | 102.073 0 | 12.531 8 | 0.079 8 | 0.009 8 |
| 32 | 8.715 3 | 0.114 7 | 110.218 2 | 12.646 6 | 0.079 1 | 0.009 1 |
| 33 | 9.325 3 | 0.107 2 | 118.933 4 | 12.753 8 | 0.078 4 | 0.008 4 |
| 34 | 9.978 1 | 0.100 2 | 128.258 8 | 12.854 0 | 0.077 8 | 0.007 8 |
| 35 | 10.676 6 | 0.093 7 | 138.236 9 | 12.947 7 | 0.077 2 | 0.007 2 |

附表 7

## 8%的复利系数表

| 年份 | 一次支付 | | 等额系列 | | | |
|---|---|---|---|---|---|---|
| | 终值系数 | 现值系数 | 年金终值系数 | 年金现值系数 | 资本回收系数 | 偿债基金系数 |
| n | F/P,i,n | P/F,i,n | F/A,i,n | P/A,i,n | A/P,i,n | A/F,i,n |
| 1 | 1.080 0 | 0.925 9 | 1.000 0 | 0.925 9 | 1.080 0 | 1.000 0 |
| 2 | 1.166 4 | 0.857 3 | 2.080 0 | 1.783 3 | 0.560 8 | 0.480 8 |
| 3 | 1.269 7 | 0.793 8 | 3.246 4 | 2.577 1 | 0.388 0 | 0.308 0 |
| 4 | 1.360 5 | 0.735 0 | 4.506 1 | 3.312 1 | 0.301 9 | 0.221 9 |
| 5 | 1.469 3 | 0.680 6 | 5.866 6 | 3.992 7 | 0.250 5 | 0.170 5 |
| 6 | 1.586 9 | 0.630 2 | 7.335 9 | 4.622 9 | 0.216 3 | 0.136 3 |
| 7 | 1.713 8 | 0.583 5 | 8.922 8 | 5.206 4 | 0.192 1 | 0.112 1 |
| 8 | 1.850 9 | 0.540 3 | 10.636 6 | 5.746 6 | 0.174 0 | 0.094 0 |
| 9 | 1.999 0 | 0.500 2 | 12.487 6 | 6.246 9 | 0.160 1 | 0.080 1 |
| 10 | 2.158 9 | 0.463 2 | 14.486 6 | 6.710 1 | 0.149 0 | 0.069 0 |
| 11 | 2.331 6 | 0.428 9 | 16.645 5 | 7.139 0 | 0.140 1 | 0.060 1 |
| 12 | 2.518 2 | 0.397 1 | 18.977 1 | 7.536 1 | 0.132 7 | 0.052 7 |
| 13 | 2.719 6 | 0.367 7 | 21.495 3 | 7.903 8 | 0.126 5 | 0.046 5 |
| 14 | 2.937 2 | 0.340 5 | 24.214 9 | 8.244 2 | 0.121 3 | 0.041 3 |
| 15 | 3.172 2 | 0.315 2 | 27.152 1 | 8.559 5 | 0.116 8 | 0.036 8 |
| 16 | 3.425 9 | 0.291 9 | 30.324 3 | 8.851 4 | 0.113 0 | 0.033 0 |
| 17 | 3.700 0 | 0.270 3 | 33.750 2 | 9.121 6 | 0.109 6 | 0.029 6 |
| 18 | 3.996 0 | 0.250 2 | 37.450 2 | 9.371 9 | 0.106 7 | 0.026 7 |
| 19 | 4.315 7 | 0.231 7 | 41.446 3 | 9.603 6 | 0.104 1 | 0.024 1 |
| 20 | 4.661 0 | 0.214 6 | 45.762 0 | 9.818 1 | 0.101 9 | 0.021 9 |
| 21 | 5.033 8 | 0.198 7 | 50.422 9 | 10.016 8 | 0.099 8 | 0.019 8 |
| 22 | 5.436 5 | 0.183 9 | 55.456 8 | 10.200 7 | 0.098 0 | 0.018 0 |
| 23 | 5.871 5 | 0.170 3 | 60.893 3 | 10.371 1 | 0.096 4 | 0.016 4 |
| 24 | 6.341 2 | 0.157 7 | 66.764 8 | 10.528 8 | 0.095 0 | 0.015 0 |
| 25 | 6.848 5 | 0.146 0 | 73.105 9 | 10.674 8 | 0.093 7 | 0.013 7 |
| 26 | 7.396 4 | 0.135 2 | 79.954 4 | 10.810 0 | 0.092 5 | 0.012 5 |
| 27 | 7.988 1 | 0.125 2 | 87.350 8 | 10.935 2 | 0.091 4 | 0.011 4 |
| 28 | 8.627 1 | 0.115 9 | 95.338 8 | 11.051 1 | 0.090 5 | 0.010 5 |
| 29 | 9.317 3 | 0.107 3 | 103.965 9 | 11.158 4 | 0.089 6 | 0.009 6 |
| 30 | 10.062 7 | 0.099 4 | 113.283 2 | 11.257 8 | 0.088 8 | 0.008 8 |
| 31 | 10.867 7 | 0.092 0 | 123.345 9 | 11.349 8 | 0.088 1 | 0.008 1 |
| 32 | 11.737 1 | 0.085 2 | 134.213 5 | 11.435 0 | 0.087 5 | 0.007 5 |
| 33 | 12.676 0 | 0.078 9 | 145.950 6 | 11.513 9 | 0.086 9 | 0.006 9 |
| 34 | 13.690 1 | 0.073 0 | 158.626 7 | 11.586 9 | 0.086 3 | 0.006 3 |
| 35 | 14.785 3 | 0.067 6 | 172.316 8 | 11.654 6 | 0.085 8 | 0.005 8 |

**附表 8** **9%的复利系数表**

| 年份 | 一次支付 | | 等额系列 | | | |
|---|---|---|---|---|---|---|
| | 终值系数 | 现值系数 | 年金终值系数 | 年金现值系数 | 资本回收系数 | 偿债基金系数 |
| $n$ | $F/P,i,n$ | $P/F,i,n$ | $F/A,i,n$ | $P/A,i,n$ | $A/P,i,n$ | $A/F,i,n$ |
| 1 | 1.090 0 | 0.917 4 | 1.000 0 | 0.917 4 | 1.090 0 | 1.000 0 |
| 2 | 1.188 1 | 0.841 7 | 2.090 0 | 1.759 1 | 0.568 5 | 0.478 5 |
| 3 | 1.295 0 | 0.772 2 | 3.278 1 | 2.531 3 | 0.395 1 | 0.305 1 |
| 4 | 1.411 6 | 0.708 4 | 4.573 1 | 3.239 7 | 0.308 7 | 0.218 7 |
| 5 | 1.538 6 | 0.649 9 | 5.984 7 | 3.889 7 | 0.257 1 | 0.167 1 |
| 6 | 1.677 1 | 0.596 3 | 7.523 3 | 4.485 9 | 0.222 9 | 0.132 9 |
| 7 | 1.828 0 | 0.547 0 | 9.200 4 | 5.033 0 | 0.198 7 | 0.108 7 |
| 8 | 1.992 6 | 0.501 9 | 11.028 5 | 5.534 8 | 0.180 7 | 0.090 7 |
| 9 | 2.171 9 | 0.460 4 | 13.021 0 | 5.995 2 | 0.166 8 | 0.076 8 |
| 10 | 2.367 4 | 0.422 4 | 15.192 9 | 6.417 7 | 0.155 8 | 0.065 8 |
| 11 | 2.580 4 | 0.387 5 | 17.560 3 | 6.805 2 | 0.146 9 | 0.056 9 |
| 12 | 2.812 7 | 0.355 5 | 20.140 7 | 7.160 7 | 0.139 7 | 0.049 7 |
| 13 | 3.065 8 | 0.326 2 | 22.953 4 | 7.486 9 | 0.133 6 | 0.043 6 |
| 14 | 3.341 7 | 0.299 3 | 26.019 2 | 7.786 2 | 0.128 4 | 0.038 4 |
| 15 | 3.642 5 | 0.274 5 | 29.360 9 | 8.060 7 | 0.124 1 | 0.034 1 |
| 16 | 3.970 3 | 0.251 9 | 33.003 4 | 8.312 6 | 0.120 3 | 0.030 3 |
| 17 | 4.327 6 | 0.231 1 | 36.973 7 | 8.543 6 | 0.117 0 | 0.027 0 |
| 18 | 4.717 1 | 0.212 0 | 41.301 3 | 8.755 6 | 0.114 2 | 0.024 2 |
| 19 | 5.141 7 | 0.194 5 | 46.018 5 | 8.950 1 | 0.111 7 | 0.021 7 |
| 20 | 5.604 4 | 0.178 4 | 51.160 1 | 9.128 5 | 0.109 5 | 0.019 5 |
| 21 | 6.108 8 | 0.163 7 | 56.764 5 | 9.292 2 | 0.107 6 | 0.017 6 |
| 22 | 6.658 6 | 0.150 2 | 62.873 3 | 9.442 4 | 0.105 9 | 0.015 9 |
| 23 | 7.257 9 | 0.137 8 | 69.531 9 | 9.580 2 | 0.104 4 | 0.014 4 |
| 24 | 7.911 1 | 0.126 4 | 76.789 8 | 9.706 6 | 0.103 0 | 0.013 0 |
| 25 | 8.623 1 | 0.116 0 | 84.700 9 | 9.822 6 | 0.101 8 | 0.011 8 |
| 26 | 9.399 2 | 0.106 4 | 93.324 0 | 9.929 0 | 0.100 7 | 0.010 7 |
| 27 | 10.245 1 | 0.097 6 | 102.723 1 | 10.026 6 | 0.099 7 | 0.009 7 |
| 28 | 11.167 1 | 0.089 5 | 112.968 2 | 10.116 1 | 0.098 9 | 0.008 9 |
| 29 | 12.172 2 | 0.082 2 | 124.135 4 | 10.198 3 | 0.098 1 | 0.008 1 |
| 30 | 13.267 7 | 0.075 4 | 136.307 5 | 10.273 7 | 0.097 3 | 0.007 3 |
| 31 | 14.461 8 | 0.069 1 | 149.575 2 | 10.342 8 | 0.096 7 | 0.006 7 |
| 32 | 15.763 3 | 0.063 4 | 164.037 0 | 10.406 2 | 0.096 1 | 0.006 1 |
| 33 | 17.182 0 | 0.058 2 | 179.800 3 | 10.464 4 | 0.095 6 | 0.005 6 |
| 34 | 18.728 4 | 0.053 4 | 196.982 3 | 10.517 8 | 0.095 1 | 0.005 1 |
| 35 | 20.414 0 | 0.049 0 | 215.710 8 | 10.566 8 | 0.094 6 | 0.004 6 |

附表 9

## 10%的复利系数表

| 年份 | 一次支付 | | 等额系列 | | | |
|---|---|---|---|---|---|---|
| | 终值系数 | 现值系数 | 年金终值系数 | 年金现值系数 | 资本回收系数 | 偿债基金系数 |
| *n* | *F/P,i,n* | *P/F,i,n* | *F/A,i,n* | *P/A,i,n* | *A/P,i,n* | *A/F,i,n* |
| 1 | 1.100 0 | 0.909 1 | 1.000 0 | 0.909 1 | 1.100 0 | 1.000 0 |
| 2 | 1.210 0 | 0.826 4 | 2.100 0 | 1.735 5 | 0.576 2 | 0.476 2 |
| 3 | 1.331 0 | 0.751 3 | 3.310 0 | 2.486 9 | 0.402 1 | 0.302 1 |
| 4 | 1.464 1 | 0.688 0 | 4.641 0 | 3.169 9 | 0.315 5 | 0.215 5 |
| 5 | 1.610 5 | 0.620 9 | 6.105 1 | 3.790 8 | 0.263 8 | 0.163 8 |
| 6 | 1.771 6 | 0.564 5 | 7.715 6 | 4.355 3 | 0.229 6 | 0.129 6 |
| 7 | 1.948 7 | 0.513 2 | 9.487 2 | 4.868 4 | 0.205 4 | 0.105 4 |
| 8 | 2.143 6 | 0.466 5 | 11.435 9 | 5.334 9 | 0.187 4 | 0.087 4 |
| 9 | 2.357 9 | 0.424 1 | 13.579 5 | 5.759 0 | 0.173 6 | 0.073 6 |
| 10 | 2.593 7 | 0.385 5 | 15.937 4 | 6.144 6 | 0.1627 | 0.062 7 |
| 11 | 2.853 1 | 0.350 5 | 18.531 2 | 6.495 1 | 0.154 0 | 0.054 0 |
| 12 | 3.138 4 | 0.318 6 | 21.384 3 | 6.813 7 | 0.146 8 | 0.046 8 |
| 13 | 3.452 3 | 0.289 7 | 24.522 7 | 7.103 4 | 0.140 8 | 0.040 8 |
| 14 | 3.797 5 | 0.263 3 | 27.975 0 | 7.366 7 | 0.135 7 | 0.035 7 |
| 15 | 4.177 2 | 0.239 4 | 31.772 5 | 7.606 1 | 0.131 5 | 0.031 5 |
| 16 | 4.595 0 | 0.217 6 | 35.949 7 | 7.823 7 | 0.127 8 | 0.027 8 |
| 17 | 5.054 5 | 0.197 8 | 40.544 7 | 8.021 6 | 0.124 7 | 0.024 7 |
| 18 | 5.559 9 | 0.179 9 | 45.599 2 | 8.201 4 | 0.121 9 | 0.021 9 |
| 19 | 6.115 9 | 0.163 5 | 51.159 1 | 8.364 9 | 0.119 5 | 0.019 5 |
| 20 | 6.727 5 | 0.148 6 | 57.275 0 | 8.513 6 | 0.117 5 | 0.017 5 |
| 21 | 7.400 2 | 0.135 1 | 64.002 5 | 8.648 7 | 0.115 6 | 0.015 6 |
| 22 | 8.140 3 | 0.122 8 | 71.402 7 | 8.771 5 | 0.114 0 | 0.014 0 |
| 23 | 8.949 7 | 0.111 7 | 79.543 0 | 8.883 2 | 0.112 6 | 0.012 6 |
| 24 | 9.854 7 | 0.101 5 | 88.497 3 | 8.984 7 | 0.111 3 | 0.011 3 |
| 25 | 10.835 2 | 0.092 3 | 98.347 1 | 9.077 0 | 0.110 2 | 0.010 2 |
| 26 | 11.918 0 | 0.083 9 | 109.181 8 | 9.160 9 | 0.109 2 | 0.009 2 |
| 27 | 13.110 0 | 0.076 3 | 121.099 9 | 9.237 2 | 0.108 3 | 0.008 3 |
| 28 | 14.421 1 | 0.069 3 | 134.209 9 | 9.306 6 | 0.107 5 | 0.007 5 |
| 29 | 15.863 4 | 0.063 0 | 148.630 9 | 9.369 6 | 0.106 7 | 0.006 7 |
| 30 | 17.449 3 | 0.057 3 | 164.494 0 | 9.426 9 | 0.106 1 | 0.006 1 |
| 31 | 19.193 8 | 0.052 1 | 181.943 4 | 9.479 0 | 0.105 5 | 0.005 5 |
| 32 | 21.114 2 | 0.047 4 | 201.137 8 | 9.526 4 | 0.105 0 | 0.005 0 |
| 33 | 23.225 2 | 0.043 1 | 222.251 5 | 9.569 4 | 0.104 5 | 0.004 5 |
| 34 | 25.547 7 | 0.039 1 | 245.476 7 | 9.608 6 | 0.104 1 | 0.004 1 |
| 35 | 28.102 4 | 0.035 6 | 271.024 4 | 9.644 2 | 0.103 7 | 0.003 7 |

**附表 10　　12%的复利系数表**

| 年份 | 一次支付 | | 等额系列 | | | |
|---|---|---|---|---|---|---|
| | 终值系数 | 现值系数 | 年金终值系数 | 年金现值系数 | 资本回收系数 | 偿债基金系数 |
| $n$ | $F/P,i,n$ | $P/F,i,n$ | $F/A,i,n$ | $P/A,i,n$ | $A/P,i,n$ | $A/F,i,n$ |
| 1 | 1.120 0 | 0.892 9 | 1.000 0 | 0.892 9 | 1.120 0 | 1.000 0 |
| 2 | 1.254 4 | 0.797 2 | 2.120 0 | 1.690 1 | 0.591 7 | 0.471 7 |
| 3 | 1.404 9 | 0.711 8 | 3.374 4 | 2.401 8 | 0.416 3 | 0.296 3 |
| 4 | 1.573 5 | 0.635 5 | 4.779 3 | 3.037 3 | 0.329 2 | 0.209 2 |
| 5 | 1.762 3 | 0.567 4 | 6.352 8 | 3.604 8 | 0.277 4 | 0.157 4 |
| 6 | 1.973 8 | 0.506 6 | 8.115 2 | 4.111 4 | 0.243 2 | 0.123 2 |
| 7 | 2.210 7 | 0.452 3 | 10.089 0 | 4.563 8 | 0.219 1 | 0.099 1 |
| 8 | 2.476 0 | 0.403 9 | 12.399 7 | 4.967 6 | 0.201 3 | 0.081 3 |
| 9 | 2.773 1 | 0.360 6 | 14.775 7 | 5.328 2 | 0.187 7 | 0.067 7 |
| 10 | 3.105 8 | 0.322 0 | 17.548 7 | 5.650 2 | 0.177 0 | 0.057 0 |
| 11 | 3.478 5 | 0.287 5 | 20.654 6 | 5.937 7 | 0.168 4 | 0.048 4 |
| 12 | 3.896 0 | 0.256 7 | 24.133 1 | 6.194 4 | 0.161 4 | 0.041 4 |
| 13 | 4.363 5 | 0.229 2 | 28.029 1 | 6.423 5 | 0.155 7 | 0.035 7 |
| 14 | 4.887 1 | 0.204 6 | 32.392 6 | 6.628 2 | 0.150 9 | 0.030 9 |
| 15 | 5.473 6 | 0.182 7 | 37.279 7 | 6.810 9 | 0.146 8 | 0.026 8 |
| 16 | 6.130 4 | 0.163 1 | 42.753 3 | 6.974 0 | 0.143 4 | 0.023 4 |
| 17 | 6.866 0 | 0.145 6 | 48.883 7 | 7.119 6 | 0.140 5 | 0.020 5 |
| 18 | 7.690 0 | 0.130 0 | 55.749 7 | 7.249 7 | 0.137 9 | 0.017 9 |
| 19 | 8.612 8 | 0.116 1 | 63.439 7 | 7.365 8 | 0.135 8 | 0.015 8 |
| 20 | 9.646 3 | 0.103 7 | 72.052 4 | 7.469 4 | 0.133 9 | 0.013 9 |
| 21 | 10.803 8 | 0.092 6 | 81.698 7 | 7.562 0 | 0.132 2 | 0.012 2 |
| 22 | 12.100 3 | 0.082 6 | 92.502 6 | 7.644 6 | 0.130 8 | 0.010 8 |
| 23 | 13.552 3 | 0.073 8 | 104.602 9 | 7.718 4 | 0.129 6 | 0.009 6 |
| 24 | 15.178 6 | 0.065 9 | 118.155 2 | 7.784 3 | 0.128 5 | 0.008 5 |
| 25 | 17.000 1 | 0.058 8 | 133.333 9 | 7.843 1 | 0.127 5 | 0.007 5 |
| 26 | 19.040 1 | 0.052 5 | 150.333 9 | 7.895 7 | 0.126 7 | 0.006 7 |
| 27 | 21.324 9 | 0.046 9 | 169.374 0 | 7.942 6 | 0.125 9 | 0.005 9 |
| 28 | 23.883 9 | 0.041 9 | 190.698 9 | 7.984 4 | 0.125 2 | 0.005 2 |
| 29 | 26.749 9 | 0.037 4 | 214.582 8 | 8.021 8 | 0.124 7 | 0.004 7 |
| 30 | 29.959 9 | 0.033 4 | 241.332 7 | 8.055 2 | 0.124 1 | 0.004 1 |
| 31 | 33.555 1 | 0.029 8 | 271.292 6 | 8.085 0 | 0.123 7 | 0.003 7 |
| 32 | 37.581 7 | 0.026 6 | 304.847 7 | 8.111 6 | 0.123 3 | 0.003 3 |
| 33 | 42.091 5 | 0.023 8 | 342.429 4 | 8.135 4 | 0.122 9 | 0.002 9 |
| 34 | 47.142 5 | 0.021 2 | 384.521 0 | 8.156 6 | 0.122 6 | 0.002 6 |
| 35 | 52.799 6 | 0.018 9 | 431.663 5 | 8.175 5 | 0.122 3 | 0.002 3 |

**附表 11** 15%的复利系数表

| 年份 | 一次支付 | | 等额系列 | | | |
|---|---|---|---|---|---|---|
| | 终值系数 | 现值系数 | 年金终值系数 | 年金现值系数 | 资本回收系数 | 偿债基金系数 |
| $n$ | $F/P,i,n$ | $P/F,i,n$ | $F/A,i,n$ | $P/A,i,n$ | $A/P,i,n$ | $A/F,i,n$ |
| 1 | 1.150 0 | 0.869 6 | 1.000 0 | 0.869 6 | 1.150 0 | 1.000 0 |
| 2 | 1.322 5 | 0.756 1 | 2.150 0 | 1.625 7 | 0.615 1 | 0.465 1 |
| 3 | 1.520 9 | 0.657 5 | 3.472 5 | 2.283 2 | 0.438 0 | 0.288 0 |
| 4 | 1.749 0 | 0.571 8 | 4.993 4 | 2.855 0 | 0.350 3 | 0.200 3 |
| 5 | 2.011 4 | 0.497 2 | 6.742 4 | 3.352 2 | 0.298 3 | 0.148 3 |
| 6 | 2.313 1 | 0.432 3 | 8.753 7 | 3.784 5 | 0.264 2 | 0.114 2 |
| 7 | 2.660 0 | 0.375 9 | 11.066 8 | 4.160 4 | 0.240 4 | 0.090 4 |
| 8 | 3.059 0 | 0.326 9 | 13.726 8 | 4.487 3 | 0.222 9 | 0.072 9 |
| 9 | 3.517 9 | 0.284 3 | 16.785 8 | 4.771 6 | 0.209 6 | 0.059 6 |
| 10 | 4.045 6 | 0.247 2 | 20.303 7 | 5.018 8 | 0.199 3 | 0.049 3 |
| 11 | 4.652 4 | 0.214 9 | 24.349 3 | 5.233 7 | 0.191 1 | 0.041 1 |
| 12 | 5.350 3 | 0.186 9 | 29.001 7 | 5.420 6 | 0.184 5 | 0.034 5 |
| 13 | 6.152 8 | 0.162 5 | 34.351 9 | 5.583 1 | 0.179 1 | 0.029 1 |
| 14 | 7.075 7 | 0.141 3 | 40.504 7 | 5.724 5 | 0.174 7 | 0.024 7 |
| 15 | 8.137 1 | 0.122 9 | 47.580 4 | 5.847 4 | 0.171 0 | 0.021 0 |
| 16 | 9.357 6 | 0.106 9 | 55.717 5 | 5.954 2 | 0.167 9 | 0.017 9 |
| 17 | 10.761 3 | 0.092 9 | 65.075 1 | 6.047 2 | 0.165 4 | 0.015 4 |
| 18 | 12.375 5 | 0.080 8 | 75.836 4 | 6.128 0 | 0.163 2 | 0.013 2 |
| 19 | 14.231 8 | 0.070 3 | 88.211 8 | 6.198 2 | 0.161 3 | 0.011 3 |
| 20 | 16.366 5 | 0.061 1 | 102.443 6 | 6.259 3 | 0.159 8 | 0.009 8 |
| 21 | 18.821 5 | 0.053 1 | 118.810 1 | 6.312 5 | 0.158 4 | 0.008 4 |
| 22 | 21.644 7 | 0.046 2 | 137.631 6 | 6.358 7 | 0.157 3 | 0.007 3 |
| 23 | 24.891 5 | 0.040 2 | 159.276 4 | 6.398 8 | 0.156 3 | 0.006 3 |
| 24 | 28.625 2 | 0.034 9 | 184.167 8 | 6.433 8 | 0.155 4 | 0.005 4 |
| 25 | 32.919 0 | 0.030 4 | 212.793 0 | 6.464 1 | 0.154 7 | 0.004 7 |
| 26 | 37.856 8 | 0.026 4 | 245.712 0 | 6.490 6 | 0.154 1 | 0.004 1 |
| 27 | 43.535 3 | 0.023 0 | 283.568 8 | 6.513 5 | 0.153 5 | 0.003 5 |
| 28 | 50.065 6 | 0.020 0 | 327.104 1 | 6.533 5 | 0.153 1 | 0.003 1 |
| 29 | 57.575 5 | 0.017 4 | 377.179 7 | 6.550 9 | 0.152 7 | 0.002 7 |
| 30 | 66.211 8 | 0.015 1 | 434.745 1 | 6.566 0 | 0.152 3 | 0.002 3 |
| 31 | 76.143 5 | 0.013 1 | 500.956 9 | 6.579 1 | 0.152 0 | 0.002 0 |
| 32 | 87.565 1 | 0.011 4 | 577.100 5 | 6.590 5 | 0.151 7 | 0.001 7 |
| 33 | 100.799 8 | 0.009 9 | 664.666 5 | 6.600 5 | 0.151 5 | 0.001 5 |
| 34 | 115.804 8 | 0.008 6 | 765.365 4 | 6.609 1 | 0.151 3 | 0.001 3 |
| 35 | 133.175 5 | 0.007 5 | 881.170 2 | 6.616 6 | 0.151 1 | 0.001 1 |

**附表12** **20%的复利系数表**

| 年份 | 一次支付 | | 等额系列 | | | |
|---|---|---|---|---|---|---|
| | 终值系数 | 现值系数 | 年金终值系数 | 年金现值系数 | 资本回收系数 | 偿债基金系数 |
| $n$ | $F/P,i,n$ | $P/F,i,n$ | $F/A,i,n$ | $P/A,i,n$ | $A/P,i,n$ | $A/F,i,n$ |
| 1 | 1.200 0 | 0.833 3 | 1.000 0 | 0.833 3 | 1.200 0 | 1.000 0 |
| 2 | 1.440 0 | 0.694 4 | 2.200 0 | 1.527 8 | 0.654 6 | 0.454 5 |
| 3 | 1.728 0 | 0.578 7 | 3.640 0 | 2.106 5 | 0.474 7 | 0.274 7 |
| 4 | 2.073 6 | 0.482 3 | 5.368 0 | 2.588 7 | 0.386 3 | 0.186 3 |
| 5 | 2.488 3 | 0.401 9 | 7.441 6 | 2.990 6 | 0.334 4 | 0.134 4 |
| 6 | 2.986 0 | 0.334 9 | 9.929 9 | 3.325 5 | 0.300 7 | 0.100 7 |
| 7 | 3.583 2 | 0.279 1 | 12.915 9 | 3.604 6 | 0.277 4 | 0.077 4 |
| 8 | 4.299 8 | 0.232 6 | 16.499 1 | 3.837 2 | 0.260 6 | 0.060 6 |
| 9 | 5.159 8 | 0.193 8 | 20.798 9 | 4.031 0 | 0.248 1 | 0.048 1 |
| 10 | 6.191 7 | 0.161 5 | 25.958 7 | 4.192 5 | 0.238 5 | 0.038 5 |
| 11 | 7.430 1 | 0.134 6 | 32.150 4 | 4.327 1 | 0.231 1 | 0.031 1 |
| 12 | 8.916 1 | 0.112 2 | 39.580 5 | 4.439 2 | 0.225 3 | 0.025 3 |
| 13 | 10.699 3 | 0.093 5 | 48.496 6 | 4.532 7 | 0.220 6 | 0.020 6 |
| 14 | 12.839 2 | 0.077 9 | 59.195 9 | 4.610 6 | 0.216 9 | 0.016 9 |
| 15 | 15.407 0 | 0.064 9 | 72.035 1 | 4.675 5 | 0.213 9 | 0.013 9 |
| 16 | 18.488 4 | 0.054 1 | 87.442 1 | 4.729 6 | 0.211 4 | 0.011 4 |
| 17 | 22.186 1 | 0.045 1 | 105.930 6 | 4.774 6 | 0.209 4 | 0.009 4 |
| 18 | 26.623 3 | 0.037 6 | 128.116 7 | 4.812 2 | 0.207 8 | 0.007 8 |
| 19 | 31.948 0 | 0.031 3 | 154.740 0 | 4.843 5 | 0.206 5 | 0.006 5 |
| 20 | 38.337 6 | 0.026 1 | 186.688 0 | 4.869 6 | 0.205 4 | 0.005 4 |
| 21 | 46.005 1 | 0.021 7 | 225.025 6 | 4.891 3 | 0.204 4 | 0.004 4 |
| 22 | 55.206 1 | 0.018 1 | 271.030 7 | 4.909 4 | 0.203 7 | 0.003 7 |
| 23 | 66.247 4 | 0.015 1 | 326.236 9 | 4.924 5 | 0.203 1 | 0.003 1 |
| 24 | 79.496 8 | 0.012 6 | 392.484 2 | 4.937 1 | 0.202 5 | 0.002 5 |
| 25 | 95.396 2 | 0.010 5 | 471.981 1 | 4.947 6 | 0.202 1 | 0.002 1 |
| 26 | 114.475 5 | 0.008 7 | 567.377 3 | 4.956 3 | 0.201 8 | 0.001 8 |
| 27 | 137.370 6 | 0.007 3 | 681.852 8 | 4.963 6 | 0.201 5 | 0.001 5 |
| 28 | 164.844 7 | 0.006 1 | 819.223 3 | 4.969 7 | 0.201 2 | 0.001 2 |
| 29 | 197.813 6 | 0.005 1 | 984.068 0 | 4.974 7 | 0.201 0 | 0.001 0 |
| 30 | 237.376 3 | 0.004 2 | 1 181.881 6 | 4.978 9 | 0.200 8 | 0.000 8 |
| 31 | 284.851 6 | 0.003 5 | 1 419.257 9 | 4.982 4 | 0.200 7 | 0.000 7 |
| 32 | 341.821 9 | 0.002 9 | 1 704.109 5 | 4.985 4 | 0.200 6 | 0.000 6 |
| 33 | 410.186 3 | 0.002 4 | 2 045.931 4 | 4.987 8 | 0.200 5 | 0.000 5 |
| 34 | 492.223 5 | 0.002 0 | 2 456.117 6 | 4.989 8 | 0.200 4 | 0.000 4 |
| 35 | 590.668 2 | 0.001 7 | 2 948.341 1 | 4.991 5 | 0.200 3 | 0.000 3 |

附表 13 **25%的复利系数表**

| 年份 | 一次支付 | | 等额系列 | | | |
|---|---|---|---|---|---|---|
| | 终值系数 | 现值系数 | 年金终值系数 | 年金现值系数 | 资本回收系数 | 偿债基金系数 |
| *n* | *F/P,i,n* | *P/F,i,n* | *F/A,i,n* | *P/A,i,n* | *A/P,i,n* | *A/F,i,n* |
| 1 | 1.250 0 | 0.800 0 | 1.000 0 | 0.800 0 | 1.250 0 | 1.000 0 |
| 2 | 1.562 5 | 0.640 0 | 2.250 0 | 1.440 0 | 0.694 4 | 0.444 4 |
| 3 | 1.953 1 | 0.512 0 | 3.812 5 | 1.952 0 | 0.512 3 | 0.262 3 |
| 4 | 2.441 4 | 0.409 6 | 5.765 6 | 2.361 6 | 0.423 4 | 0.173 4 |
| 5 | 3.051 8 | 0.327 7 | 8.207 0 | 2.689 3 | 0.371 8 | 0.121 8 |
| 6 | 3.814 7 | 0.262 1 | 11.258 8 | 2.951 4 | 0.338 8 | 0.088 8 |
| 7 | 4.768 4 | 0.209 7 | 15.073 5 | 3.161 1 | 0.316 3 | 0.066 3 |
| 8 | 5.960 5 | 0.167 8 | 19.841 9 | 3.328 9 | 0.300 4 | 0.050 4 |
| 9 | 7.450 6 | 0.134 2 | 25.802 3 | 3.463 1 | 0.288 8 | 0.038 8 |
| 10 | 9.313 2 | 0.107 4 | 33.252 9 | 3.570 5 | 0.280 1 | 0.030 1 |
| 11 | 11.641 5 | 0.085 9 | 42.566 1 | 3.656 4 | 0.273 5 | 0.023 5 |
| 12 | 14.551 9 | 0.068 7 | 54.207 7 | 3.725 1 | 0.268 4 | 0.018 4 |
| 13 | 18.189 9 | 0.055 0 | 68.759 6 | 3.780 1 | 0.264 5 | 0.014 5 |
| 14 | 22.737 4 | 0.044 0 | 86.949 5 | 3.824 1 | 0.261 5 | 0.011 5 |
| 15 | 28.421 7 | 0.035 2 | 109.686 8 | 3.859 3 | 0.259 1 | 0.009 1 |
| 16 | 35.527 1 | 0.028 1 | 138.108 5 | 3.887 4 | 0.257 2 | 0.007 2 |
| 17 | 44.408 9 | 0.022 5 | 173.635 7 | 3.909 9 | 0.255 8 | 0.005 8 |
| 18 | 55.511 2 | 0.018 0 | 218.044 6 | 3.927 9 | 0.254 6 | 0.004 6 |
| 19 | 69.388 9 | 0.014 4 | 273.555 8 | 3.942 4 | 0.253 7 | 0.003 7 |
| 20 | 86.736 2 | 0.011 5 | 342.944 7 | 3.953 9 | 0.252 9 | 0.002 9 |
| 21 | 108.420 2 | 0.009 2 | 429.680 9 | 3.963 1 | 0.252 3 | 0.002 3 |
| 22 | 135.525 3 | 0.007 4 | 538.101 1 | 3.970 5 | 0.251 9 | 0.001 9 |
| 23 | 169.406 6 | 0.005 9 | 673.626 4 | 3.976 4 | 0.251 5 | 0.001 5 |
| 24 | 211.758 2 | 0.004 7 | 843.032 9 | 3.981 1 | 0.251 2 | 0.001 2 |
| 25 | 264.697 8 | 0.003 8 | 1 054.791 2 | 3.984 9 | 0.250 9 | 0.000 9 |
| 26 | 330.872 2 | 0.003 0 | 1 319.489 0 | 3.987 9 | 0.250 8 | 0.000 8 |
| 27 | 413.590 3 | 0.002 4 | 1 650.361 0 | 3.990 3 | 0.250 6 | 0.000 6 |
| 28 | 516.987 9 | 0.001 9 | 2 063.951 5 | 3.992 3 | 0.250 5 | 0.000 5 |
| 29 | 646.234 9 | 0.001 5 | 2 580.939 4 | 3.993 8 | 0.250 4 | 0.000 4 |
| 30 | 807.793 6 | 0.001 2 | 3 227.174 3 | 3.995 0 | 0.250 3 | 0.000 3 |
| 31 | 1 009.742 0 | 0.001 0 | 4 034.967 8 | 3.996 0 | 0.250 2 | 0.000 2 |
| 32 | 1 262.177 4 | 0.000 8 | 5 044.709 8 | 3.996 8 | 0.250 2 | 0.000 2 |
| 33 | 1 577.721 8 | 0.000 6 | 6 306.887 2 | 3.997 5 | 0.250 2 | 0.000 2 |
| 34 | 1 972.152 3 | 0.000 5 | 7 884.609 1 | 3.998 0 | 0.250 1 | 0.000 1 |
| 35 | 2 465.190 3 | 0.000 4 | 9 856.761 3 | 3.998 4 | 0.250 1 | 0.000 1 |

**附表 14** **30%的复利系数表**

| 年份 | 一次支付 | | 等额系列 | | | |
|---|---|---|---|---|---|---|
| | 终值系数 | 现值系数 | 年金终值系数 | 年金现值系数 | 资本回收系数 | 偿债基金系数 |
| $n$ | $F/P,i,n$ | $P/F,i,n$ | $F/A,i,n$ | $P/A,i,n$ | $A/P,i,n$ | $A/F,i,n$ |
| 1 | 1.300 0 | 0.769 2 | 1.000 0 | 0.769 2 | 1.300 0 | 1.000 0 |
| 2 | 1.690 0 | 0.591 7 | 2.300 0 | 1.361 0 | 0.734 8 | 0.434 8 |
| 3 | 2.197 0 | 0.455 2 | 3.990 0 | 1.816 1 | 0.550 6 | 0.250 6 |
| 4 | 2.856 1 | 0.350 1 | 6.187 0 | 2.166 2 | 0.461 6 | 0.161 6 |
| 5 | 3.712 9 | 0.269 3 | 9.043 1 | 2.435 2 | 0.410 6 | 0.110 6 |
| 6 | 4.826 8 | 0.207 2 | 12.756 0 | 2.642 7 | 0.378 4 | 0.078 4 |
| 7 | 6.274 9 | 0.159 4 | 17.582 8 | 2.802 1 | 0.356 9 | 0.056 9 |
| 8 | 8.157 3 | 0.122 6 | 23.857 7 | 2.924 7 | 0.341 9 | 0.041 9 |
| 9 | 10.604 5 | 0.094 3 | 32.015 0 | 3.019 0 | 0.332 1 | 0.031 2 |
| 10 | 13.785 8 | 0.072 5 | 42.619 5 | 3.091 5 | 0.323 5 | 0.023 5 |
| 11 | 17.921 6 | 0.055 8 | 56.405 3 | 3.147 3 | 0.317 7 | 0.017 7 |
| 12 | 23.298 1 | 0.042 9 | 74.327 0 | 3.190 3 | 0.313 5 | 0.013 5 |
| 13 | 30.287 5 | 0.033 0 | 97.625 0 | 3.223 3 | 0.310 2 | 0.010 2 |
| 14 | 39.373 8 | 0.025 4 | 127.912 5 | 3.248 7 | 0.307 8 | 0.007 8 |
| 15 | 51.185 9 | 0.019 5 | 167.286 3 | 3.268 2 | 0.306 0 | 0.006 0 |
| 16 | 66.541 7 | 0.015 0 | 218.472 2 | 3.283 2 | 0.304 6 | 0.004 6 |
| 17 | 86.504 2 | 0.011 6 | 285.013 9 | 3.294 8 | 0.303 5 | 0.003 5 |
| 18 | 112.455 4 | 0.008 9 | 371.518 0 | 3.303 7 | 0.302 7 | 0.002 7 |
| 19 | 146.192 0 | 0.006 9 | 483.973 4 | 3.310 5 | 0.302 1 | 0.002 1 |
| 20 | 190.049 6 | 0.005 3 | 630.165 5 | 3.315 8 | 0.301 6 | 0.001 6 |
| 21 | 247.064 5 | 0.004 0 | 820.215 1 | 3.319 8 | 0.301 2 | 0.001 2 |
| 22 | 321.183 9 | 0.003 1 | 1 067.279 6 | 3.323 0 | 0.300 9 | 0.000 9 |
| 23 | 417.539 1 | 0.002 4 | 1 388.463 5 | 3.325 4 | 0.300 7 | 0.000 7 |
| 24 | 542.800 8 | 0.001 8 | 1 806.002 6 | 3.327 2 | 0.300 6 | 0.000 6 |
| 25 | 705.641 0 | 0.001 4 | 2 348.803 3 | 3.328 6 | 0.300 4 | 0.000 4 |
| 26 | 917.333 3 | 0.001 1 | 3 054.444 3 | 3.329 7 | 0.300 3 | 0.000 3 |
| 27 | 1 192.533 3 | 0.000 8 | 3 971.777 6 | 3.330 5 | 0.300 3 | 0.000 3 |
| 28 | 1 550.293 3 | 0.000 6 | 5 164.310 9 | 3.331 2 | 0.300 2 | 0.000 2 |
| 29 | 2 015.381 3 | 0.000 5 | 6 714.604 2 | 3.331 7 | 0.300 2 | 0.000 1 |
| 30 | 2 619.995 6 | 0.000 4 | 8 729.985 5 | 3.332 1 | 0.300 1 | 0.000 1 |
| 31 | 3 405.994 3 | 0.000 3 | 11 349.981 1 | 3.332 4 | 0.300 1 | 0.000 1 |
| 32 | 4 427.792 6 | 0.000 2 | 14 755.975 5 | 3.332 6 | 0.300 1 | 0.000 1 |
| 33 | — | 0.000 2 | 19 183.768 1 | 3.332 8 | 0.300 1 | 0.000 1 |
| 34 | — | 0.000 1 | 24 939.898 5 | 3.332 9 | 0.300 1 | — |
| 35 | — | 0.000 1 | 32 422.868 1 | 3.333 0 | 0.300 0 | — |

**附表 15** **35%的复利系数表**

| 年份 | 一次支付 | | 等额系列 | | | |
|---|---|---|---|---|---|---|
| | 终值系数 | 现值系数 | 年金终值系数 | 年金现值系数 | 资本回收系数 | 偿债基金系数 |
| $n$ | $F/P,i,n$ | $P/F,i,n$ | $F/A,i,n$ | $P/A,i,n$ | $A/P,i,n$ | $A/F,i,n$ |
| 1 | 1.350 0 | 0.740 7 | 1.000 0 | 0.740 4 | 1.350 0 | 1.000 0 |
| 2 | 1.822 5 | 0.548 7 | 2.350 0 | 1.289 4 | 0.775 5 | 0.425 5 |
| 3 | 2.460 4 | 0.406 4 | 4.172 5 | 1.695 9 | 0.589 7 | 0.239 7 |
| 4 | 3.321 5 | 0.301 1 | 6.632 9 | 1.996 9 | 0.500 8 | 0.150 8 |
| 5 | 4.484 0 | 0.223 0 | 9.954 4 | 2.220 0 | 0.450 5 | 0.100 5 |
| 6 | 6.053 4 | 0.165 2 | 14.438 4 | 2.385 2 | 0.419 3 | 0.069 3 |
| 7 | 8.172 2 | 0.122 4 | 20.491 9 | 2.507 5 | 0.398 8 | 0.048 8 |
| 8 | 11.032 4 | 0.090 6 | 28.664 0 | 2.598 2 | 0.384 9 | 0.034 9 |
| 9 | 14.893 7 | 0.067 1 | 39.696 4 | 2.665 3 | 0.375 2 | 0.025 2 |
| 10 | 20.106 6 | 0.049 7 | 54.590 2 | 2.715 0 | 0.368 3 | 0.018 3 |
| 11 | 27.149 3 | 0.036 8 | 74.697 6 | 2.751 9 | 0.363 4 | 0.013 4 |
| 12 | 36.644 2 | 0.027 3 | 101.840 6 | 2.779 2 | 0.359 8 | 0.009 8 |
| 13 | 49.469 7 | 0.020 2 | 138.484 8 | 2.799 4 | 0.357 2 | 0.007 2 |
| 14 | 66.784 1 | 0.015 0 | 187.954 4 | 2.814 4 | 0.355 3 | 0.005 3 |
| 15 | 90.158 5 | 0.011 1 | 254.738 5 | 2.825 5 | 0.353 9 | 0.003 9 |
| 16 | 121.713 9 | 0.008 2 | 344.897 0 | 2.833 7 | 0.352 9 | 0.002 9 |
| 17 | 164.313 8 | 0.006 1 | 466.610 9 | 2.839 8 | 0.352 1 | 0.002 1 |
| 18 | 221.823 6 | 0.004 5 | 630.924 7 | 2.844 3 | 0.351 6 | 0.001 6 |
| 19 | 299.461 9 | 0.003 3 | 852.748 3 | 2.847 6 | 0.351 2 | 0.001 2 |
| 20 | 404.273 6 | 0.002 5 | 1 152.210 3 | 2.850 1 | 0.350 9 | 0.000 9 |
| 21 | 545.769 3 | 0.001 8 | 1 556.483 8 | 2.851 9 | 0.350 6 | 0.000 6 |
| 22 | 736.788 6 | 0.001 4 | 2 102.253 2 | 2.853 3 | 0.350 5 | 0.000 5 |
| 23 | 994.664 6 | 0.001 0 | 2 839.041 8 | 2.854 3 | 0.350 4 | 0.000 4 |
| 24 | 1 342.797 | 0.000 7 | 3 833.706 4 | 2.855 0 | 0.350 3 | 0.000 3 |
| 25 | 1 812.776 | 0.000 6 | 5 176.503 7 | 2.855 6 | 0.350 2 | 0.000 2 |
| 26 | 2 447.248 | 0.000 4 | 6 989.280 0 | 2.856 0 | 0.350 1 | 0.000 1 |
| 27 | 3 303.785 | 0.000 3 | 9 436.528 0 | 2.856 3 | 0.350 1 | 0.000 1 |
| 28 | 4 460.110 | 0.000 2 | 12 740.313 | 2.856 5 | 0.350 1 | 0.000 1 |
| 29 | 6 021.148 | 0.000 2 | 17 200.422 | 2.856 7 | 0.350 1 | 0.000 1 |
| 30 | 8 128.550 | 0.000 1 | 23 221.570 | 2.856 8 | 0.350 0 | 0.000 0 |
| 31 | 10 973.54 | 0.000 1 | 31 350.120 | 2.856 9 | 0.350 0 | 0.000 0 |
| 32 | 14 814.28 | 0.000 1 | 42 323.661 | 2.856 9 | 0.350 0 | 0.000 0 |
| 33 | 19 999.28 | 0.000 1 | 57 137.943 | 2.857 0 | 0.350 0 | 0.000 0 |
| 34 | 26 999.03 | 0.000 0 | 77 137.223 | 2.857 0 | 0.350 0 | 0.000 0 |
| 35 | 36 448.69 | 0.000 0 | 104 136.25 | 2.857 1 | 0.350 0 | 0.000 0 |

**附表 16** **40%的复利系数表**

| 年份 | 一次支付 | | 等额系列 | | | |
|---|---|---|---|---|---|---|
| | 终值系数 | 现值系数 | 年金终值系数 | 年金现值系数 | 资本回收系数 | 偿债基金系数 |
| $n$ | $F/P,i,n$ | $P/F,i,n$ | $F/A,i,n$ | $P/A,i,n$ | $A/P,i,n$ | $A/F,i,n$ |
| 1 | 1.400 | 0.714 3 | 1.000 | 0.714 3 | 1.400 1 | 1.000 1 |
| 2 | 1.960 | 0.510 3 | 2.400 | 1.224 5 | 0.816 7 | 0.416 7 |
| 3 | 2.744 | 0.365 4 | 4.360 | 1.589 0 | 0.629 4 | 0.229 4 |
| 4 | 3.842 | 0.260 4 | 7.104 | 1.849 3 | 0.540 8 | 0.140 8 |
| 5 | 5.378 | 0.186 0 | 10.946 | 2.035 2 | 0.491 4 | 0.091 4 |
| 6 | 7.530 | 0.132 9 | 16.324 | 2.168 0 | 0.461 3 | 0.061 3 |
| 7 | 10.541 | 0.094 9 | 23.853 | 2.262 9 | 0.442 0 | 0.042 0 |
| 8 | 14.758 | 0.067 8 | 34.395 | 2.330 6 | 0.429 1 | 0.029 1 |
| 9 | 20.661 | 0.048 5 | 49.153 | 2.379 0 | 0.420 4 | 0.020 4 |
| 10 | 28.925 | 0.034 6 | 69.814 | 2.413 6 | 0.414 4 | 0.014 4 |
| 11 | 40.496 | 0.024 7 | 98.739 | 2.438 3 | 0.410 2 | 0.010 2 |
| 12 | 56.694 | 0.017 7 | 139.234 | 2.456 0 | 0.407 2 | 0.007 2 |
| 13 | 79.371 | 0.012 6 | 195.928 | 2.468 6 | 0.405 2 | 0.005 2 |
| 14 | 111.120 | 0.009 0 | 275.299 | 2.477 5 | 0.403 7 | 0.003 7 |
| 15 | 155.568 | 0.006 5 | 386.419 | 2.484 0 | 0.402 6 | 0.002 6 |
| 16 | 217.794 | 0.004 6 | 541.986 | 2.488 6 | 0.401 9 | 0.001 9 |
| 17 | 304.912 | 0.003 3 | 759.780 | 2.491 8 | 0.401 4 | 0.001 4 |
| 18 | 426.877 | 0.002 4 | 104.691 | 2.494 2 | 0.401 0 | 0.001 0 |
| 19 | 597.627 | 0.001 7 | 1 491.567 | 2.495 9 | 0.400 7 | 0.000 7 |
| 20 | 836.678 | 0.001 2 | 2 089.195 | 2.497 1 | 0.400 5 | 0.000 5 |
| 21 | 1 171.348 | 0.000 9 | 2 925.871 | 2.497 9 | 0.400 4 | 0.000 4 |
| 22 | 1 639.887 | 0.000 7 | 4 097.218 | 2.498 5 | 0.400 3 | 0.000 3 |
| 23 | 2 295.842 | 0.000 5 | 5 373.105 | 2.499 0 | 0.400 2 | 0.000 2 |
| 24 | 3 214.178 | 0.000 4 | 8 032.945 | 2.499 3 | 0.400 2 | 0.000 2 |
| 25 | 4 499.847 | 0.000 3 | 11 247.110 | 2.499 5 | 0.400 1 | 0.000 1 |
| 26 | 6 299.785 | 0.000 2 | 15 746.960 | 2.499 7 | 0.400 1 | 0.000 1 |
| 27 | 8 819.695 | 0.000 2 | 22 046.730 | 2.499 8 | 0.400 1 | 0.000 1 |
| 28 | 12 347.570 | 0.000 1 | 30 866.430 | 2.499 8 | 0.400 1 | 0.000 1 |
| 29 | 17 286.590 | 0.000 1 | 43 213.990 | 2.499 9 | 0.400 1 | 0.000 1 |
| 30 | 24 201.230 | 0.000 1 | 60 500.580 | 2.499 9 | 0.400 1 | 0.000 1 |

附表 17　　**45%的复利系数表**

| 年份 | 一次支付 | | 等额系列 | | | |
|---|---|---|---|---|---|---|
| | 终值系数 | 现值系数 | 年金终值系数 | 年金现值系数 | 资本回收系数 | 偿债基金系数 |
| *n* | *F/P,i,n* | *P/F,i,n* | *F/A,i,n* | *P/A,i,n* | *A/P,i,n* | *A/F,i,n* |
| 1 | 1.450 0 | 0.689 7 | 1.000 0 | 0.690 | 1.450 00 | 1.000 00 |
| 2 | 2.102 5 | 0.475 6 | 2.450 | 1.165 | 0.858 16 | 0.408 16 |
| 3 | 3.048 6 | 0.328 0 | 4.552 | 1.493 | 0.669 66 | 0.219 66 |
| 4 | 4.420 5 | 0.226 2 | 7.601 | 1.720 | 0.581 56 | 0.131 56 |
| 5 | 6.409 7 | 0.156 0 | 12.022 | 1.867 | 0.533 18 | 0.083 18 |
| 6 | 9.294 1 | 0.107 6 | 18.431 | 1.983 | 0.504 26 | 0.054 26 |
| 7 | 13.476 5 | 0.074 2 | 27.725 | 2.057 | 0.486 07 | 0.036 07 |
| 8 | 19.540 9 | 0.051 2 | 41.202 | 2.109 | 0.474 27 | 0.024 27 |
| 9 | 28.334 3 | 0.035 3 | 60.743 | 2.144 | 0.466 46 | 0.016 46 |
| 10 | 41.084 7 | 0.024 3 | 89.077 | 2.168 | 0.461 23 | 0.011 23 |
| 11 | 59.572 8 | 0.016 8 | 130.162 | 2.158 | 0.457 68 | 0.007 68 |
| 12 | 86.380 6 | 0.011 6 | 189.735 | 2.196 | 0.455 27 | 0.005 27 |
| 13 | 125.251 8 | 0.008 0 | 267.115 | 2.024 | 0.453 26 | 0.003 62 |
| 14 | 181.615 1 | 0.005 5 | 401.367 | 2.210 | 0.452 49 | 0.002 49 |
| 15 | 263.341 9 | 0.003 8 | 582.982 | 2.214 | 0.451 72 | 0.001 72 |
| 16 | 381.845 8 | 0.002 6 | 846.324 | 2.216 | 0.451 18 | 0.001 18 |
| 17 | 553.676 4 | 0.001 8 | 1 228.170 | 2.218 | 0.450 81 | 0.000 81 |
| 18 | 802.830 8 | 0.001 2 | 1 781.846 | 2.219 | 0.450 56 | 0.000 56 |
| 19 | 1 164.104 7 | 0.000 9 | 2 584.677 | 2.220 | 0.450 39 | 0.000 39 |
| 20 | 1 687.951 8 | 0.000 6 | 3 748.782 | 2.221 | 0.450 27 | 0.000 27 |
| 21 | 2 447.530 1 | 0.000 4 | 5 436.743 | 2.221 | 0.450 18 | 0.000 18 |
| 22 | 3 548.918 7 | 0.000 3 | 7 884.246 | 2.222 | 0.450 13 | 0.000 13 |
| 23 | 5 145.932 1 | 0.000 2 | 11 433.182 | 2.222 | 0.450 09 | 0.000 09 |
| 24 | 7 461.601 5 | 0.000 1 | 16 579.115 | 2.222 | 0.450 06 | 0.000 06 |
| 25 | 10 819.322 | 0.000 1 | 24 040.716 | 2.222 | 0.450 04 | 0.000 04 |
| 26 | 15 688.017 | 0.000 1 | 34 860.038 | 2.222 | 0.450 03 | 0.000 03 |
| 27 | 22 747.625 | 0.000 0 | 50 548.056 | 2.222 | 0.450 02 | 0.000 02 |
| 28 | 32 984.056 | | 73 295.681 | 2.222 | 0.450 01 | 0.000 01 |
| 29 | 47 826.882 | | 106 279.74 | 2.222 | 0.450 01 | 0.000 01 |
| 30 | 69 348.978 | | 154 106.62 | 2.222 | 0.450 01 | 0.000 01 |

**附表 18　　50%的复利系数表**

| 年份 | 一次支付 | | 等额系列 | | | |
|---|---|---|---|---|---|---|
| | 终值系数 | 现值系数 | 年金终值系数 | 年金现值系数 | 资本回收系数 | 偿债基金系数 |
| $n$ | $F/P,i,n$ | $P/F,i,n$ | $F/A,i,n$ | $P/A,i,n$ | $A/P,i,n$ | $A/F,i,n$ |
| 1 | 1.500 0 | 0.666 7 | 1.000 | 0.667 | 1.500 00 | 1.000 00 |
| 2 | 2.250 0 | 0.444 4 | 2.500 | 1.111 | 0.900 00 | 0.400 00 |
| 3 | 3.375 0 | 0.296 3 | 4.750 | 1.407 | 0.710 53 | 0.210 53 |
| 4 | 5.062 5 | 0.197 5 | 8.125 | 1.605 | 0.623 03 | 0.123 08 |
| 5 | 7.593 8 | 0.131 7 | 13.188 | 1.737 | 0.575 83 | 0.075 83 |
| 6 | 11.390 6 | 0.087 8 | 20.781 | 1.824 | 0.548 12 | 0.048 12 |
| 7 | 17.085 9 | 0.058 5 | 32.172 | 1.883 | 0.531 08 | 0.031 08 |
| 8 | 25.628 9 | 0.039 0 | 49.258 | 1.922 | 0.520 30 | 0.020 30 |
| 9 | 38.443 4 | 0.026 0 | 74.887 | 1.948 | 0.513 35 | 0.013 35 |
| 10 | 57.665 0 | 0.017 3 | 113.330 | 1.965 | 0.508 82 | 0.008 82 |
| 11 | 86.497 6 | 0.011 6 | 170.995 | 1.977 | 0.505 85 | 0.005 85 |
| 12 | 129.746 3 | 0.007 7 | 257.493 | 1.985 | 0.503 88 | 0.003 88 |
| 13 | 194.619 5 | 0.005 1 | 387.239 | 1.990 | 0.502 58 | 0.002 58 |
| 14 | 291.929 3 | 0.003 4 | 581.859 | 1.993 | 0.501 72 | 0.001 72 |
| 15 | 437.893 9 | 0.002 3 | 873.788 | 1.995 | 0.501 14 | 0.001 14 |
| 16 | 656.840 8 | 0.001 5 | 1 311.682 | 1.997 | 0.500 76 | 0.000 76 |
| 17 | 985.261 3 | 0.001 0 | 1 968.523 | 1.998 | 0.500 51 | 0.000 51 |
| 18 | 1 477.891 9 | 0.000 7 | 2 953.784 | 1.999 | 0.500 34 | 0.000 34 |
| 19 | 2 216.837 8 | 0.000 5 | 4 431.676 | 1.999 | 0.500 23 | 0.000 23 |
| 20 | 3 325.256 7 | 0.000 3 | 6 648.513 | 1.999 | 0.500 15 | 0.000 15 |
| 21 | 4 987.885 1 | 0.000 2 | 9 973.77 | 2.000 | 0.500 10 | 0.000 10 |
| 22 | 7 481.827 6 | 0.000 1 | 14 961.655 | 2.000 | 0.500 07 | 0.000 07 |
| 23 | 11 222.742 | 0.000 1 | 22 443.483 | 2.000 | 0.500 04 | 0.000 04 |
| 24 | 16 834.112 | 0.000 1 | 33 666.224 | 2.000 | 0.500 03 | 0.000 03 |
| 25 | 25 251.168 | 0.000 0 | 50 500.337 | 2.000 | 0.500 02 | 0.000 02 |

# 参 考 文 献

[1] 全国一级建造师执业资格考试用书编写委员会．建设工程经济．3 版．北京：中国建筑工业出版社，2011.
[2] 毛义华．建筑工程经济．杭州：浙江大学出版社，2012.
[3] 刘心萍．建筑工程经济．北京：中国海洋大学出版社，2012.
[4] 全国造价工程师执业资格考试培训教材编审组．建设工程造价管理．北京：中国计划出版社，2013.
[5] 李淑芹，孟宪林．环境影响评价．北京：化学工业出版社，2011.
[6] 环境保护部环境工程评估中心．建设项目环境影响评价．北京：中国环境科学出版社，2012.
[7] 朱世云，林春绵．环境影响评价．2 版．北京：化学工业出版社，2013.
[8] 陈波．建设项目评估．成都：西南交通大学出版社，2013.
[9] 党耀国，米传民，王育红．投资项目评价．北京：科学出版社，2010.
[10] 武瑞营．普通年金在工程经济中的应用研究．商场现代化，2006，3（460）：273.
[11] 贺常乐，欧志华．设备经济寿命计算方法的分析与比较．建筑机械技术与管理，2005，5：85.
[12] 丁华．内插法在财务管理中的应用．理财广场，2006，9：21－22.
[13] 冯为民，付晓灵．工程经济学．北京：北京大学出版社，2006，1.
[14] 刘晓君．工程经济学．2 版．北京：中国建筑工业出版社，2007.
[15] 李玲．线性内插法在资金时间价值计算中的应用技巧．吉林教育，2009，2：24.
[16] 刘启党．投资项目后评价的应用案例研究．广东交通职业技术学院学报，2009，8（2）：55～57.
[17] 全国注册咨询工程师投资资格考试参考教材编写委员会．项目投资分析与评价．北京：中国计划出版社，2012.